Byron Pat Barnhart

Byron Pat Barnhart

한국

농구 · 배구의

스승

반하트

스포츠맨십의 전도사

임연철 지음

밀알북스

사진 출처 보기

© 전기 - 반하트의 장녀 진 반하트 조스트의 부모님 전기

© 드루대 - 미국 감리교 문서 보관소(GCAH)

© 미네소타대 - 카우츠패밀리 북미 YMCA 문서 보관소

© USC - 남 캘리포니아대 한국도서관

※ 이 책은 방일영문화재단의 지원을 받아 저술·출판되었습니다.

추천사

「지성인과 현실 인식」. 민주화의 시대인 1980년대 대학을 다니며 늘 머릿속에서 되뇌던 경구(警句)이다. 주권 의식과 역사의식을 바탕으로 한 고뇌와 번민을 함축한 말이라 할 수 있다. 《이야기 사애리시》, 《지네트 월터 이야기》라는 주옥같은 전기에 이어, 우리나라의 근대화, 체육의 발전에 위대한 공헌을 한 반하트(Byron Pat Barnhart)의 일대기를 엮어내는 언론인이자 예술경영인인 임연철(林然哲) 박사님은 정말 지성인 중의 지성인이다. 어쩌면 역사를 일구어 가고도 역사 속에 고스란히 묻혀버릴지도 모를 선구자들의 생을 파헤쳐 냄으로써 새로운 역사의식을 불어넣고 있기 때문이다. 영국의 저명한 역사학자 에드워드 카(Edward Hallett Carr)가 역사란 "과거와 현재 사이의 끊임없는 대화", "과거의 사실과 현재 역사가의 대화"라고 했듯이 임연철 박사님은 반하트와의 끊임없는 대화를 일대기를 통해 나누고 있다. 마치 그는 개화와 근대화의 문턱에 서 있는 한국을 진보적으로 발전시키기 위한 충정에서 일심동체가 된 듯하다.

반하트는 무지의 땅 한국에서 질병으로 자녀를 잃는 고통을 감내하면서도 역사의 주체로서 그 소임을 다하고자 부단히 노력했다. 한국이 문명의 세계로 오를 수 있는 사다리는 스포츠라고 보았으며, 우리나라 최초로 건축된 서울 YMCA 실내 체육관을 통해 그의 뜻을 펼쳐갔다. 그래서 제가 만난 임연철 박사님은 우리나라 근대화의 과정에 서울 YMCA가 보여 준 열정과 활동도 높이 평가한다. 그도 그럴 것이 서울 YMCA는 근대화의 여명기에 육체를 천시하고 정신을 숭상하던 기존의 패러다임을 체육활동을 통해 변혁시켰다. 마찬가지 관점에서 사농공상의 신분체계 속에 역시 천대받던 농업, 공업, 상업교육을 실시한 YMCA를 우리나라 근대화의 주역으로 꼽고 있다. 서울 YMCA 초기 학관의 지도자 그레그(G.A. Gregg)에 대해 그가 또 관심 갖는 이유가 거기에 있는 듯하다. 고마운 분이다. 우리 서울 YMCA가 수행해야 할 역사 정리를 임연철 박사님이 감당하고 있기 때문이다.

천지창조 이후 하나님은 사람을 통해 그 뜻을 섭리해 가신다. 그래서 반하트는 농촌사업에도 열심이었지만, YMCA 체육의 책임자가 된 초기부터 청소년 사업을 병행해 갔다. 그리고 그 청소년 사업에는 대중적인 주제와 위대한 인물에 대한 강좌를 주축으로 두고, 미래의 주역이자 현재의 주역으로 본 청소년들을 장차 한국을 이끌어 갈 지도력으로 육성한 것이다. 임연철 박사님은 이를 간파하고 반하트의 열정과 활동, 그리고 그 과정에서의 고뇌와 번민을 조화롭게 그려내고 있다. 두 분은 명실공히 역사가이다. 지금 대립과 갈등으로 얼룩진 한국 사회를 화합과 협력의 미래사회로 이끌어 가고자 하는 걱정과 열정을 가진 사람이라면 이 책을 꼭 읽고 새로운 역사의 주체로 자리매김하기를 바란다.

2021년 10월 15일

서울 YMCA 회장 **조규태**

머리말

2019년 가을 전기 작가로서 유관순 열사의 첫 스승 앨리스 샤프(Alice H. Sharp) 선교사의 전기를《이야기 사애리시》로 처음 펴낼 때까지만 해도, 이 전기의 주인공 반하트(Byron Pat Barnhart, 한국명 潘河斗, 1889~1942)에 대해서는 전혀 알지 못했다.《이야기 사애리시》를 출간한 후 두 번째 전기로 유관순 열사의 마지막 스승인 A. 지네트 월터(A. Jeannette Walter) 이화학당 5대 학당장의《지네트 월터 이야기》를 준비하면서, '반하트'가 한국 체육사에서 결코 잊어서는 안 될 인물임을 알게 되었다. 대부분의 독자에게 그의 한국 이름 '반하두'나 본명인 '반하트'가 낯설 것임에 틀림없다.

그러나 올림픽에서 매번 수 십 개의 메달을 따고 프로 구단이 있을 만큼 활성화된 축구·야구·농구·배구는 물론, 육상과 학교 체육 등 21세기 한국 체육이 오늘의 위상을 갖게 된 데는, 100년 전 전문 체육지도자로 등장한 반하트의 역할이 얼마나 컸던지 이 전기를 준비하면서 재삼, 재사 느끼지 않을 수 없었다. 1916년 임신 중인 신혼의 아내 번(Verne)과 태평양을 건너온 반하트는 그 해 서울에서 개관된 YMCA의 실내 체육관 운영자를 시작으로 1940년 일제와 미국과의 관계 악화로 강제 귀국을 당할 때까지 YMCA의 간사와 협동총무로 25년 동안 봉사한 인물이다. 처음에는 체육분야를 중심으로 일하다 청소년 교육을 담당하고 나아가 농민교육까지 맡는 등 53년 평생 중 거의 절반을 한국을 위해 일했다.

그는 YMCA 선교사로서 직책상 여러 가지 일을 할 수밖에 없었다. 그런 가운데서도 한국 체육을 위해 얼마나 애정을 갖고 일했는지는 최초 내한할 때 여행가방 속의 내용물만 봐도 알 수 있다. 그의 가방 속에는 공 세 개가 들어 있었는데 농구공, 배구공, 야구공과 미트(mitt, 포수용 글로브)였다. 당시 세 구기 종목과 축구는 1900년을 전후해 선교사들에 의해 소개는 되어 있었지만 전문적인 지도자가 없어 놀이 수준의 시합을 하는 정도였다. 특히 배구는 1900년대 초에 알려졌지만 경기 규칙도 1915년에야 소개될 정도로 새로운 구기 종목이어서 반하트에 의해 겨우 체계가 수립될 수 있었다. 이 같은 공헌을 고려해《한국 배구 100년 1916~2016》(한국배구협회, 2016년)의 국제 국내 주요 연대표 첫 줄에는 '1916 YMCA 반하트 국내 청소년들에 배구 소개'라고 기록하고 있다.

그는 배구 보급에도 큰 공을 세웠지만 농구의 발전을 위해 더 큰 역할을 했다.《한국 농구 100년 1907~2007》(대한농구협회, 2008)의 연표에는 1916년 "미국인 B. P. 반하트(潘河斗)가 체육전문강사로 내한하여 초창기 한국 농구의 전파와 기술적 발전의 틀을 마련하는데 많은 공헌을 하였다."고 기록돼 있다. 일제강점기에 발행된 동아일보에서 반하트를 검색하면 농구 심판으로 활동한 사실이 50여 회나 나온다.

반하트의 더 큰 역할은 당시 한국인에게 개념조차 없었던 스포츠맨십을 알도록 해 준 점이다. 100년 전 한국의 양반들은 힘들여 왜 운동을 해야 하는지 의아해했고, 학생도 경기를 할 때 이길 가능성이 없으면 중간에 그만두는 것을 당연시했다. 승자는 패자를 업신여기며 으스대고 패자는 그 모습을 보는 것이 싫어 중도에 포기하거나 다툼으로 비화하는 일이 비일비재했다. 페어(fair) 플레이에 대한 개념 자체가 없었던 시대의 당연한 현상이었다.

시카고에서 대학을 다니던 시절 농구선수로 활동하고 미국에서 YMCA 간사로 일했던 반하트는 서울 YMCA 운동부에서 강의를 통해 스포츠맨십을 가르쳤다. 또 기고를 통해 일반인에게 스포츠맨십의 중요성을 강조했다. 요즘은 모든 사람이 경기를 즐기고 페어 플레이와 스포츠맨십을 당연시 하고 있다. 하지만 21세기 한국 스포츠가 보여주는 최고의 기량과 페어 플레이와 스포츠맨십의 발휘가 당연시되기까지는 체육 불모지 한국에 100년 전 반하트가 뿌린 씨앗과 밑거름이 있었음을 기억해야 한다. 물론 이 전기의 주인공 혼자 이룬 것은 아니지만 북미 YMCA의 든든한 후원을 받은 반하트가 없었더라면 그 발전은 훨씬 더 늦어졌을지 모른다.

반하트는 한국 체류가 길어지면서 한국 YMCA 내에서 체육지도자를 넘어 협동총무로서 직업교육과 농민교육 분야에서도 큰 업적을 남겼다. 상업 회계교육, 공업교육 발전을 위해서도 노력했고 당시 대다수의 국민이 종사했던 농업 개선을 위해 농민교육에도 심혈을 기울였다.

반하트는 여러 분야에 종사하던 중 태평양전쟁 발발 전 1940년 미·일 관계가 악화되면서 강제 귀국을 당했다. 여기에서 가장 가슴 아픈 대목은 귀국 2년 후 심장마비로 갑작스레 사망함으로써 한국에서 잊힌 존재가 됐다는 점이다. 그는 귀국 후 북미 YMCA 본부의 요청에 따라 1941년 태국 방콕의 YMCA 총무로 파견됐다. 그해 12월 7일 하와이 진주만 공습을 시작으로 태평양 전쟁이 발발하자 방콕에서도 동시에 일본군의 공격이 시작되고 이내 방콕도 점령당하게 된다. 몇 주 후 민간인 포로로 수용된 반하트는 170일 동안 고생하며 99kg의 거구가 39kg이 될 정도로 건강 상태가 나빠진 상태에서 포로 교환 협상 끝에 1942년 미국으로 귀국할 수 있었다. 그는 송환된 지 두 달 후 북미 YMCA 본부 국제사업 담당 총무로 임명됐으나 부임을 이틀 앞두고 저녁에 뇌경색으로 쓰러졌다. 한국을 '제2의 조국'이라고 생각하며 반평생을 서울과 평양에서 봉사했으나 그의 갑작스러운 죽음과 함께 반하트라는 존재는 잊혀졌다.

그러나 유관순 열사에게 수의까지 입혀주며 제자를 하늘나라로 보낸 지네트 월터는 그녀의 자서전 《진 아주머니(*Aunt Jean*)》에서 반하트를 한국인의 건강과 체육발전에 큰 공로가 있는 훌륭한 인물로 여러 번 언급했다. 그 부분을 읽는 순간 저자에게는 반하트를 한국에서 부활시켜 달라는 당부로 느껴졌다.

감사의 말씀

＼

반하트의 자료를 찾기 위해 2019년 10월 처음으로 인터넷을 검색한 결과, '놀랍게도' 그의 자료들이 USC(University of Southern California) 도서관 한국자료실에 소장되어 있었다. '놀랍게도'라는 표현을 쓴 이유는 2019년 5월 석 달 넘게 첫 전기의 주인공 앨리스 샤프에 대한 미국 드루대(Drew, 뉴저지주) 현지 조사를 마치고, 귀국 길에 USC 도서관 한국자료실에 들러 책임자인 조이 김(Joy Kim)과 인사하고 앞으로 자료 협조를 부탁한다고 말했는데, 바로 그분이 반하트 자료관리자였기 때문이다. 자료를 요청한 결과 바로 입수할 수 있었다. 반하트의 후손이 USC에 기증한 자료는 편지와 보고서, 사진, 반하트의 장녀 진 반하트 조스트(Jean Barnhart Jost)가 쓴 부모님 전기《사랑의 눈을 통하여(*Through Love's Eye*)》등이었다. 이 자리를 빌려 조이 김 님에게 깊은 감사를 드린다. 조이 김 님은 저자를 후손 배리 조스트(Barry Jost, 반하트의 외손자)와도 연결시켜 주었다.

USC의 자료는 대부분 가족 중심이어서 서울 YMCA의 체육교육 등에 대한 내용 파악을 위해서는 공식보고서가 필요했으나, 서울 YMCA에는 6.25 전쟁 중 소장 자료가 소실돼 찾을 길이 없었다. 다시 구글(Google)을 검색한 결과, 미네소타 대학에 소장돼 있음을 알 수 있었다. 미국 감리교 자료가 드루대에 있는 것처럼 북미 YMCA의 모든 자료는 미네소타 대학 도서관이 운영하는 카우츠 패밀리 YMCA 자료 보관소(Kautz Family YMCA Archives)에 있었던 것이다. 문제는 2020년 코로나 19로 인해 현지 조사를 할 수 없는 데 있었다. 담당자에게 사정을 설명한 결과, 다행히 반하트 이름이 들어있는 문서 700여 페이지와 사진 30여 장을 이메일로 받을 수 있었다. 자료 보관소 책임자인 라이언 빈(Ryan Bean)과 아르바이트 학생으로 실제 자료를 디지털로 작업해 보내준 재클린 윌렘스(Jaclyn Willems)의 수고에 크게 감사한다.

일제강점기의 각종 스포츠 관련 사진은 상당수를 미국 드루대 감리교 문서 보관소에서 입수했다. 이 책에 사용하도록 허가해 준 문서 보관소의 브라이언 쉐틀러(Brian Shetler), L. 데일 패터슨(L. Dale Patterson), 프랜시스 리옹(Frances Lyon)에게 감사한다. 또 뉴욕에 거주하는 신창용 목사님은 미국에 갈 수 없는 저자를 대신해 뉴욕주 하츠데일(Hartsdale)에 있는 반하트의 묘지 비석을 촬영해 이 책에 사용할 수 있도록 큰 도움을 주셨다. 이 모든 소통을 도와주신 드루대 이광유 박사 부부의 고마움도 잊을 수 없다.

반하트의 장녀가 쓴 부모님 전기는 미국 예일(Yale)대에 체류 중이던 최재건 박사의 도움으로 빨리 입수해 내용을 파악하고 이 전기의 윤곽을 잡는데 크게 도움이 되었다. 최 박사에게 감사드린다.

아울러 저자의 글을 정독하며 문맥을 가다듬고 새로운 시각을 제시해준 홍찬식 전 동아일보 수석 논설위원의 수고에 감사드린다.

이 전기가 나올 때까지 한국 YMCA 관계자 여러분의 도움을 받았다. 외우(畏友) 임광진 전 동경 YMCA 총무의 끊임없는 격려와 조언이 있었음을 우선 밝힌다. 대한민국 역사박물관 김권정 박사는 서울 YMCA 조규태 회장님과의 면담에 참석하고 YMCA의 일제강점기 때 사업에 대해 전문가로 조언해주었다. 조 회장님과 홍진원 부장님을 비롯해 YMCA 간부 여러분께 감사드린다. 또 YMCA 원로인 표용은 목사님과 현 서울 YMCA 김인복 이사장님의 격려도 큰 힘이 되었다. 서울 YMCA에서 체육관계 일을 하셨고 체육계 지도자로 활동하고 계시는 장주호 세계생활체육연맹 총재님도 큰 격려를 해주셨다.

전직 언론인들의 저술 장려 차원에서 언론인 저술지원기금을 제공해 준 방일영문화재단에 큰 감사를 올린다. 출판을 맡은 신앙과지성사 최병천 사장님과 편집진에 고마움을 표한다.

끝으로 아내 유명숙의 수고를 잊을 수 없다. 그동안 10여 권의 책을 내는 동안 저자의 연필 원고를 컴퓨터에 입력하는 큰 수고를 항상 즐거이 해주었다. 컴퓨터 전(前) 세대인 저자의 고마운 동반자이다.

2021년 10월

임연철

차례

시작하며

유관순 열사가 순국하자 며칠 후 시신을 수습해 장례를 치러준 이화학당 A. 지네트 월터 학당장은 자서전《진 아주머니(*Aunt Jean*)》에서 한국에서 가장 친하게 가족같이 지낸 인물로 반하트 부부(바이런 팻 반하트와 번 반하트)를 꼽았다. 세 사람은 첫 만남부터 예사롭지 않아 더욱 친해질 수밖에 없었다. 월터 학당장은 첫 만남 이후 가족 같은 사이가 된 사연을 이렇게 설명했다.[1]

> "1915년 내가 첫 안식년 휴가를 마치고 한국으로 돌아올 때 기차에서 팻(반하트의 애칭)과 번 반하트 라는 젊은 부부를 만났다. 팻의 이야기로는 자신이 YMCA에서 일하기 위해 아내와 함께 한국에 가는 중이라는 것이었다. 그들과는 배도 함께 타게 돼 아주 친하게 되었다. 항해하는 동안 부인 번은 계속 뱃멀미를 했지만 우리는 아주 친한 친구가 되었다. 팻은 열정적이고 외향적이며 자신에 차 있어 친구를 빨리 만드는 편이었다. 번은 모든 사람이 좋아하는 사랑스러운 타입으로 문화에 대해 아는

1) 임연철,《지네트 월터 이야기》, pp.94~95, 밀알북스, 2020.

것이 많은 여자였다. 이화학당에서 근무하는 미국인들이 밤이든 낮이든 항상 자기 집에 오는 것을 환영했다.

팻과 번의 첫 아이인 딕을 낳을 때도 나는 그들의 집에 있었고 1년인가 2년 후에 딕[2]이 죽었을 때도 그들은 나를 불렀다. 다음 아이인 프랭크를 낳은 후 병원에서 집으로 인력거로 아기를 태워갈 때, 번은 두 명의 일꾼이 드는 들것에 실려 집으로 갔는데 일꾼들이 쉬느라 들것을 길바닥 위에 내려놓기도 했다. 두 사람은 또 다른 작은 아기[3]를 잃었지만 프랭크와 팻시, 낸시(1남 2녀)를 잘 길렀다."

월터 학당장은 1차 안식년을 마치고 2월 초 서울로 귀임하기 위해 기차를 탔는데 맞은편에 반하트 부부가 앉아있었다고 밝혔다. 같은 내용을

반하트 부부와 이화학당의 교육 선교사들. 앞줄 왼쪽이 지네트 월터. ⓒ 전기

2) 딕의 본명은 리처드 C. 반하트로 1916년 8월 29일 태어나 1918년 4월 4일 사망해 서울 양화진에 묻혀있다.

3) 바톤 J. 반하트로 1924년 2월 10일 출생, 1925년 3월 13일 사망해 서울 양화진에 묻혀있다.

반하트의 부인 번도 1970년 초에 쓴 자신의 회고록 《번의 이야기(*Verne's Story*)》에서 하고 있다.[4] 평생의 인연이 된 기차 안에서의 만남이 그만큼 강했기 때문으로 보인다. 번은 그 기차가 로스앤젤레스에서 샌프란시스코로 가는 것으로 기억했다.[5]

> "(서울 역에서) 열 명에서 열 두 명 쯤 되는 사람이 우리를 환영하기 위해 기다리는 것을 봤을 때 얼마나 흥분됐는지 모른다. 그 들 중에는 일본까지 항해를 함께 해 왔던 친구, 진 월터도 있었다. 그녀를 보는 순간 가족 같은 유대를 느꼈는데 그 이유는 로스앤젤레스에서 샌프란시스코까지 오는 기차에서 그녀를 처음 만났기 때문이다. 우리는 21일 동안 항해하면서 많은 시간을 함께 보냈고 특히 무엇보다도 그녀는 우리에게 한국말 몇 가지를 가르쳐 주었다. 그때도 남편은 (어학습득 능력이 뛰어나) 매우 머리 좋은 학생임이 입증되었다."

반하트 부부는 장녀의 이름에 진(Jean)을 넣을 만큼 지네트 월터 학당장을 좋아했고, 딸에게는 이름 '진'이 월터 학당장의 이름에서 따온 것임을 밝히며 첫 만남에 대해 자주 이야기했던 것 같다. 장녀 진 조스트 역시 부모님 전기에 자신이 태어나기도 전에 있었던 그 과정을 소개하며,

---

4) 번의 회고록은 원고상태로 발견돼 장녀 진 반하트 조스트가 쓴 부모의 전기 《사랑의 눈을 통하여(*Through Love's Eyes*)》(1995, 자가 출판), pp.55~91에 수록.

5) 장녀 조스트는 위 전기에서 부모와 외조부모의 이별 장소를 디트로이트로 기술. 반하트의 장인 커틀러 목사가 시카고 주변에서 목회하고 지네트 고향이 캔자스이므로 이별 장소는 로스앤젤레스가 아니고 디트로이트일 가능성이 높다.

윌터 학당장을 '수호천사(guardian angels)'로 까지 설명하고 있다.[6]

"만약 수호천사의 존재를 믿도록 하는 순간적 계기가 있다면 두 사람 부모님에게 이어서 일어나는 일이야말로 수호천사의 존재를 믿게 만드는 일이 아닐 수 없다. 왜냐하면 어머니 자신의 어머니(외할머니)와 아버지(외할아버지)가 기차가 출발해 달리면서 멀어지는데 한 여성이 두 사람의 공백을 메우기라도 하듯이 나타나기 때문이다. 기차가 서해안 방향으로 칙칙폭폭 하며 달려가는데 좌석 맞은편에 지네트 윌터가 있었던 것이다. '진 아주머니'라는 다정다감한 별명으로 알려진 지네트 윌터는 한국의 선교현장으로 가기 위해 혼자 여행 중이었고 나중에 우리 가족이 사랑하는 친구가 되신 분이다. 우리 부모와 '진 아주머니'가 어떻게 만나게 되었는지는 미스터리이다.[7] 아무튼 한국행 배를 타기 훨씬 전에 세 사람은 기차에서 만났고 지네트와 부모님은 그 후 친구로 오래 지냈다.

그 같은 우연한 일이 일어나는 경우는 얼마나 특이한 일인지 모른다. 함께 할 수 있었던 기차와 여객선에서 모든 시간을 보내며 세 사람은 서로가 필요한 시간에 함께 가는 운명을 맞았다. 그들이 삶을 보내야 할 이상한 나라에 대해 토론하면서 세 사람은 얼마나 흥분의 정도를 높였을지 모른다. 아버지는 지네트의 호기심 어린 질문에 답변하는 것 자체를

---

6) 진 반하트 조스트, 위의 책, p.43. 진 반하트 조스트의 결혼 전 이름은 '진 올리브 반하트'였다. 반하트 자신은 중간이름인 팻(Pat)으로 호칭되기를 원했고 장녀도 '진(Jean)' 대신 '팻시(Patsy)'라고 불렀다. 이 책에서는 '조스트' 또는 '장녀 조스트'로 기술했다.

7) 당시 지네트는 31세였고 반하트는 27세였다. 장녀 조스트는 '신비하다'고 말했지만 지네트의 자서전에 따르면 기차를 탔는데 맞은편에 젊은 부부가 앉아있어 이야기를 하던 중 한국 YMCA 체육선교사로 가는 중임을 알게 돼 서로 놀라고 급속히 친해졌다는 과정이 나온다. 임연철, 앞의 책, pp.94~95.

즐겼을 게 틀림없다. 어머니는 (큰 언니 같은) 지네트와 친해지며 따뜻한 마음으로 돌봐주는데 대해 감사를 간직했을 것이다. 세 사람은 밤이 깊도록 과거와 미래는 물론 현재에 집중하며 각자의 이야기를 나눴을 것이 틀림없다. 아버지와 어머니는 수호천사를 만나는 축복을 받았고 그렇게 지네트는 두 사람과 평생을 함께하는 사람으로 남게 되었다."

조스트는 자신의 부모로부터 서울에 처음 갈 때의 상황을 자주 들었던 듯하다. 1921년생인 조스트가 태어나기 5년 전 일임에도 불구하고 자세히 적고 있다. 그중에서도 스포츠 관련 기록은 한국 최초의 체육 전문 지도자였던 반하트가 어떤 인물인지 한 줄로 알려준다.

"나의 아버지 팻 반하트(Pat Barnhart)는 YMCA에서 근무했다. 열정적이고 활기 넘치는 성격의 아버지는 과거 그가 마주했던 모든 도전에 대

YMCA본관에 이어 짓는 체육관. 건축을 위한 가설물이 남아 있다. ⓒ 드루대

해 그랬듯이 똑같은 열정을 가지고 한국어 공부에 매달렸다. YMCA 체육관은 아버지가 도착하기 전에 지어졌는데 한 번도 사용된 적이 없었다[8]. 체육관에서 무엇을 해야 하는지 아는 사람이 한 명도 없었던 것이다. 운이 좋아서였는지, 선견지명이 있었는지, 아버지는 한국에 올 때 농구공 1개, 야구공과 포수용 글러브(mitt) 각 1개, 배구공 1개, 그리고 치료가 불가능한 스포츠 사랑 정신을 함께 가지고 왔다."

딸은 아버지 반하트를 "치료가 불가능한 스포츠 사랑 정신의 소유자"로 보았다. 그 구체적 근거를 장녀 조스트는 여러 가지로 설명하고, 반하트 자신도 연례보고서와 잡지에 기고한 글을 통해 밝히고 있다. 하지만 보고서와 기고문보다 장녀 조스트가 쓴 전기에서 "아버지는 한국에 올 때 농구공 1개, 야구공과 포수용 글러브 각 1개, 배구공 1개를 가지고 왔다."는 대목에서 105년 전 체육 선구자 반하트의 '체육 전도' 각오가 얼마나 굳은 것인지 엿볼 수 있다.

1916년 2월 첫 내한 당시 반하트 부부는 미지의 세계 한국에서 살기 위해 수많은 여행가방을 꾸려야 했다. 의식주 중 특히 의식 문제를 해결하기 위해 10개 가까운 가방을 챙기며 의식(衣食)과 관련 없는 스포츠 용품을 포함시킨 것은 반하트의 사명이 무엇이었는지를 확실히 보여준다. 내한 직후의 한국 스포츠 상황과 남편 반하트의 역할에 대해 부인 번은 회고록에서 자신이 목격했던 내용을 적고 있다.

---

8) 1908년 본관, 1916년 체육관 증축.

"우리가 한국에 도착하기 얼마 전에 YMCA는 매우 멋있는 실내 체육관을 지었다. 하지만 체육관을 사용할 수가 없었다. 그 이유는 체육을 가르칠 훈련받은 지도자가 없었기 때문이었다. 결과적으로 남편이 YMCA의 체육교육 책임자가 되자 그는 한국의 YMCA 뿐만 아니라 한국 전체에서도 처음으로 체육교육 책임자가 되었다. 한국인들은 운동이나 스포츠맨십에 대해 아무런 개념이 없었다. 특히 한국인들에게 스포츠맨십에 대해 교육시키는 것은 게임에 참가하도록 하는 것보다 더 어려운 일이었다. 남편은 많은 한국인들이 처음 봤던 첫 번째 농구공[9]을 한국으로 갖고 왔고 농구는 몇 년 만에 인기 있는 게임이 되었으며 아마도 어떤 운동보다 최고의 플레이가 이뤄졌다. 우리가 도착하기 몇 년 전 한 그룹의 미국인들이 한국의 국왕에게 테니스 게임을 보겠느냐고 타진한 적이 있

한국 소년에게 농구를 가르치는 반하트의 사진. 이 사진의 영문 설명에는 그가 소개한 운동은 현재 한국에서 수천 명의 소년들이 플레이하고 있다. © 미네소타대

9) 우리나라 농구는 1907년 YMCA의 미국인 선교사 질레트가 처음으로 소개하였으며 9년 뒤인 1916년 미국인 반하트가 YMCA 간사로 취임하면서 본격적으로 보급되었다. 따라서 "한국인들이 처음 봤던 첫 번째 농구공"은 부인 번의 오해이다.

었다고 한다. 미국인들은 자신들의 테니스 코트를 갖고 있었고 클럽하우스에는 앉을 수 있는 관람석도 있었다. 왕이 그곳에 온다는 것은 매우 큰 일로 그가 즐길 수 있도록 모든 것을 준비했다. 게임이 끝난 후 관람을 즐겼느냐고 묻자 왕은 '매우 재미있게 봤는데 그러나 나는 여러분이 왜 그런 식으로 힘을 써서 해야 하는지 이유를 모르겠다. 그 게임을 할 수 있는 젊은 사람들이 많이 있고 여러분들이 그 게임이 그렇게 재미있으면 그냥 앉아서 그들이 하는 것을 구경하면 되는데….' 라고 말했다고 한다.[10]

평양감리교 중학생들의 테니스. ⓒ 드루대

한국의 청소년이나 성인들을 체육관으로 오도록 하고 스스로 운동을 하도록 하는 일이야 말로 가장 어려운 일이었다. 왜냐하면 한국인들은 일꾼들이 운동을 하는 동안 양반들은 앉아서 구경이나 하는 것이라고 배웠기 때문이다."

국왕(고종)이 테니스 게임을 관람하며 "힘든 일을 왜 하느냐."는 인식을 갖고 있는 상황에서 반하트가 일반인을 상대로 운동과 스포츠맨십을 가르친다는 것이 얼마나 어려운 일이었을지는 쉽게 짐작이 간다. 내한 이후 운동과 스포츠맨십을 강조한 반하트는 1923년 당시 선교사들의

10) 이 이야기는 부인 번의 회고록에도 인용됐을 뿐만 아니라 당시 선교사들 사이에서 화제가 돼 현재까지 전해질 정도로 널리 알려져 있다.

테니스를 하는 평양 감리교 여선교회 여학교 학생, 테니스를 하는 평양 감리교 여선교회 여학생들. © 드루대

잡지인 〈코리아 미션 필드(KMF)〉에 그간의 성과를 소개하고 있다.[11]

"현대 스포츠맨십의 두 가지 중요한 특징은 '끝까지 계속하는 것'과 '정정당당히 플레이 하는 것'이다. 끝까지 게임을 하는 것은 이제 한국에서는 표준이 되었다. 이는 사실로 예외는 있을 수 있으나 게임을 끝까지 하는 기준은 지켜지고 있다. 이 규칙에 아무런 예외도 없는 시점이 곧 도래할 것으로 생각된다. 또 그 같은 표준은 게임을 관리하는 조직의 발전과 사회적, 도덕적, 정치적 책임감을 수반하는 의식 있는 사람들의 연령대가 빨리 낮아지면서 도입되고 있다."

이에 앞서 반하트는 미국에서 첫 번째 안식년 휴가로 1년을 보낸 후 귀임하면서 쓴 글[12]에서 한국인들은 이제 정정당당이라는 스포츠맨십도

11) 반하트, "한국의 운동선수와 운동경기" 〈KMF〉, 1923년 10월, pp.207~209.
12) 반하트, "두 번째 갖는 인상" 〈KMF〉, 1922년 12월, pp.273~274.

점점 갖기 시작했다고 밝히고 있다.

"여가시간은 한국인에게 공부를 비롯해 사회적 교류, 놀이, 신체 발달, 생각하고 종교적으로 하는 활동을 가능하게 했다. 이런 모든 활동이 개인이 자유롭게 활용할 수 있는 여가시간에 맞춰 할 수 있게 된 것이다. 위와 같은 상황이 됨으로써 마침내 '진짜 스포츠의 시대'가 오게 되었다. 그리고 스포츠맨십도 뿌리를 내리게 되었다. 청소년들이 대화하면서 지속적으로 스포츠맨십에 대한 생각을 하고 머릿속에 주입하게 된

興味橫溢한

勝利는中央에
七A對五로

中央對全米人
七A對五로中央勝

國際的競技

校洞公普修學旅行

반하트가 5번 타자로 출전한 올아메리칸팀(전미인)대 한국인으로 구성된 중앙체육단 야구 경기(1922년 10월 23일자 동아일보 3면). ⓒ 동아일보

것이다. 필자는 개인적으로 몇 명의 청소년으로부터 들었는데 이런 내용이었다. 그들은 여기저기에서 일반에게 알려진 서양 사람들을 놓고 한 사람 한 사람씩 그들의 스포츠맨십의 크기에 대해 살펴본다는 것이다. 나한테 말한 청소년들은 자신들이 살펴 본 서양인에 대해 신체적 활동만 주목한 것은 아니라고 했다. 최근 펼쳐진 한국 야구팀들의 시합에서 스포츠맨십은 전체 대회기간 중 널리 팽배해 있었고 누구나 스포츠맨십에 대해 충분히 인식하고 있었다. 외국팀과 한국팀의 야구시합에서 9회가 진행되는 동안 한국팀은 한 번도 항의를 하지 않았다. 뿐만 아니라 한국팀 선수들은 운동장에 있는 동안 전혀 담배를 피우지 않았다. 아마도 개인적으로는 대부분 흡연자였겠지만 게임 전에 선수들은 금연이야말로 운동 중에 지켜야 하는 것이라고 생각했다. 이런 것이 한국인이 갖게 된 스포츠맨십이다."

반하트는 스포츠뿐만 아니라 1930년대에는 협동총무로서 서울 YMCA의 업무를 총괄하면서 농민운동과 실업교육에도 온 힘을 기울였다. 당시 젊은이들은 농촌의 경우, 영농기술 부족으로 일한 만큼 수확을 기대하기 힘들었고 축산은 상상도 할 수 없었다. 도시 청소년들도 허드렛일 이외에는 가질만한 직업이 없었다. 그는 1929년 쓴 기고문[13]에서 "각 마을의 사업들은 거의 전적으로 젊은 남녀들에 의해 수행되고 있다. YMCA가 주최하는 실습반과 지역기구는 거의 대부분이 청년들로 구성돼 있다. 각각의 농촌마을에 가기 위해 YMCA의 지도자들이 걸어가는

13) 반하트, 〈YMCA의 청년들〉 KMF, 1929년 5월, pp.104~105.

거리를 모두 합하면 수 백 마일이 넘는데 거의 대부분 젊은이들이 걸어서 다니고 있다. 또 놀라운 것은 다양한 농민단체 모임에 출석하는 대부분의 사람이 젊은 농부들이라는 사실이다. 이는 실질적인 농민운동으로 YMCA는 한국의 젊은이들을 돕기 위해 모든 힘을 쏟고 있다"라면서 농민운동의 중요성을 강조했다.

도시 청소년을 위한 실업과 기술교육에 대해서도 설명하며 반하트는 1935년 보고서에서 "약 3년마다 서울 YMCA는 층계를 교체해 오고 있다."고 밝혔는데 그 이유가 "지난 몇 년간 아침 8시 반부터 저녁 10시까지 5cm 두께의 참나무 계단을 900명도 넘는 학생들이 오르내려 점점 나무가 닳기 때문"이라는 것이었다.

반하트에 따르면 "산업학교는 새로운 산업시대의 요구에 부응하기 위해 기획된 것"으로 구두제조를 비롯해, 인쇄, 목공, 고리버들제작, 가구제작, 철공제품, 대장간, 사진 등의 과목을 가르치고 있었다. 3년 과정을 거친 후 수료생들은 사회 각계로 나가 직업을 찾았다고 했다. 실제로 당

서울 거리에 있는 한 목공소의 모습. 지붕 위 간판 좌우에 천사가 그려져 있다. © 드루대

YMCA 본관에 성경공부를 위해 모인 청소년들. 1908–1912년 사이에 촬영. ⓒ 미네소타대

시 사진을 보면 실업과 기술을 가르치는 교사 조지 그레그(George Gregg)의 지도 아래 기계공작용 선반(旋盤)을 배우고 인왕산 아래 목공소에서 일하는 수료생들의 사진이 남아있다.

"우리는 출석하는 학생들보다 더 많은 수의 학생들을 (시설 부족으로) 받아들이지 못하고 있다. 그리고 교사들은 모두 자원 봉사자로 운영되고 있는데 그 이유는 학생들이 (수업료를 낼 수 없을 정도로) 가난하기 때문이다. 그러나 이 학교의 성과는 대단해 아마도 우리의 교육 사업 중 가장 소중한 부문이 아닐까 생각한다. 이들 여러 학교가 시작된 이래 많은 시간이 흘렀다. 그 결과 이제는 모든 삶의 자리에서, 또 한국의 모든 부문에서 우리의 졸업생들을 만날 수 있다. 이들의 수는 수천 명을 헤아린다. 그리고 그들은 말과 행동으로 한국의 YMCA가 그들을 더 나은 삶으로 인도했다고 증언하고 있다."[14]

반하트는 1929년 이래 협동총무로서 한국의 YMCA 활동에 헌신적으로 기여했지만, 일제 후반기의 정치 상황과 국제정치 상황은 그가 헌신을 계속할 수 없도록 만들었다. 미국과 일본의 관계가 악화되면서 1940년 서울 주재 미국 영사관은 자국민의 철수를 명령했다. 이에 따라 모든 YMCA 업무를 한국인 지도자들에게 맡기고 귀국할 수밖에 없었다. 50대 한참 일할 나이에 현장을 떠난 반하트에게 북미 YMCA 본부는 1941년 전임자의 안식년 귀국으로 공석이 된 방콕 YMCA의 총무를 맡겼다. 20대 중반부터 한국을 '제2의 조국'으로 생각하고 25년을 봉사한 반하트로서는 새로운 도전의 기회였으나 곧 이어지는 비극의 시작이기도 했다.

반하트는 부인과 자녀를 미국에 두고 방콕에는 혼자 부임했는데 그 이유는 방콕에도 벌써 제2차 세계대전의 전운이 가득 덮여 있었기 때문이었다. 새로운 사업계획을 세우고 현지인 간사들과 여러 사업을 착수하려던 때 방콕은 일본군에 점령됐고 얼마 안 돼 반하트 자신도 민간인 포로로 수용되는 처지가 되었다. 당시 수용소에서 겪었던 반하트의 고초는 상상을 초월하는 것이었다. 그는 한국에서 배운 일본어 실력을 발휘해 수용된 미국인과 일본군의 통역을 하면서 미국인들의 안전을 위해 힘을 쏟았다. 그러나 일본군은 반하트의 그 같은 역할을 역이용해 여러 차례 다른 수용자들을 겁주기 위한 총살형 집행의 '모델'로 활용했다. 실

---

14) 반하트, 사례 A(Exhibit A) - 교육관련 북미 YMCA 연례보고서(1935년).

제 눈을 수건으로 가리고 총살 집행 카운트 다운을 여러 번 당했다고 밝혔다.

장녀 조스트는 170일간의 고초를 견디고 송환된 아버지를 처음 봤을 때를 다음과 같이 기억했다.[15]

> "우리가 마침내 (배에서 내리는) 아버지를 찾았을 때 받은 충격은 믿을 수 없는 것이었다! 창백한 작은 남자, 초췌한 몸무게 87파운드(39kg)의 사람이 그곳에 있었다. 우리를 떠나 태국으로 갔을 때 몸무게 220파운드(99kg)에 왕성하고 의연했던 아버지에게 어떤 일이 일어났던 것인가? 마침내 우리는 함께 웃고 미소 지으며 눈물을 참았다."

북미 YMCA는 석방된 반하트가 그간 겪은 노고를 감안해 1942년 반하트에게 국제위원회 총무를 제안했다. 하지만 그는 안타깝게도 그 직책을 수행하지 못했다. 반하트는 미국 도착 후 두 달 남짓 몸을 추슬렀지만 반쪽이 된 그의 체중이 보여주듯이 그의 건강은 만신창이 상태였다. 국제위원회 총무 취임을 이틀 앞둔 저녁, 뉴욕 브루클린의 새 아파트로 이사를 마치고 글을 쓰려다가 부인 번에게 "어지럽다."는 한마디를 남기고 쓰러진 것이다.

한국을 '제2의 조국'으로 여기며 사실상 전 생애를 한국을 위해 봉사한 반하트에 대해 뉴욕타임스는 "한국에서 Y를 위해 봉사한 B. P. 반하트 별세"[16] "일본의 방콕 점령 시 억류 중 그립스홀름(Gripsholm)호로

---

15) 진 반하트 조스트, 앞의 책, pp.128~129.
16) 뉴욕타임스 1942년 10월 11일 일요일 자 부음 란.

송환돼" "26년간 Y를 위해 봉사"와 같은 제목을 부음 기사에 달았다.

그의 짧지만 굵게 살았던 봉사의 삶은 '사람은 태어날 때부터 성품이 본래 선했다(人之初 性本善)'[17]는 성선설의 모델이 될 만한 것이었다.

17) 맹자의 성선설에서 유래된 경구이나 2021년 미국 아카데미 영화 시상식에서 오스카 감독상을 수상한 클로이 자오(Chloe Zhao)가 《삼자경(三字經)》에서 인용해 사용함으로써 유명해졌다.

1부

내한 이전

– 체육선교사 준비기

1. 반하트와 부인 번의 부모

반하트의 친부모 엘머와 도라(1915). © 전기

반하트의 부모인 엘머와 도라 반하트는 친절하고 부드러운 분들이었지만 거의 대외적인 활동은 없는 사람들이었다. 두 분은 아이오와주의 오스칼루사라는 소도시에서 살았다. 반하트는 형제만 셋이었는데 막내로 1889년 10월 31일 태어났다. 그는 어렸을 때부터 거의 이해할 수 없을 만큼 야성적인 에너지와 선교사업에 대한 꿈을 갖고 있었다. 그런 성향은 열정적인 성격의 어머니 유전자가 아들에게 영감을 불어넣었기 때문이라는 게 장녀 조스트가 부모의 전기를 쓰면서 한 추측이다.

반하트의 장인 장모로 번의 부모인 프랜시스와 메이 커틀러 역시 열정적이었지만 실질적인 것을 중시하는 사람들이었다. 두 사람은 그들이 살아온 지역(미시간의 옥스퍼드, 일리노이의 시카고 등)과 모임에서 사랑과 존경을 받았을 뿐만 아니라 큰 영향력도 갖고 있었는데 침례교의 목사였기 때문이었다. 커틀러 목사는 재치와 유머감각이 뛰어난 분이었지만 가족과 교인들에게는 종교적인 철칙을 지키도록 했다. 일요일의 경우, 기도, 교회 출석, 성경 읽기는 당연한 것이고 놀이나 즐길 거리는 물론, 공원 산책도 하지 못하게 했다. 반하트의 장녀 조스트는 전기에서 외조부모를 이렇게 묘사했다.

1912년 미시건 주 레이크 오리온에서 찍은 반하트의 장인 커틀러 목사 부부와 번(오른 쪽)의 형제들. ⓒ 전기

"외할아버지와 외할머니의 삶은 풍성하고 열정적인 것이었다. 두 사람은 지역사회에서 깊은 존경을 받으셨고 바쁘게 사셨다. 외할아버지의 설교는 일부 현실적인 것도 있었지만 다른 일부는 지옥, 불, 저주와 같은 내용이었다. 그는 주일학교와 성경공부반을 감독하고 각자가 음식을 싸오는 식사, 교회 바자행사, 목회 방문을 열심히 하는 경향이 있었다. 가족으로서 그것보다 더한 것은 외할아버지의 활동으로 집의 일부가 많은 사람들을 돕는데 이용됐고 필요한 사람에게 무료급식이 주어졌으며 외할아버지 자신은 슬픈 사람에게 치유의 손길을 내미셨다. 그들은 1900년 대 초 지역사회의 개척자이자 보호자로서 큰 발자국을 남겼다."

한편 조스트는 외조부모에 대해 다음과 같은 말도 남겼는데 이는 반하트 부부를 이해하는데도 힌트를 준다. 외할머니가 외할아버지의 과잉 행동을 제지하듯이 어머니 번이 아버지 반하트를 보살폈다는 것이다.

> "외할아버지는 그의 공적인 삶의 빛을 많은 사람들에게 비춰주었다. 외할머니가 그 빛을 느꼈는지는 모르겠으나 내 추측으로 외할아버지는 자신의 삶을 앞장서 행진해 나갔고 외할머니는 따라가셨다. 그러나 외할아버지의 행동이 약간 소동을 일으킬 만큼 문제가 있다고 생각할 때는 예외적으로 따르지 않았다. 외할아버지는 독재자가 될 수 있었으나 외할머니는 필요하다고 생각할 때 외할아버지를 어떻게 멈춰 서게 할지 알았다."

2. 결혼과 선교 현장 출발

＼

반하트의 장인 커틀러 목사는 설교 중 반하트와 번이 만나게 된 계기와 한국으로 선교사로 떠나게 되는 계기를 예화로 소개하고 있어 결혼과 출국과정을 알게 해 준다.[1]

"거의 20년 전 내(커틀러)가 미시간의 옥스퍼드에서 목사로 있을 때 선교에 대해서 설교를 한 적이 있다. 그때 내가 한 말은 하나님께서 나의 자식들 중 한 사람을 외국 선교 현장에 불러주시길 희망한다는 것이었다. 당시는 (자식 중 한 사람이 외국에 선교사로 간다는 것이) 우리 가족에 무엇을 의미하는 것인지 거의 이해가 없었다. 해가 빨리 지나고 자식들도 빨리 커 어릴 때부터 그들이 마음을 주님께 드리는 것을 보는 것은 큰 즐거움이었다.

결혼 전(1911)의 반하트와 번. © 전기

1911년 나는 가족과 함께 시카고

---

1) 진 반하트 조스트, 앞의 책, pp.39~40.

의 레이븐스우드 교회로 옮겨 새롭게 목회를 시작했는데 바이런 P. 반하트라는 이름으로 등록한 젊은이도 처음 교회에 나왔다. 나온 지 얼마 안 돼 그 젊은이는 매우 자주 목사관을 방문하기 시작했고 2년도 안된 1913년 1월 16일 막내인 셋째 딸 번과 결혼식을 올렸다. 같은 날 같은 장소에서 둘째 딸 클라벨도 손튼 루이스와 혼인해 합동결혼식이 되었다. 번과 결혼한 반하트는 바로 아이오와주의 벌링턴으로 떠났는데 반하트는 그곳에서 YMCA 청소년 담당자로 일했다. 2년 뒤 반하트는 일리노이의 피오리아에 있는 YMCA에서 같은 일을 하기 위해 옮겨갔다.

1913년 1월 13일 결혼 당시의 번과 반하트. ⓒ 전기

두 사람이 결혼을 할 때도 오래전에 내가 설교 중 했던 해외선교 이야기는 생각나지도 않았고 염두에 둔 적도 없었다. 나는 반하트와 번 두 사람이 외국 선교 현장으로 가리라고는 전혀 생각하지 못했기 때문이다. 하지만 1916년 1월 편지를 한 장 받았는데 두 사람이 한 달 후인 2월 중 한국으로 떠날 계획이라는 것과 떠나기 며칠 전 집으로 찾아오겠다는 내용이었다. 사위가 해외 선교사로 떠난다는 것은 우리 부부에게는 시험에 드는 시간이었다. 그러나 하나님은 우리에게 승리를 안겨 주셨다. 2월 초 우리 부부와 아들 해리 부부는 번과 반하트와 함께 디트로이트로 함께 가서 저녁 10시에 작별했다. 하나님은 그들에게 안전하게 여행하도록 해주셨지만 놀랍게도 그 배는 마지막 항해가 되었다. 번과 반하트 부부를 일본 요코하마에서 하선시키고 중국으로 항해해 가다 며칠 후

중국 해안에서 난파를 당한 것이다."

장인인 커틀러 목사의 설교 내용을 통해 반하트와 부인 번의 만남과 결혼 과정은 대체로 파악이 된다. 당시 반하트는 고향인 아이오와의 오스칼루사에서 청소년기를 보낸 후 역시 아이오와주에 있는 펜 대학[2]을 졸업한 후 시카고에 있는 YMCA 대학에서 문학사와 문학 석사 학위를 받았다. 주목되는 것은 당시에 벌써 3년간 대학 농구팀의 선수였으며 대학 YMCA 위원회의 위원이었다는 사실이다. 그는 졸업에 즈음해서는 대학 체육 감독 제안을 받을 만큼 스포츠 지도자로 일찍 두각을 나타냈다. 이 같은 경력을 보면 반하트는 180cm 가까운 큰 키에 100kg 가까운 체구로 운동 부문에서 일찍이 소질을 보였을 것으로 보인다.

이런 반하트의 활달한 모습에 커틀러 목사의 막내딸이었던 번은 마음속으로는 첫눈에 반했다는 고백을 하고 있다. 자신의 회고록에서다.[3]

"나는 팻(반하트)을 처음 봤던 순간이 생각났는데 그것은 친정아버지가 시카고의 교회에서 목회할 때였다. 젊은 사람들이 모여 있는 곳을 둘러봤을 때 매력적인 금발의 청년이 보였는데 나는 나중에 그가 팻 반하트인 것을 알았다. 그날 저녁 나는 그에게 좋은 인상을 주었고 내가 결혼하게 될 사람으로 믿는다고 나 스스로에게 말했다. 나는 그때부터 운명(결혼)의 1913년 1월 16일이 될 때까지 여러 번 마음이 변했지만, 그는 (나와

2) 현재의 윌리암 펜 대학교로 아이오와주의 사립대학이며 과거 Penn College로 호칭됨. 반하트는 1912년 졸업. 그는 다시 시카고의 YMCA 대학(1912~1916)에 입학해 학사와 석사를 취득했다.
3) 1970년 초에 쓴 회고록《번의 이야기(Verne's Story)》. 진 반하트 조스트, 앞의 책, p.56.

결혼하겠다는) 확고한 입장을 계속 갖고 있었다. 그는 YMCA 대학에 다니고 있었고 웰슨 애비뉴 YMCA의 청소년 사업 담당 총무 보좌역으로도 일하고 있었다. 그는 학교를 다니면서 YMCA 일도 하느라 데이트할 시간도 없었고 돈도 별로 없었다. 한 주일에 서너 번 YMCA 일이 끝난 후 한 시간 남짓 찾아왔으며 일요일 저녁에 두 사람은 교회에서 고등학생 그룹을 도왔다. 두 사람은 콜라를 사 먹기 위해 골목 입구의 편의점에 가는 대신, 내가 생각하기로는 그가 더 좋아한 어머니의 부엌에 들렀다. 팻이 양파 샌드위치를 매우 좋아했기 때문에 나는 몇 분 만에 샌드위치를 만들어서 주었다. 내가 양파 샌드위치를 좋아하는 것만큼이나 그도 양파 샌드위치를 좋아했다. 그러나 결혼 후에는 더 이상 먹지 않았는데 옛날에는 너무 배가 고파서 먹었다고 말했다. 다시 말해 나의 호감을 사기 위해 양파 샌드위치를 좋아하지 않았으면서도 좋아한다고 거짓 행동을 한 것이었다.

팻은 용돈이 부족했음에도 불구하고 나는 자주 작은 꽃다발을 받았다. 첫 번째는 성 패트릭의 날에 받은 튤립 꽃다발이었다. 부활절에는 아름다운 작은 바이올렛 꽃다발을 받았는데 그날 저녁 팻은 나에게 YMCA 간사와 평생을 함께 하겠느냐고 물어 나는 '예스' 라고 대답했다. 그 꽃다발은 내가 '예스' 라고 대답하도록 하는데 상당한 역할을 했다. YMCA는 언제나 그의 가슴속에 최우선으로 자리 잡고 있었다. 팻의 어머니는 그가 12살에 YMCA에 가입했고 그 후 집에는 밥 먹고 잠자러 올뿐이었다고 나에게 말한 적이 있을 정도로 YMCA 일을 좋아했다.

여름 동안에 팻은 위스콘신주에 있는 레이크 저니바[4]의 YMCA 캠프에서 일했고 나와는 미국 독립기념일(7월 4일) 휴가 기간에 긴 주말을 함께 보냈다. 조지 윌리암스 칼리지(YMCA 대학)를 졸업한 그는 그 해 가을 YMCA의 청소년 사업 담당간사 자리를 얻었다. 결혼 후 남편은 아이오아의 벌링턴과 일리노이의 피오리아 YMCA에서 3년을 일했다."

부인 번의 회고록에서 첫 만남부터 프러포즈를 할 때까지의 과정을 알 수 있지만 장녀 조스트는 "아버지는 어머니가 자신을 좋아하도록 바로 만들었을 것임이 틀림없다."며 구애 과정에 대해 재미있는 일화를 소개했다. 반하트의 치밀한 성격이 그대로 드러난다.[5]

"활기가 넘치고 신이 나서 활동하는 성격의 아버지는 여성을 사랑하고 구애하는 것을 좋아했다. 평생을 그같이 사셨는데 아버지는 어머니에게 구애하는 편지를 쓰면서 번호를 매겼는데 거꾸로 번호를 매겼다. 두 사람이 결혼하기 전날 쓴 편지가 아버지가 결혼 전에 쓴 마지막 편지였는데 번호는 1번이었다.

사랑하는 소녀에게
오랫동안 참으며 나는 번호 1번 편지를 쓸 때를 기다려왔다. 그리고 이제 그 시간이 왔고 내일 나는 당신을 나의 팔로 안고 키스하고 나의 사랑을 속삭이게 된다. 오늘 나는 행복하고 내일도 행복하며 항상 행

4) Lake Geneva, 미국 중북부 위스콘신주 남동부의 주거지 및 관광도시로 일리노이주와 경계선에 있음. 스위스 제네바와는 다른 도시.
5) 진 반하트 조스트, 앞의 책, p.39.

복하다. 왜냐하면 당신을 사랑하니까.

당신의 소년이

어머니는 이 편지를 얼마나 잘 간직하려고 했었을까? 결혼 준비를 하면서 얼마나 흥분됐을까? 아버지는 예행연습하는 저녁에 어머니의 손을 잡고 복도를 걸어 내려왔다. 또 먼 나라로 여행을 떠나는 도전에 나섰고 어머니의 귀에 열정적인 사랑을 속삭였다. 그는 어머니의 삶에서 너무나 매혹적이고 꼼짝 못 하게 하는 절대적인 연인이었다."

반하트의 결혼 소식은 시카고 지역의 3개 신문에도 소개됐는데 당시로서는 이채롭게 두 딸의 합동결혼식이었기 때문으로 보인다. 기사 제목은 "아버지의 주례로 자매가 결혼, 작은 아버지가 합동결혼식을 돕는다"였다.

"자매인 신부 두 명의 아버지가 목사로 있는 교회에서 아버지가 직접 결혼식을 집례하고 올케는 축가를 불렀다. 이날 주례 목사는 두 자매가 다른 도시에서 온 남자 두 명의 신부가 되는 것을 선언했다. 두 딸의 합동결혼식을 주례한 목사는 레이븐스우드 제일 침례교회의 프랜시스 B. 커틀러였다.

결혼한 두 딸 중 언니 클라벨은 디트로이트 출신 손튼 A. 루이스와 결혼했으며 동생 번(당시 21세)은 아이오와 벌링턴 출신의 바이런 P. 반하트(당시 24세)와 결혼했다. 결혼식은 핑크와 초록색 꽃으로 정교하게 장식되고 천정에는 커다란 솜으로 만든 공이 매달려 있는 교회에서 열렸다.

일리노이주 위노나 장로교회의 목사 F. E. 버논과 신부의 삼촌이 '아! 나에게 약속해줘'를 축가로 불렀고 클라라 이케아스가 오르간 반주를 맡았다. 신부들은 비슷하게 엷은 비단 크레이프 드레스에 면사포를 썼다. 두 신부는 장미와 백합으로 된 부케를 들었다. 결혼식에 이어 신부의 집에서 피로연이 있었다. 신랑 신부 네 사람은 함께 짧은 신혼여행을 할 계획이다.

신랑 루이스는 디트로이트에 있는 한 제조회사의 사원이고 또 다른 신랑 반하트는 벌링턴(아이오와주) YMCA의 청소년 업무 담당자이다."

장녀 조스트는 부모한테 들었던 결혼 과정과 신문 기사를 토대로 반하트 부부의 결혼 전후를 소개하며 두 사람의 결혼이 서로에게 최상의 선택이었고 조합이었다고 말했다.[6]

"나는 아버지가 매우 신중하게 선택을 했다고 믿고 있다. 어머니는 모든 면에서 아버지에게 완벽한 품성을 가진 아내였다. 어머니는 영적으로 타고났을 뿐만 아니라 수준 있는 집안 출신이었다. 비록 미모는 아니었지만 보기에 사랑스러웠고 각광을 받으려고 하지도 않았다. 아버지의 평범한 실력이나 스타일은 어머니가 좋아하기에는 분명히 부족한 측면이 있었다. 아버지의 매너는 세련되지 못했고 말은 퉁명스러움에 가까운 쪽이었다. 그러나 그의 열정이 보여주는 매력은 다른 것들을 사소하게 만들고도 남았다. 어머니는 아버지의 그런 소소한 약점들을 잘 조절

6) 위의 책, p.40.

했다. 어머니는 아버지가 갖고 있는 문제를 해결하도록 돕고 아버지가 추구하는 세상을 사랑하려고 했다. 또 아이들을 잘 감당했다. 그리고 어머니는 언제나 아버지를 사랑했다. 아버지는 훌륭한 직관력을 갖고 있었고 그것을 잘 활용했다."

청소년기부터 YMCA 활동에 참여했던 반하트는 시카고 YMCA 대학에서 학사와 석사를 하면서 평생을 Y운동에 헌신하기로 마음먹고 일찍부터 YMCA에서 경력을 쌓았다. 고향인 오스칼루사에서 1년 반 동안 청소년부 간사로 일했고 시카고의 윌슨 애비뉴 Y 지회에서 청소년부 부간사를 맡기도 했다. 또 2년간 벌링턴에서 청소년부 간사로 근무하며 결혼을 했고 다시 2년간 일리노이주 피오리아에서 청소년부 간사로 일했다. 미국에서는 또 레이크 저니바에서 여름 두 번을 지냈다. 여러 곳에서 반하트는 활기차게 YMCA 활동을 했지만 결혼 이후 반하트 부부는 현실과 부딪히며 쉽지만은 않은 삶을 살았을 것으로 보인다. 장녀 조스트의 글이 그런 삶을 보여준다.[7]

"결혼 후 두 사람은 아이오와의 벌링턴으로 갔고 어머니 인생에서 똑같은 일은 전혀 생기지 않을 새로운 삶을 사셨을 것으로 확신한다. 처음 몇 년은 앞으로의 살날을 위한 좋은 준비 기간이었다. 아마도 당시는 두 사람이 상상했던 것보다 더 힘든 시간을 보냈을 것으로 보인다. 동시에 그 시기는 두 사람이 갖고 있고 또 절실하게 필요한 용기와 스태미나를

7) 위의 책, p.42.

발휘해야 할 시기이기도 했다. 아버지는 말할 것도 없이 어머니를 놀리고 달래며 어려운 시기를 보냈을 것이다. 누구나 20대에는 인생 드라마에서 비극도 겪지만 어떻게든 더 견딜 수 있는 힘도 갖고 있다. 그 같은 모든 어려운 시간 가운데서도 두 사람은 큰 열정을 갖고 함께 키스하고 안아주며 재미있게 지냈을 것이 틀림없다."

결혼 후 반하트는 아이오아의 벌링턴과 일리노이의 피오리아 YMCA에서 3년을 일했는데 부인 번은 그 3년 동안은 신혼 기간이었지만 재미있고 바쁜 해였다고 회상했다. 그녀는 반하트가 중요한 청소년 사업 프로그램을 수행했고 자신은 많은 수의 청소년 그룹을 위해 1주일에 여러 번 클럽의 저녁 준비를 해야 했기 때문이라고 설명했다. 청소년 1명 당 15센

1915년 내한 1년전 낚시한 물고기를 자랑하는 반하트(왼쪽에서 세번째)와 동서, 처남들(좌, 우).
ⓒ 전기

트로 저녁을 준비하는 일은 부인 번에게는 대단한 경험이었으며 그 경험은 한국에서 체육 선교사 겸 지도자의 아내로 사는데도 큰 도움이 되었다. 적극적이면서도 활동적이었던 반하트가 북미 YMCA 지도자들의 눈에 띄는 것은 자연스러운 일이었다. 당시 상황을 부인 번은 이렇게 회고했다.[8]

> "남편의 업무 능력은 뛰어난 것이어서 해외 분야에서 일해 달라는 요청을 받았다. YMCA 국제 업무 위원회가 여러 차례 몇 가지 제안을 해왔는데 그중 한국에서 일해 보지 않겠느냐는 제안을 해왔을 때 우리가 해야 할 일이라는데 대해 (우리 두 사람은) 아무런 의문도 가질 필요가 없어 보였다."

번은 계속해서 "우리는 미국을 떠나기 전 출발 준비와 가족을 만나는데 6주의 시간밖에 주어지지 않았다."고 말하며 반하트 부부의 한국행 결정이 갑자기 이뤄진 것임을 밝혔다. 두 사람은 아이오와의 오스칼루사로 반하트의 부모도 찾아가 한국 선교사로 떠나게 되었음을 알리고, 다시 시카고로 가서 번의 부모에게도 인사를 한 후 함께 며칠을 보냈다.

---

8) 위의 책, p.57.

2부

내한과 한국 봉사 전반기 (1916~1929)

1. 내한 과정

- 지네트 월터와의 만남, 항해, 정착

장녀 조스트는 한국으로 떠나는 부모님 반하트 부부와 외할아버지 커틀러 목사와 외할머니가 이별하는 모습을 자신이 들었던 이야기를 토대로 마치 직접 본 것처럼 부모님 전기에 기록했다.[1] 커틀러 목사는 사위와 딸을 이별한 곳이 디트로이트 역이었다고 했다.

> "한 작은 그룹이 기차 정거장에 있었다. 서로에게 무슨 말을 해야 할지 거의 알지 못한 채로 쳐다보기만 했다. 알지도 못하는 나라로 떠날 뿐만 아니라 5년(안식년) 내로는 돌아 올 수도 없는 사랑하는 딸을 보내며 부모는 어떻게 작별인사를 할 수 있을까? 특히 외할머니는 임신까지 한 딸을 보낼 때 헤어지는 상실감을 어떻게 참고 견뎌야 할까? 외할아버지와 외할머니는 (기차가 오면) 곧 닥칠 상실감을 생각하며 (선교사로 사위와 딸이 떠난다는) 자부심과 이별이라는 고통이 두 사람의 마음속에 가득했을 것으로 보인다. 아버지 팻은 의심할 여지없이 활력이 넘치고 눈은 빛났

1) 위의 책, pp.42~43.

을 것이며 끝없는 생동감을 보여줬을 것이다. 어머니 번은 함께 있는 사람과 같은 감정을 느끼면서 별일 없이 작별의 시간이 지나가기를 기도했을지도 모른다. 아마도 어머니는 삶의 모든 시간에서 그랬듯이 마음 속 깊은 곳에 이별의 순간을 간직하며 눈물을 흘리지 않으려고 싸웠을 것이다. 외할머니 역시 자신과 함께 있는 가족들의 슬픈 감정이 폭발할 수 있을지도 몰랐지만, 목사의 사모님으로서 자세를 흐트러뜨리지 않고 미소 지으며 조용히 있었을 것으로 보인다. 어머니와 아버지가 기차에 올라타고 유리창을 사이에 두고 얼굴을 밀착한 순간이나 기차가 움직여 배웅 나온 네 사람(외조부모님과 외삼촌 부부)이 몇 초 후 점점 작아 보이기 시작할 때, 가족 모두는 마침내 (이별의 슬픔을 이겨냈다는) 안도감을 느꼈을 지도 모르겠다."

반하트 부부는 일본으로 가는 배를 타기 위해 기차로 샌프란시스코로 가던 중 이화학당 교사로서 안식년 후 다시 한국에 가는 지네트 월터 교육 선교사를 만나 미지의 세계 한국에 대한 많은 이야기를 듣고 심지어 한국어도 몇 마디 배웠다. 또 임신 중인 번은 조산원 수련을 받은 월터 선교사로부터 많은 도움을 받았다. 항해 당시의 이야기를 번은 짧은 회고록에 적었다.

"사실 (미국에서 한국으로 오는) 그 달(2월)은 대부분이 꿈같았고 또 일부는 악몽 같기도 했다. 21일 동안 뱃멀미를 하며 항해를 하는 사람이 얼마나 되겠는가? 그 같은 일은 꿈도 꿔볼 가치가 없는 일일 것이다. 나의 남편 팻은 YMCA 업무를 위해 한국 서울로 파견돼 21일 동안의 항해 끝에 일본에 도착해 1주일을 머물렀다. 우리는 (일본의) 작은 도로를 걸어 다녔고 사찰을 방문했으며 작지만 아름다운 그림을 보며 감탄했다. 또 YMCA 프로그램에 대해서도 배웠는데 대부분의 시간은 (생김새가 다른) 사람들을 보는 것으로 보냈다. 정말 꿈같은 세계였다."

항해 과정을 부인 번은 간략히 적었지만 장녀 조스트는 전기에서 더 자세히 밝혀 놓고 있다.[2] 조스트는 디트로이트 역에서 외할아버지 외할머니와 이별한 부모님이 우연히 만나게 된 월터 선교사를 비롯해 임신 중에 배를 타 뱃멀미로 엄청나게 고생했던 어머니 번의 이야기와 아버지 팻의 활발했던 선상 생활을 들었던 대로 전기에서 전하고 있다.

"어머니는 기차를 탄 후 2월의 날씨에 맞게 입었던 코트를 벗었을 것이 틀림없고 배웅을 나왔던 자신의 부모님 모습을 영원히 마음속에 간직했을 것이다. 여럿이 있는데서 결코 다정다감한 모습을 보이지 않는 아버지는 손가락을 낀 채 앉아서 기다리기보다는 혹시 만날 수 있는 사람이 있을지 알아보기 위해 기차의 양쪽 끝까지 걸어 다녔을 것이다. 어머니는 모든 것을 마음속에서만 애태우며 두려움, 흥분, 호기심 속에서 창문 밖만 내다봤을 것이다."

조스트는 부모님이 했던 샌프란시스코와 일본 고베 간의 항해가 얼마나 힘든 것임을 90년대의 크루즈 여행과 비교하며 설명했다. 예를 들어

---

2) 위의 책, pp.43~44.

90년대의 경우 "여객선과 크루즈라는 두 단어는 거의 동의어처럼 돼있어 우아한 거실, 나무로 된 반짝이는 장식, 쿠션이 좋은 소파와 커다란 가죽 의자, 도서실, 하얀 면의 식탁보가 깔려있고 나무 모양의 전구 장식이 있는 식당에서의 호화로운 식사 같은 생각을 나게 한다. 그러나 부모님이 항해하던 20세기 초에는 우아함이라고는 찾아볼 수 없었다."고 했다.

> "당시 배는 지금보다 작았고 크루즈보다는 여행용으로 설계된 것들이었다. 시간을 절약하기 위해 세계를 가로질러 다니는 상업용 비행기는 없었다. 일본으로 갔다가 다시 한국으로 가는 데는 2주이상이 걸렸다. 때로는 폭풍우가 중부 태평양을 때려 광란 속으로 몰아넣으면 마치 가만히 있지 못하는 어린이가 몸을 담고 있는 욕조 속의 장난감처럼 작은 여객선은 올라갔다 내려갔다 했다. 여객들은 자주 며칠씩 각자의 숙소에서 머물렀다. 그러나 날씨가 좋아지면 여행객들은 할 일이 많아졌다. 브릿지 게임이 격렬한 경쟁 속에 열렸고 탁구가 여행객들의 시간을 분주하게 만들었다. 특히 구형 빅토리아 축음기(태엽을 감아 음반을 트는)는 조그만 응접실의 중요한 놀이기구였다. '오직 몰리와 나…' 3를 틀면 태평양으로 울려 퍼졌다. 이 음악이 나오면 여기저기에서 최신 유행의 댄스를 했다."

조스트는 "어머니는 임신 중이었고 배의 움직임에 영향을 받아 대부분의 시간을 객실에서 보냈는데 창백한 얼굴과 화려한 백발을 베개 위

---

3) '마이 블루 헤븐(My Blue Heaven)'에 나오는 가사. 이 노래는 1928년 빅터 레코드의 히트곡. 1916년 항해 때는 없는 것이었으나 조스트가 30년대 후반 한국-미국을 오갈 때는 들었을 가능성이 있다.

에 뉘어 놓고 쉴 수밖에 없었다."고 했다. 임신과 뱃멀미로 번은 식당도 거의 가지 않고 브릿지 게임을 하러 응접실에 갈 형편도 되지 못했다. 이 때 큰 도움을 준 사람이 지네트 월터 선교사였음을 특별히 밝혀 놓았다.[4]

> "지네트는 항해하는 동안 계속해서 어머니의 믿음직스럽고 사랑스러운 동반자였다. 그녀는 어머니의 손을 토닥여주며 자신의 과거(약혼자와의 사별과 이화학당의 선교사 생활 등)를 이야기했고 서로 믿음을 나눴다. 두 사람은 서로를 칭찬하며 각자의 품성을 알게 되었다."

부인 번은 항해 중 어려움을 겪었지만 뱃멀미 같은 어려움이 없었던 반하트는 스포츠맨답게 배안에서 하는 여러 가지 도전적인 활동을 즐겼고 항해 자체를 좋아했다. 조스트는 어머니로부터 들었는지 항해하는 동안의 아버지에 대해 자세히 기록했다.

> "아버지는 배안에서 누구나 함께 플레이를 하고 싶어 하는 브릿지 게임[5]의 고수였다. 그는 희롱도 잘했는데 어떻게 잘했는지에 대해서는 듣지 못했지만 아버지가 잘했다는 사실은 알고 있다. 내 추측으로 아버지는 행동보다는 말을 좋아하시는 분으로 실제로는 (희롱을) 예술행위 같은 것으로 여기지 않았을까 생각한다. 마치 아름다운 나방처럼, 불꽃에 가까이는 가지만 그의 날개를 태우는 일은 결코 하지 않았다."

---

4) 위의 책, p.45.
5) 두 사람이 한 팀이 되는 카드 게임.

조스트는 항해 중에 있었던 관련 에피소드를 소개하며 아버지의 성격에 대해 비교적 솔직한 생각을 썼는데 반하트의 평소 활동이나 성품이 어떤 모습일지 유추해 볼 수 있다.

"아버지는 모든 일을 경쟁적으로 했지만 특별히 누구와 경쟁한 것은 아니고 주로 자신과 경쟁했다. 그는 언제나 처신을 잘하고 자신을 정복하기 위해 좀 더 열심히 일하도록 스스로를 다그쳤다. 아버지의 이런 성격 때문에 그보다 일하는 능력이 부족하거나 열정적 야망을 갖고 있지 못하는 사람에 대해서는 참지를 못해 두 가지 현상이 주변에서 일어났다. 아버지를 무서워하는 사람들은 일정한 거리를 뒀다. 다시 말해 아버지의 놀라운 관찰력을 피하려는 사람들은 그 주변에 있으려 하지 않았던 것이다. 또 다른 현상은 아버지의 열정적인 에너지와 개인적인 능력 덕분에 업무에서는 요술을 부리는 것 같은 성과를 올렸다. 야구를 가르치거나 육상경기를 할 때, 심지어 브릿지 게임이나 멜로디 가락에 맞춰 왈츠를 출 때도 아버지는 사람들로 하여금 최고의 도전을 하도록 했다. 아버지가 돌아가신 뒤 몇 년 후에 그를 추모하는 한 모임에서 손님들은 줄을 이어 자신들에게 영향을 미친 팻 반하트에 대해 이야기했다. 공을 다루는 것이든, 이론을 익히는 것이든 아버지의 영향은 헤아릴 수 없을 만큼 큰 것이었다."

샌프란시스코에서 고베까지 21일간의 항해와 다시 일본에서 부산까지 배를 탄 끝에 반하트 부부는 부산에 도착할 수 있었다. 당시 외국인들은 아름다운 한국의 항구로 들어가 상륙하기 전에 한국의 냄새를 맡을 수 있었다고 이야기하곤 했는데 바로 김치 냄새였다. 조스트는 자신의 부모님 역시 "한국에 처음 왔을 때 김치 냄새부터 느꼈을 것"이라며 "현재는 아니지만 옛날에는 김치 항아리가 전국에 있을 때 정말 그 김치 냄새는 지독히 자극적인 것이었다."고 회상했다. 그녀는 "우리는 한국을 맡을 수 있었고 한국 사람들은 우리의 냄새를 맡았을 것"으로 생각했다.

1921년 태생으로 청소년기를 한국에서 살았던 조스트는 부모에 대한 전기를 쓰며 후에 자신이 알게 된 일제강점기의 한국 상황에 대해 비교적 자세히 적어 놓고 있다.[6]

> "나의 부모와 진 아주머니를 맞았던 한국은 문제가 많은 나라였다. 1910년 일본에 의해 강제 합병돼 한국민에 대한 통치는 테러와 고문, 세뇌를 통해 이뤄지고 있었다. 소설가 펄 벅은《살아있는 갈대》라는 책에서 한국을 '고귀한 나라'라고 불렀다. 과거에는 그랬다. 하지만 일제에 의해 절대적인 통제가 이뤄지면서 한국인들은 공포가 가득 찬 사회 속에서 지내게 되었다. 한국인들은 언어를 비롯해 고유한 의상과 모든 종류의 자유를 박탈당했다. 여러 번 반복적으로 저항이 일어났으나 진압됐다.
>
> 이런 사정으로 한국의 문화에는 일본적인 요소가 강력하게 혼합되었다. 그 결과 다양한 나라에서 왔을 뿐만 아니라 전통적인 선교 방식에 대해서도 생각이 다른 서양 백인 선교사들은 선교 과정에서 어려운 점이 많았다. 이들 선교사들은 유명한 대학에서 교육을 잘 받았고 그들 중 일

6) 위의 책, pp.46~47.

부는 음악, 드라마, 가정학 분야에서 특별한 재능을 갖고 있는 분도 있었다. 많은 전문가들이 그들의 재능을 한국인들에게 나눠주기 위해 왔다. 또 잘 훈련된 의사와 치과의사도 있었고 결과적으로 훌륭한 교사들은 한국인뿐만 아니라 한국에 거주하는 미국과 영국인들의 아이들을 가르치기도 했다.

러시아 혁명 이후 한 무리의 백계 러시아인들이 한국으로 이주했고 여러 나라의 영사들이 한국에서 활동했다. 무수하게 많은 다른 국가와 문화, 재능을 가진 사람들이 그들의 자원을 모두 합해 한국인들에게 최고의 도움과 돌봄, 기독교 신앙을 전달하려고 했다. 이들은 한국인들에게 자신감을 갖도록 고취시키기도 했는데 그들이 행한 선한 일은 한국의 역사에서 영원히 살아있을 것이다.

반하트가 여행했던 내금강 봉우리 © 드루대

한국 자체는 산악형 반도 국가로 아시아 대륙에서 남쪽으로 500마일 정도 뻗쳐있다. 면적은 미네소타주 정도의 크기로 한국의 해안은 6,000마일쯤 되는데 3,749개의 인접한 섬들이 점점이 놓여있다. 국경선 부근에는 언제나 눈에 덮여 있는 백두산이 있고 동해안을 따라서 금강산이 있어 한국을 표현하는 말로 '아시아의 스위스'라고 했다. 한국 풍경의 아름다움은 세계적으로도 눈에 띈다. 하지만 역설적으로 한국은 '고요한 아침의 나라'로도 알려져 있는데 이는 수백 년 동안 있었던 정복과 전쟁, 재탄생과는 매우 상반되는 말이기도 하다."

조스트는 "한국인의 문화가 그들의 삶과 사고방식에 반영돼 있고 이 반도 국가에서 견딜 수 있도록 해주고 있다."는 견해를 가질 만큼 한국문화에 대해서도 상당한 식견이 있었다.[7]

"한국어의 융통성과 편리함, 한글의 과학적 알파벳, 금속활자의 최초 발명 등이 한국문화를 지탱하는 강한 기초가 되어 주었다. 한국의 문화적 기념물을 비롯해, 화강석 석탑과 옛날 건물 유적은 고도로 가꿔진 문명이 몇 세기 동안 발전해 왔음을 알려주는 표시들이다.

미술 분야에서 한국인들은 아시아 문명 가운데에서도 돋보이는 지위를 갖고 있다. 회화는 아주 옛날부터 가치를 인정받았고 나전칠기는 현재 한국의 유명한 산업이다. 옛날 나전칠기 작품의 절제된 디자인은 돋보이는 예술적 감정을 보여주는데 그것은 한국예술의 특징이기도 하다.

특히 풍부한 고대음악의 유산은 현재까지도 살아남아 전해지고 있다. 한국의 오래된 예술형태 중 하나인 무용은 한국인의 마음속에 깊이 뿌리내려 있다. 고려왕조 최고 전성기인 12세기 때의 기록에 의하면 춤추는 무희들이 너무 많아 '구름 같아 보인다.'고 말할 정도였다. 그 당시에도 이미 훈련받은 무희의 전통은 오래된 것이었다. 한국의 전통무용은 일반적으로 거칠고 열정적이었으나 매우 공식적이고 스타일화(化)

7) 위의 책, p.48.

되어 있었다. 가끔 무희는 거드름 피우는 양반을 은밀하게 조롱하거나 희롱하는 연기를 하기도 했다. … 나의 부모님이 한국에 도착했을 때 이미 한국인들의 전통적 예술과 재능의 표현은 일제에 의해 허용되지 않았다. 비록 그들의 재능은 무력으로 억압받고 있었으나 한국인들은 자신들의 예술 원형을 마지막까지 감춰서 갖고 있다가 결국 자신들의 강렬한 문화적 색채를 되찾았다."

조스트는 한국 무용을 소개하다 자신이 한국 소녀 이(李)를 입양했다는 사실도 밝히고 있다. 자세한 입양 과정을 밝히지는 않았지만 조스트의 차남 배리(Barry Jost)가 조스트 사후(2011년) 남캘리포니아대(USC)에 기증한 유품에는 한 한국 무용수의 사진이 있는데 바로 이근순[8](미국명 Mary Jacob)의 사진이다.

"한국의 민속무용은 현재 우리 조스트 집안에서 매우 의미 있는 예술의 하나가 되어 있다. 내가 양녀로 삼은 리(Li)가 로스앤젤레스 최고의 한국 고전무용단에서 선임 무용수로 활동하고 있기 때문이다. 리는 북한, 중국, 알래스카로 공연 여행을 했고 또한 캘리포니아와 이웃 미국의 주에서도 공연했다. 남부 캘리포니아의 한국인 사회에서 그녀는 잘 알려져 있고 사람들은 리를 보면 미소를 보내준다. 리는 지역사회에서 유명해지기 전에도 다른 한국인들처럼 무용과 사랑에 빠져 있었다. 이는 무용이 리에게 깊은 영향을 주고 있었다는 사실을 보여준다."

8) 2011년 장녀 조스트의 사망 후 작성된 부음에는 이근순이 Mary Jacob으로 돼있다.

100여 년 전 반하트 부부가 한국에 처음 도착하던 날은 햇빛은 밝았지만 바람은 차고 으스스한 날이었다. 두 사람은 부산에서 서울로 가는 편안한 미국식 기차를 타고 창문 밖을 보았을 때 "산 아래를 둘러싸고 자리 잡은 수많은 작은 갈색 지붕의 한국인 마을을 보면서 마치 꿈을 꾸는 것 같았다."고 했다. 장녀 조스트는 후에 쓴 전기에서 부모님이 한국 도착 당시 계곡에 테라스처럼 된 논이 있는 것을 보고 마치 지구인이 달에 도착한 것처럼 비유했다. 미국이나 유럽과는 얼마나 낯선 환경이었을지 알게 해 준다.[9]

"배에서 내려 새로운 나라의 땅을 내딛는 순간을 상상해보면 그것은 마치 달나라를 처음 방문하는 사람처럼 낯선 것이었으리라 상상된다.

서대문 부근 선교사 하디의 집에서 내려다 본 서울 모습 ⓒ 드루대

9) 위의 책, p.49.

다른 생김새의 얼굴, 이상한 의상, 이국적인 건물, 덜덜거리는 인력거, 지게꾼, 거리의 헐벗은 아이들, 노점상, 초가지붕, 거리에서 음식을 만들어 파는 작은 화로들 같은 것을 보면서 부모님들은 무엇을 생각하셨을까?

아버지는 서울 YMCA에서 나온 총무 프랭크 브로크맨의 마중을 받았지만 미국 중서부에서 키 큰 옥수수 대나 겨우 봤던 두 사람에게 한국이 주는 문화적 충격은 엄청난 것이었다. 어머니는 당시 24세였고 아버지는 겨우 27살이었다. 미국에서 멀리 떨어진 한국에 대해 아는 사람이라고는 거의 없고 항해에만 몇 주가 걸려 도착하는 나라라는 것을 생각하면 당시 부모님의 행적이 얼마나 모험적인 것이었음을 알 수 있다.

요즘은 로스앤젤레스를 떠나 서울에 도착하는 것은 몇 시간이면 되고 한국에 대한 신비도 사라졌지만 100년도 넘어 1916년으로 돌아가 보면 그것은 진짜 모험이었다."

이런 상황에서 두 사람은 서울역에 도착했는데 부인 번은 당시 서울역에 내릴 때 "열 명에서 열두 명쯤 되는 사람이 우리를 환영하기 위해 기다리는 것을 봤을 때 얼마나 흥분됐는지 모른다. 그들 중에는 일본까지 항해를 함께 하고 반하트 부부가 일본에 잠시 머물 때 먼저 한국으로 갔던 친구 진 월터도 있었다."고 기억했다.[10] 많은 사람의 환영을 받은 두 사람은 다시 헉헉거리며 달리는 남자가 끄는 인력거 뒷좌석에 앉아 지저

---

10) 부인 번은 진 월터를 보는 순간 가족 같은 유대를 느꼈는데 "로스앤젤레스에서 샌프란시스코까지 오는 기차에서 그녀를 처음 만났기 때문이다. 우리는 21일 동안 항해하면서 많은 시간을 함께 보냈고 특히 무엇보다도 그녀는 우리에게 한국말 몇 가지를 가르쳐 주었다."며 이유를 설명했다.

분한 거리를 달려 임시 거처인 브로크맨 총무의 집에 도착했다. 인력거 위에서 보았던 서울을 보며 문화 충격이 어떤 정도였을지 쉽게 상상이 간다. 또 다른 문화충격은 거리의 모습과는 전혀 다르게 젊은 일꾼이 2층 양옥의 문을 열어주고 그 뒤에는 가정부가 서있으며 아름답고 윤택이 나는 나무 마루, 오리엔탈 양탄자 등 미국 엘리트의 화려한 생활환경이 펼쳐지는 현실이었다. 일꾼들이 정중히 인사하고 두 사람이 기거할 방에 짐을 날라다 주었다. 이날 두 사람은 브로크맨 씨의 안내를 받았지만 하루 동안 겪었던 경험은 굉장한 사건이었다. 서울 YMCA의 총무로 재직 중이던 프랭크와 제시 브로크맨 부부는 엘리트 미국인들이었다. 전통 있는 대학(펜실베이니아 대)에서 교육받은 두 사람은 우수하고 자신감에 찬 사람들이었다. 두 사람에 대해 장녀 조스트는 "내가 기억하기에 약간 건조한 면이 있었음에도 불구하고 부인 제시는 훌륭한 유머감각을 갖고 있었고 브로크맨 씨는 약간은 거만했던 것 같다."고 말하며 아버지의 상사이자 동료였기 때문에 그렇게 느꼈던 것 같다고 했다.

반하트(뒷줄 가운데)와 브로크맨(오른 쪽) 가족. 가운데 줄 왼쪽에 브로크맨 부인, 오른 쪽이 번. ⓒ 전기

조스트는 두 사람의 한국 생활에 대해 전기에 쓰기 위해 일부러 어머니로부터 자세히 듣고 심지어 두 사람이 보낸 한국에서의 첫날밤에 대해서도 다음과 같이 썼다.[11]

"그날 저녁 지친 몸으로 침대에 들어간 두 사람은 서로를 꼭 껴안은 채 잠이 들었다. 두 분은 반쯤은 흥분되고 반쯤은 두려움 속에 잠들었을 것으로 보인다.

두 사람은 도착 첫날밤 구두를 문 밖에 내놓도록 요청을 받았는데 아침에 구두를 가지러 가보니 아주 윤이 나도록 닦여 있었다. 어머니는 집안 일꾼들이 잠자는 사람들을 깨우지 않기 위해 조심스럽게 계단을 기어 다니는 모습을 마음속으로 생각해 보기도 했다."

조스트는 또 두 사람의 한국 초기 생활에 대해서도 기록을 남겼다. 그녀에 따르면 반하트는 초기부터 왕성한 활동으로 한국 청소년들에게 큰 영감을 준 반면, 부인 번은 어머니로부터 받은 미국식 교육이 한국에서는 별 소용이 없자 한국 주재 선교사의 아내로서 규칙과 매너, 예의를 다시 익혔다고 했다.[12]

"어머니와 아버지는 한국에서 처음 선교사로 생활하며 여러 가지 어려움을 겪었다. 하지만 집안일은 하지 않아도 되었다. 싼 노동력이 있었고 일꾼은 부르기만 하면 왔다. 하지만 고용인들을 훈련시키는 일은 어

---

11) 위의 책, p.51.
12) 위의 책, p.52.

려운 일이었다. 미국인의 집에서 일했던 경험도 없었고 거의 영어를 못했으며 한국인의 습관이나 개인적인 관심사도 미국인과는 크게 달랐다. 어머니는 2층 집 계단을 오르내린 경험이 전혀 없는 가정부 중 한 명이 네발로 엉금엉금 기어 다닌 이야기를 웃으며 한 적이 있다. (처음에 와서) 브로크맨 씨 집에서 살 때는 그 집의 일꾼들을 함께 이용했다. 그 집에서의 생활은 우아한 것으로 길거리의 주검이나 폭력의 악취를 모르게 하는 것이기도 했다. 이렇게 부모님은 새 세상에서의 삶을 시작됐다.

아버지는 한국 YMCA의 발전을 위하여 미국에서 했던 경험을 살려 몇 가지를 준비했다. 그러나 어머니는 자신의 인생을 발전시킬 다음 단계 준비를 하지 못했다. 어머니가 자신의 부모나 교회, 할머니로부터 받았던 문화가 한국에서 사는데 필요한 것과 비교할 때 단지 모래알처럼 쓸모없는 것들이었기 때문이다. 그 결과 아버지는 자신의 업무에 성큼성큼 걸어갈 수 있었고 한국인들에게 삶에 도전의식을 갖도록 불러일으키며 화려하게 성공할 수 있었다. 하지만 어머니는 한 번에 작은 발걸음 떼는 식으로 배웠고 매일 한국 주재 선교사의 아내로서 규칙과 매너, 예의를 배울 때까지 발끝으로 살금살금 걷는 생활을 했다."

부인 번은 도착 다음날 아침 만난 식모에 대한 인상이 강렬했던지 자신의 회고록에 그녀에 대한 이야기를 자세히 남겼다.

"(브록크맨 씨 집에서 첫 밤을 잔 후) 다음 날 아침 방문을 노크하는 소리가 들려 '들어오라' 고 했더니 한 작은 중년의 한국 여성이 문을 열고 방안을 들여다보았다. 얼굴에 미소를 띠우며 매우 예스러운 영어로 물었다.

'아침에 무엇을 드시겠습니까?' 이 여성은 이름이 '코코'로 오랫동안 미국인을 위해 요리를 해왔고 간단한 영어로 말을 할 수 있었다. 브록크맨 씨의 딸은 '요리하는 부인'이라는 뜻의 일본어 '쿡상(Cook 樣)'이라는 말을 할 수가 없어 쉽게 '코코'라고 불렀고 '쿡'으로 부르는 것보다는 아름답게 보였다. 그녀는 매우 착하고 사랑스럽게 보였으며 그렇게 헌신적인 일꾼은 찾기가 쉽지 않았다. 코코는 아침을 우리의 침실로 가져다주겠다고 고집했는데 그녀의 서비스는 우리를 행복하게 했다. 이 날 아침은 일요일[13]이었기 때문에 오후에 우리는 외국인교회 예배에 참석했고 우리 부부는 진심으로 환영을 받았으며 서울 외국인 커뮤니티의 사람들로부터 팔을 활짝 펼친 환영을 받았다."

부인 번은 또 남편 반하트가 두 번째 날부터 일과 한국어 학습을 시작했고 3개월 후 브로크맨 총무의 집을 나와 독립한 일도 회고록에 남겼다.[14]

"도착 두 번째 아침부터 남편은 일을 시작했다. 또 바로 그날 한국어 선생을 구해 공부를 시작했다. 그는 YMCA에서 하루 8시간을 거의 꽉 채워 일했다. 한국어 공부에도 많은 시간을 할애했다. 나는 가끔 남편이

13) 반하트의 한국 도착일은 기존 문헌(《서울 YMCA 운동사, 1903~1993》 p.192)에는 3월 4일(토)로 기록돼 있다. 이에 대해 미국 YMCA 인사 문헌(62쪽)에 따르면 반하트 부부는 1916년 3월 4일 치요마루에 승선, 4월 1일 서울에 도착한 것으로 돼있다. 반하트의 인사카드는 여러 번 수정됐는데 3월 초 출발일과 4월 초 도착일이 일정하지 않다. 장녀 조스트의 부모님 전기 기록에는 2월 출발로 돼있어 기존 문헌대로 3월 4일을 서울 도착일로 따른다.

14) 진 반하트 조스트, 앞의 책, P.58.

SECRETARY'S SERVICE RECORD

THE INTERNATIONAL COMMITTEE OF YOUNG MEN'S CHRISTIAN ASSOCIATIONS
347 MADISON AVENUE, NEW YORK
FOREIGN DEPARTMENT

SECRETARY'S SERVICE RECORD

NOTE: The Foreign Department issues this questionnaire in order to secure an accurate and orderly record of the activities of each of its secretaries after arriving on the field, the information now available about each secretary being insufficient for purposes of publicity and record. The information supplied should be carefully stated, special attention being given to the spelling of proper names and the accuracy of dates. Please feel free to enlarge your replies to any of the questions marked, using the blank pages of this sheet for the purpose.

1. Name (Family name and given names) Byron Pat Barnhart
2. Birth. (Give place, state or province, country, month, day and year.) Oskaloosa, Ia. Oct 31, 18[illegible]
3. Parents.
   (a) Father's name. Samuel Elmer
   (b) Mother's name. Dora Geneva
   (c) Indicate whether either or both are still living. Both Living.
4. Marriage.
   (a) Date. Jan. 16, 1913.
   (b) Full maiden name of wife. Verne Cutler.
5. Arrivals on Field.
   (a) Sailings from North America:—
   First sailing, from San Francisco on Chiyo Maru 19 3/4/16
   Second sailing, from San Francisco on 19 8/15/22
   Third sailing, from .... on .... 19....
   Fourth sailing, from .... on .... 19....
   (b) Arrivals on Field:—
   First arrival, at Seoul on 4/1/16 19....
   Second arrival, at " on 9/5/22 19....
   Third arrival, at .... on .... 19....
   Fourth arrival, at .... on .... 19....
6. Furloughs (including trips to North America for health reasons).
   First furlough, arrived at Vancouver on 3/1/21 19....
   Second furlough, arrived at San Francisco on 6/14/25 1925.
   Third furlough, arrived at .... on .... 19....
   Fourth furlough, arrived at .... on .... 19....

THE INTERNATIONAL COMMITTEE OF YOUNG MEN'S CHRISTIAN ASSOCIATIONS
124 EAST TWENTY-EIGHTH STREET, NEW YORK
FOREIGN DEPARTMENT

WHO'S WHO

NOTE: The Foreign Department will issue a "Who's Who" containing the names of all secretaries related to the Department. The information now available about each secretary is insufficient for purposes of publicity and record and, because of the fact that it is the practice to secure this biographical material before the candidate leaves for his field of service, much information subsequently required has been inaccessible. The Foreign Department, therefore, wishes to get information about each secretary following the questions of the standard form of "Who's Who". This information should be carefully stated, special attention being given to the spelling of proper names and the accuracy of dates. When it reaches the New York office it will be transferred to permanent records. Please enlarge on the questions marked *, using the blank pages of this questionaire.

1. Name (Family name and given names.) Byron Pat Barnhart
2. Birth (Give place, state or province, country, month, day and year.) Oskaloosa, Iowa, Oct. 31, 1889.
3. Marriage
   (a) Date. January 16, 1913.
   (b) Full maiden name of wife Verne Cutler
   (c) Wife's college and degrees. Course in Kindergarten work in private School.
4. Names and dates of birth of living children
5. Academic record
   (a) College (Give degree and date of graduation.) Ph. B. Penn College, Oskaloosa, Ia. 1912
   (b) Professional school (Give degree and date of graduation.) B.A.S. Young Mens Christian Association College, Chicago, 1912 / M.A.S. " " " " " , 1916
   (c) Subjects to which special attention was given in college and professional school. Sociology, Psychology, Bible, Public speaking and Literature, Boys Work and Physical Education
   *(d) Undergraduate activities, religious, academic, social, athletic, etc. opposite page
   (e) Fraternity None
   (f) Honors. Valedictorian of High School also thereby receiving scholarship in College.

5. b. The M.A.S. spoken of means Master of Association Science which degree was given to me recently by the Association College in Chicago. It is on a par with the M.A. I completed the work before coming to Seoul, finishing my thesis on the boat enroute.

d. Forced to work my way thru college as much time as could possibly be found was given to social and athletic work. For 3 years member of College Basket Ball team. Offered Physical Directorship of Alma Mater at graduation. Attended occasional social occasion. Member and committeeman of College Young Mens Christian Association. Took active part in all religious activities. Received good grades in all my studies.

6. Volunteer worker in Boys & Mens Dept. since 12 years of age. One and one-half years Boys' Work Secry Oskaloosa, Iowa — [illegible] in college. One year [illegible] Secry Wilson Ave. Chicago. Two years Boys Secry Burlington, Ia. Two years Boys Secry, Peoria Ill. — present at Seoul. Spent two summers in school at Geneva.

7. Undergraduate days spent spare time in father's business keeping books.

8. Member Baptist Church, Peoria, Ill. Taught Sunday School classes for years. Have either been in active committee service or officer of Young Peoples Society. Have always been chorister or member of choir.

*6. Y. M. C. A. experience before going to the field, including any special time given to voluntary service, study in summer school, and activities as a student.

*7. Business experience.

*8. Church relationship and record of participation in Church work.

9. The exact date of arrival on the field, month, day, year
March 25, 1916.

10. Furloughs. Give the exact date when you left your field for your first furlough or when you were obliged to leave for health reasons. State also the time when you reached the field on your return. Indicate whether the furlough was regular or special.

	CAUSE	
1. Left field		Arrived on return
2. Left field		Arrived on return
3. Left field		Arrived on return

11. Form of work on the field in which you have served the Association, giving the dates for each period of service; give cities in case of local service
Boys and Physical Activities.

12. Publications that you have written, edited, or translated
None.

13. Name all the societies, clubs, or organizations outside the Association with which you are connected.
None.

14. What is your favorite form of recreation?
Fishing and gymnasium games.

15. Give home address on the foreign field.
Outside West Gate, Seoul, Korea.

16. Give home address on the home field
Oskaloosa, Iowa ½ time.
Orion, Mich. ½ time.

17. Names and addresses of those persons to whom important communications should be forwarded.
Mr S. E. Barnhart, 616 6th Ave. East Oskaloosa, Iowa.
Mr F. B. Cutler, Orion, Michigan.

Please return promptly to E. C. JENKINS, 124 East 28th Street, New York.

June 15, 1916.

미국 YMCA의 반하트 인사 서류(1916년 6월 15일)
본적, 생년월일, 결혼일, 배우자, 학력 등을 기재. 경력과 정확한 한국 도착일(1916년 3월 25일)이 보인다.

구덩이를 파고 한국어와 함께 자신을 묻을 것 같다는 생각이 들 정도로 그는 열심히 공부를 했다. 또 지붕이 무너지거나 태풍이 몰아쳐도 그는 조용한 곳으로 옮겨 공부를 계속할 것이라고 확신하기도 했다. 이처럼 열심히 노력해 한국어를 정복했는데 한국어는 그가 서울에서 자신의 일을 성공적으로 이끌 수 있는 핵심적인 생존의 무기가 되었다. 한편 나는 내 시간에 주변을 살펴보고 사람들을 알아 나갔다. 그러면서 한국인의 문화와 전통, 그들의 가치관에 대해서도 할 수 있는 만큼 배웠다.

우리는 한국 도착 3개월 후 소유자가 안식년을 맞아 미국으로 떠난 사람의 큰 양옥으로 이사를 했다. 그 집은 2층에 방 5개와 욕실 2개가 있었고 1층에도 방이 5개나 있었다. 천정은 높았고 창문들도 길었다. 돈이 많지 않아 우리는 필요한 몇 개의 가구만 샀고 휘장이나 창문 커튼은 사지 않았다. 우리는 정말 이 큰 집에서 휑뎅그렁하게 지냈다."

반하트는 언어 습득 능력에서 소질을 보였는데, 부인 번의 기록도 있지만 반하트 자신의 기록을 보면, 얼마나 적극적으로 한국어를 배웠는지 짐작이 간다. 내한 이후 첫 본부 보고서인 1916년 보고서에서 그의 언어 고민이 드러난다.

"현재 나의 가장 큰 장애물은 한국어 구사 능력 부족이다. 일을 효율적으로 하기 위해서는 대화를 할 수 있어야 하는데 청소년 사업과 체육 사업을 촉진하며 동시에 언어를 습득하는 일은 아무래도 어렵다. 모든 것(사업과 언어 습득)을 능률적으로 한다는 것은 불가능한 일이다. 어느 것에 더 힘을 쏟아야 할지는 심각하게 고려해야 할 문제이다.

미국에서 한국으로 오느라 도중에 3주를 보냈는데 도착하자마자 (나는) 현장 일을 시작하면서 다음 날 언어 공부를 시작했고 동시에 YMCA 활동 업무도 함께 했다. 오전에는 언어 공부에 전념했고 오후와 저녁 일부 시간에는 YMCA 업무를 보았다. 이 같은 하루 일과는 이어지는 몇 달 동안 빠짐없이 그대로 진행됐고 7월에는 3주 동안 원산에서 단기 코스의 한국어 학교를 다녔는데 이 기간은 하계휴가기간으로 대체됐다.

깨어있는 시간은 언어 공부에 몰두해야 했기 때문에 다른 것을 배울 수 있는 기회는 전혀 주어지지 않았다."

내한 이후 정착 과정에서 반하트가 느낀 제2의 문제는 한국어에 이어 일본어의 문제였다. 첫 1년 만에 어느 정도 한국어에 익숙하게 될 무렵, 관청 상대 업무를 해야 하는 반하트로서는 일본어의 필요성이 날이 갈수록 커진 것이다. 이듬해 보고서에 추천사항이라는 별도 항목을 만들어 일본어 습득의 필요성을 강조했다. 당장은 필요해서 배운 일본어였지만 1941년 마지막 YMCA 봉사 장소인 태국 방콕에서는 일본어를 잘했기 때문에 오히려 일본군에게 고초를 겪는 원인이 되기도 하였다.

"한반도에 사는 일본인 인구의 지속적인 증가와 일본 당국이 한국인과 선교사 등을 상대로 추진한 일본어 교육의 촉진 정책에 따라 이제는 한국어뿐만 아니라 일본어도 배워야 할 때가 되었다. 이에 따라 서울 Y는 두 언어를 유창하게 말할 수 있는 사람이나 최소한 한 가지 언어는 유창하게 하고 다른 언어는 충분히 아는 사람이 필요했다. 나는 이 문제를 총무인 프랭크 브로크맨과 다른 YMCA 간사인 갤렌 피셔(Galen Fisher)

와 충분한 시간을 갖고 논의했는데 두 사람 모두 그에 대해 100% 동의했다. 여러 가지 사정과 여건 상 필자(반하트)인 내가 두 언어를 배워야 할 사람 중 하나가 될 수밖에 없었는데, 그 이유는 업무상 그 일이 필요했고 나이도 젊었기 때문이다. 개인적으로는 두 언어를 열심히 배워야 하겠다는 아무런 야망도 없었으나 서울 Y를 위해서는 내가 그렇게 할 수밖에 없음을 알고 있었다. (한국에서 정상적인 업무를 하며) 일본어를 배운다는 것은 불가능했기 때문에 우리는 브로크맨 총무가 미국에서 귀임한 후 어느 정도 시간이 지나면 1918년에 6개월 간 일본에서 체류하며 일본어를 배우도록 해줄 수 있는지 (북미 YMCA)위원회에 묻기로 했다. 일본어 유학을 한다면 봄에 출발해 가을까지 하는 것이 가능한 최상의 방안인데 6개월보다 짧게 하면 불충분할 것으로 생각했다. 하지만 그 기간 이상 업무에서 떨어져 있을 수는 없었다. 겨울은 서울에서 해야 할 업무가 많은 중요한 때이기도 했다."

(북미)위원회에서도 이 방안이 최선이라고 생각해 겨울 동안 그에 대한 준비(반하트의 공백 기간 업무분담 등)를 하게 되었다. 하지만 일본어 유학은 가을에 하기로 결정됐는데 이유는 몇 가지 준비할 일이 있었기 때문이다.

2. YMCA 업무의 시작

- 문화적 차이의 극복

반하트 자신은 내한 이후 바로 업무를 시작하며 첫 출근하는 소감에서 "YMCA 서울 건물을 처음 방문했을 때 나와 아내는 가장 행복한 인상을 받으며 우리의 미래로 받아들였다. 우리는 함께 일해야 할 동료 미국인들을 이미 알고 있었고 효율적인 Y 건물에서 유대감과 함께 기쁨 속에서 일할 것으로 기대했다. 기대감과 함께 우리는 'Y라는 사람 만드는 공장'을 통해 완성된 제품(훌륭한 인물)을 시장에 제시하려는 그림을 마음속에 그렸다. 그래서 우리의 마음은 기쁘다."고 밝혔다. 하지만 Y를 통해 인재를 양성하겠다는 아무리 높은 열정을 가졌어도, 생소하다 못해 기이하기까지 한 다른 문화와 사람을 상대로 새로운 일을 한다는 것은 어려운 일일 수밖에 없었다. 반하트는 내한 첫 보고서에서 6개월간 알게 된 사항에 대해 〈한국인에 대한 인식〉이라는 제목으로 자신이 겪었던 경험을 적었다.[15]

15) 반하트, 1916년 연례보고서.

1908년 12월 준공된 종로 YMCA의 1909년 모습. © 드루대

"'탈모(脫帽, Hat's off)'는 한국의 소년들과 만나는 지극히 인간적인 표현이 되었는데 그 이유는 서울 YMCA 소년부 참가자들이 모자를 잘 벗지 않았기 때문이다. 지난 5개월 동안 서울 Y의 간사들은 회원 소년에게 친절하게 대했지만 약 500명의 소년들에게 계속해서 두 단어(Hat's off, 탈모)를 외쳐야 했다. 오랫동안 한국인들은 실내에서도 모자(갓)를 쓰는 것이 관습이 돼왔기 때문인데 요즘은 탈모하는 것을 잊어버리는 몇 번의 경우를 빼놓으면 기꺼이 탈모를 하고 있다.

이처럼 한국에 대해서 배우는 것은 한국인 소년들뿐만 아니라 여러 가지가 있다. 이제 한국에 온 지 6개월이 돼 가는데 나는 한국을 처음 본 모습과 한국인과 그들의 관습에 대한 인상을 아주 생생하게 기억하고 있다. 미국의 언덕은 초록색이지만 한국의 언덕은 벌거벗은 바위투성이 모습이다. 처음 봤을 때는 보기가 안 좋았는데 이제 글을 쓰면서 보니 밖으로 황량한 두 개의 봉우리가 보이는데 이제는 매력적으로 보인다.[16] 모자를 벗는 문제도 바라던 대로 잘되고 있다. 의상 문제도 처음에는 이

16) 종로 서울 YMCA 사무실에서 보이는 북악산과 인왕산으로 추정된다.

종로 YMCA의 내부 강당에 모인 청중들. 태극기가 걸려있어 한일 강제합병(1910)이전 촬영 사진이다. ⓒ 드루대

상했지만 이제는 한국의 관습으로 이해하고 있다. 양반들은 아주 강해 보이고 솟은 모양의 재미있는 모자(정자관)를 쓰고 흘러내리는 예복(두루마기)을 입고 있으며 남성용 바지(pantaloon)는 발목 부분을 리본(댓님)으로 묶어 놓은 모습이다. 처음에는 이런 모습을 보고 매우 재미있게 생각했는데 이제 이런 모습은 우리 서양인들이 이미 좋아하는 한국의 문화와 관습의 일부로 잘 이해하고 있다. 우리는 한국인에게 '우리 서양인들의 관습을 따르라고 시키지 않고 오직 주님의 신봉자가 돼라' 고만 말한다."

반하트가 한국에 오게 된 가장 큰 동기는 YMCA 본관 건물에 이어

1916년 증축된 체육관의 운영을 위해서였다. 이에 따라 청소년부와 체육부를 담당한 그에게 체육관 시설은 가장 큰 관심사가 아닐 수 없었다. 첫 번째 연례 보고서에서도 체육관 문제를 먼저 다루고 있다.

"한국인의 눈으로 보면 새로운 YMCA 회관(추가로 증축된 체육관)의 개관은 굉장히 중요하며 새 건물은 위엄 있는 모습으로 헌정됐다. 이를 위해 한국인들은 몇 년 동안 참고 기다렸으며 이제야 새로운 체육관과 청소년부가 사용할 수 있게 되었다. 필자(반하트)가 생각하기에 체육관의 봉헌식은 거의 100개나 되는 여러 작업이 끝난 몇 주 후에나 이뤄졌지만, 아주 가난한 청소년들도 이제는 체육관에서 저녁 레크리에이션을 즐기고 있다. 이 건물을 지을 수 있도록 기증해준 분들에게 청소년들은 감사의 기도를 드리고 있다."

하지만 YMCA 실내 체육관은 국내에서 최초로 생긴 실내 체육관인 탓에 모든 시설이 미진했다. 더구나 체육 장비는 마련 자체가 쉽지 않았던 듯하다.

"체육부가 당면하고 있는 중요한 장애 중의 하나는 충분한 장비의 부족이다. 장비가 필요 없거나 간단한 장비만 있으면 되는 행진과 유연체조, 배구 정도는 할 수 있지만 운동기구가 없으면 발전된 프로그램의 체육사업을 수행하기란 너무나 어렵다. 게다가 운동장비의 부족으로 인하여 특별한 시범경기나 모임은 추진 자체가 불가능해 그 결과 우리 사업은 심각하게 어려움을 겪고 있다. 실습을 하지 않고 겨우 어떻게 하는지 보여주는 정도만으로는 체육사업의 경우, 남성 성인이나 청소년의 관심을 끌 수 있는 정도이다. 왜냐하면 한국인들은 스포츠에 대한 개념 자체가 없어 체육 활동하는 것을 수줍어해 직접 경험하지 않으면 잘 나서지 않기 때문이다. 필요한 장비만 확보된다면 체육부는 Y 교육과정에 커다란 추진력을 가져올 것이라고 생각한다."

비록 반하트는 시설과 장비가 부족했음에도 불구하고 상황이 허락하는 대로 체육활동을 할 수만 있으면 그 기회를 놓치지 않았다. 시립야구장 시설도 이용하고 YMCA의 실내체육 시설이 알려지면서 이용자가 폭발적으로 증가하는 상황을 본국에 보고했다.

"일본 당국이 우리에게 시립 야구장 시설을 사용하도록 해줘 우리는 서울 시내 다른 학교 학생 등에게 야구와 축구를 가르치고 있다. 흥미로운 일은 서울 YMCA의 야구팀이 지난봄과 여름에 서울 시내의 모든 한국팀을 상대로 시합해 이겼다는 사실이다.

체육부는 신체활동 관련 시간에만 전부 1만 7,668명이 참가할 만큼 참가자를 모으는 훌륭한 수단이 되고 있다. 현재 있는 것으로는 배구와 야구팀을 위한 시설이 있고 실내 체육관과 체육 지도자 1명이 있다. 가을 활동을 시작하면서 체육관의 스케줄은 붐비기 시작했고 그 같은 활동을 맡고 있는 지도자의 시간 계획 역시 말할 수 없이 분주한 상황이다."

위와 같은 상황에 힘입어 반하트의 주도 아래 서울 YMCA의 체육활동은 빠르게 발전할 수 있었는데 2년 차 보고서에서는 다른 기관으로부

배재고 학생들의 야구 시합. 뒷편으로 덕수궁이 보인다. S. R. 빈턴이 촬영. © 드루대

터 감사의 인사를 받을 정도로 체육 프로그램이 자리 잡았음을 알리고 있다.[17]

"체육관은 교회뿐만 아니라 재경 일본 YMCA와 서울의 고등학교들로부터 많은 감사 인사를 받고 있다. 일본 YMCA는 체육관이 없고 (현재의 회관도) 공간이 부족해 많은 어려움 속에 활동하고 있다. 이에 따라 서울 YMCA는 1주일에 몇 시간 씩 실내 체육관을 사용하도록 해주고 있다. 이렇게 해서 약 60명 정도 되는 일본 YMCA 회원들이 매주 와서 운

17) 반하트, 1917년 연례보고서. 미국 미네소타대, Kautz Family YMCA 자료 보관소, Y.USA.9-2-21 International Part 1.

동을 하고 있다. 이를 통해 서울 Y는 일본인 동료와 자매기관을 위해 봉사할 뿐만 아니라 운동반에서 그들과 알게 되는 소득을 거두고 있다. 다시 말해 서울 Y와 항상 친구가 될 많은 일본인들과 접촉할 수 있게 된 것이다. 서울에 있는 몇 곳의 학교 중 두 곳도 1주일에 1회 체육관을 사용할 수 있도록 해주었는데 매번 많은 수가 와서 이용하고 있다. 이에 따라 그들 학생들은 별다른 의식 없이 YMCA의 설립 원칙을 받아들이고 Y의 진정한 친구이자 촉매제가 되고 있다. 그들은 회원이 되기도 하고 다른 부(部)의 위원회 위원이 되기도 했다.

서울 Y는 서울에 있는 외국인들의 공동체를 위해서도 기여하고 있는데 좀 큰 규모의 외국인 모임 대부분은 Y의 모임방에서 열리고 있다. YMCA는 사업하는 외국인이나 선교사와 그 아이들이 깨끗한 장소에서 좋은 영화를 볼 수 있도록 하기 위해 고급 영상 필름을 가져와 상영하고 있다. 이런 서비스도 하지만 최고의 서비스는 실내 체육을 할 수 있도록 해주는 것이다. 1주일에 두 번 약 20명의 서울 거주 외국인이 모여 운동과 놀이를 하는데 많은 사람들이 긍정적인 코멘트를 해주고 있다. 이들 중 상당수는 대학 스타급 선수들인데 그동안 이들은 실내 체육시설이 없는 것을 아쉬워했었다. 배구와 농구가 그들이 좋아하는 운동이고 두 운동에 그들의 모든 힘을 쏟고 있다. 그들 모두는 (운동을 하면서) 업무를 더 잘하고 있다고 말하고 있다."

보고서에서는 또 1년간 체육관과 체육부를 운영해본 결과 얼마나 많은 프로그램을 할 수 있고 참여하는지를 자세히 알리고 있다. 그중에는 노인반 운영을 비롯해 야구 축구와 같은 야외 운동과 체육 행사까지 열고 있음을 밝히는 내용도 있다.

"한국인을 위한 실내 체육반은 각계각층의 성인 남성들이 운동할 수 있는 기회를 제공하고 있다. 1주일에 2회 사업하는 사람들의 운동모임도 있고 이제까지는 등록자가 많지 않았기 때문에 노인 운동반이 없었는데 최근에는 15명이 모여서 운동을 즐기고 있고 자체 노력으로 회원수도 증가하고 있다. 젊은이 운동반은 새로운 회원들이 계속 충원되고 있고 그들은 미국의 일반적인 젊은이들처럼 불길 같은 정력을 뽐내며 운동에 몰입하고 있다. 학생 운동반은 모든 운동반 중에서 가장 숫자가 많다. 한국에서도 공부하는 나이가 있고 청소년들의 대부분이 학생이다.

서울 YMCA가 운영하는 약 300명의 주간학교와 산업학교 학생들이 낮 동안 체육활동을 하고 있다. 그리고 밤에는 약 325명의 청소년들이 같은 강의를 받고 있다. (비록 낮과 밤에 같은 내용을 공부하지만) 낮에 공부하는 학생들은 집안 환경이 좋고 얼마간의 교육도 전에 받았던 그룹들이다. 하지만 야간학생들은 많은 수가 어릴 때부터 어려운 삶의 기로에 놓여있어 놀이가 무엇인지도 거의 모른 채 살았고 건강한 삶이 무엇인지도 모르고 있는 청소년들이다. 이들 가난한 청소년들도 체육관에 오면 얼굴에 웃음기가 돋는데 그것은 그들이 했던 모든 낮 동안의 노동에 대한 보상이 된다."

반하트는 계속해서 한국의 체육 상황을 전하고 있는데 야구 축구가 한국에서는 인기 스포츠임에도 불구하고 기술이 보잘것없다는 사실을 밝히며 "게임을 하더라도 생각하며 할 것"을 조언하고 있다.

"야구와 축구는 인기 있는 야외운동인데 비록 그 같은 게임을 하면서 아무런 기술도 볼 수는 없지만 최근 몇 년간 발전하고 있고 대회가 열려 몇 명의 훌륭한 선수가 나올 것으로 보인다. 현재 축구 시합은 언제든지 공 가까이 있는 사람이 마음 내키는 대로 공을 차는 정도인데 극동 올림픽 게임(Far Eastern Olympic Games)에 참가해 몇 번 훌륭한 시합을 본 선수 몇 명은 이미 그들의 동료에게 (게임 기술을) 가르치기 시작했다. 그것은 '공을 차는 것과 생각하는 것을 함께 하라'는 것이었다.

여섯 번의 체육 행사가 겨울 몇 달 동안 열렸는데 그중 하나는 일본인, 두 개는 외국인, 세 개는 한국인을 위한 것들이었다. 이런 행사 이외에도 수많은 경기들이 다른 YMCA 팀들끼리, 또 다른 학교 팀들끼리 열

배재 학생들의 축구 경기 모습. © 드루대

렸다. 이런 시합들을 수백 명의 관객들이 관전했다. YMCA 체육부가 얼마나 많은 사람들과 접촉하는지는 모르지만 YMCA 체육관에 등록하는 사람들이 얼마나 많은지 아는 것은 중요하다. 815명에 이른다. 또 한주일 간 참가자는 400명이 넘는다. 우리는 이를 내년에는 훨씬 더 증가시키려는 계획을 세우고 있다."

반하트는 체육관 업무 이외에 YMCA의 핵심 업무인 청소년부를 맡았는데 당시 상황에서 청소년 교육과 프로그램이 얼마나 절실한가를 처음부터 보고서에 썼다.

"서울 YMCA는 몇 년 전에 구성됐기 때문에 이미 많은 일이 청소년들을 위해 이뤄졌다. 주간과 야간학교로 이뤄진 교육부는 훌륭한 일을 하고 있다. 서울 Y가 운영하는 학교의 한 가지 특징은 저녁에도 운영되며 교사들이 자원 봉사자라는 점이다. 학생들은 모두 가난하지만 배움에 굶주려 있는데 그중에 한 사례를 보면 한 참석 학생은 물지게꾼으로 그는 3마일(4.8km) 떨어진 곳에서 출석하면서도 하루도 결석한 적이 없었다.[18]

청소년부는 아침 8시 반부터 저녁 9시 반까지 운영되어 운동 시합

---

18) 이 물지게꾼에 대해서는 영어교사로 봉사했던 부인 번도 회고록(p.84.)에서 소개하고 있다. 그녀는 "물지게꾼이 3년 후 인쇄기술자로서 좋은 자리를 얻었다."고 밝혔다. 부인 번은 야간학교의 선생님들에 대해서도 "낮에는 공립학교 선생님인 경우도 있고 어떤 선생은 은행원이었으며 자신의 상점을 갖고 있는 사람도 있었다. 이들 선생님들은 무보수로 일했고 몇 년씩 계속하기도 했다. 내가 잘 아는 선생 한 분은 5년 동안 한 번도 빠지지 않고 밤에 출근했는데 그는 낮에는 매일 은행에서 일하는 사람이었다."고 썼다.

평양 공립학교의 야구 시합. ⓒ 드루대

평양 공립학교의 야구 시합 관중들. ⓒ 드루대

평양고등학교의 체조(Calisthenics) 시간. ⓒ 드루대

과 읽어야 할 자료들을 꾸준히 제공해 주고 있다. 5개월 전에 청소년부가 문을 열면서 몇 가지 방법으로 참가자 수를 세고 있는데 그동안 24,756명이 이용하고 있는 것으로 파악됐다. 교육사업은 이미 교실마다 인원이 넘쳐 더 많은 공간이 필요해지고 있다. 이에 따라 성경공부반과 친목모임 등은 체육게임 공간에 인접해 있는 4개의 작은 방에서 열도록 하고 있다. 청소년 반은 자조 원칙에 의해 운영되기 때문에 부담은 거의 없다. 특히 가을과 겨울의 사업 계획을 면밀히 계획하고 있다.

이처럼 운영할 계획이지만 한국인들의 힘든 경제 사정이 청소년부 회원 모집 자체에도 매우 큰 영향을 미치고 있다. 자연적으로 이런 상황은 그 영향을 최소화하기 위해 체육부도 대응하지 않을 수 없게 하고 있다. 청소년부가 자조 계획을 촉진할 수 있도록 하기 위하여 체육부도 어떤 사업은 만들어야 하고 어떤 일은 생략하기도 하는데 그 결과 우리 사업의 규모가 축소되고 있다. 이 같은 사업 축소는 한국의 청소년들이 어느 정도 금전적인 여유가 생길 때까지 계속될 것으로 보인다."

이에 따라 반하트는 두 번째 보고서(1917년)를 작성하며 다음 해에 해결해야 할 문제점과 어려운 일에 대한 대책까지 함께 제안하고 있다. 특히 일을 잘 추진하는데 필요한 유능한 한국인 간사의 육성을 강조한 첫 부분이 주목된다. 그는 매번 보고서에서 간사 육성의 중요성을 끊임없이 강조하고 있다. 또 체육 시설의 보완을 비롯해 일제강점기에 경제적 어려움으로 겨울철 회원 등록 수가 감소할 것을 걱정하고 있다.

"내년(1918년) 우리 앞에 있는 문제는 정확히 지난해 우리가 마주쳤던 것과 똑같다. 유능한 한국인 지도자(간사)의 개발이야 말로 절실하게 필요한 일이다. 또 우리의 일은 그 같은 지도자들을 훈련시키는 것이다. 이들 한국인 지도자들은 1년이나 심지어 2년이 되어도 훈련이 되지 않는데 그들의 업무를 발전시키는 데 필요한 교육 시간이 부족하기 때문이다. 지난해 우리의 사업을 시행하는 데는 아무런 실패도 없었지만 우리가 지도자가 될 만한 사람이라고 생각했던 사람에게 실망하는 일이 생겼다. 그래서 실망을 준 간사를 대신해 새로운 인재를 뽑고 처음부터 다시 시작해야 했다. 우리는 테스트를 견뎌낸 몇 명을 현재 훈련 중에 있고 성공할 가망성이 큰 것으로 보고 있다.

한편 우리는 조직을 계속 확장하고 있는데 가장 필요한 것은 우리 회원들 중에 Y에 충성심을 가지고 집중적으로 함께 일할 수 있는 사람이 몇 명이나 되느냐에 달려 있다. 많은 우리 회원들은 받은 서비스에 대해 보답하고 보람을 찾기 위해 회원이 되는 게 아니라 교육을 받기 위한 수단으로 회원이 되고 있기 때문이다. Y에 대한 그들의 관점을 변화시키는 일은 어려운 일이다. 그들의 마음에는 개인적인 발전이 우선이어서 그 결과 YMCA 정신을 구현하는 일은 매우 더디게 이뤄지고 있다.

만약 YMCA 정신을 반대하는 사람들이 있다면 그들의 주장이 일반회원들 속으로 반영돼 불만을 야기하게 된다. 우리가 가고 있는 길은 항상 매끄럽지는 않지만 우리가 좀 더 우호적인 관계를 많이 맺게 되면 많은 장애들이 매끄럽게 정리될 것으로 기대한다. 관료적인 불필요한 요식행위들이 우리 사업의 빠른 진행에 방해가 되고 있으나 그런 일이 있어도 우리는 참으며 일할 수밖에 없다.

청소년부의 시설은 꽤 잘되고 있는데 체육관 시설은 매우 빈약한 상태이다. 초창기 상태의 체육관 사업을 뛰어넘기 위해서라도 우리는 시설을 잘 갖춰야 한다. 원하는 시설이 갖춰질 수 있을 때까지 우리 사업은 아주 제한될 수밖에 없다. 아마도 어느 나라나 마찬가지겠지만 경제적 상황이 심한 부담이 되고 있다. 이제까지 서울의 상황은 빈약한 정도였는데 이제 그 정도가 더욱 심해지고 있다. 이는 바로 오는 겨울 회원이

서울 장로교 학교(경신)의 축구 경기 모습. © 드루대

경희궁터에서 열린 야구 경기. 멀리 북한산이 보인다. © 드루대

감소할 것을 의미한다."

이런 걱정을 하면서도 반하트는 1918년에 펼쳐질 체육사업과 청소년 사업을 일부 소개하며 지도자인 간사 육성의 방법을 함께 보고했다.

"우리의 방침 중 주요한 점은 지난해의 방침을 지속적으로 유지하는 것이었다. 즉 지도자 훈련 같은 것을 통해 체육 청소년 사업을 발전시키는 것이다. 한국의 경우 곧 학교나 지방정부에서 육상 체육 지도자에 대한 요구가 있을 것으로 보인다. 우리 YMCA는 그 같은 요구에 대비해 한국인 지도자들을 준비해야 한다. 내년(1918년) 10월에는 한국의 서로 다른 기독교 계통학교 20곳에 있는 체육지도자들이 참가한 가운데 10일간의 체육대회를 열 예정으로 있다. 우리 YMCA의 체육부가 그 운영을 담당하게 될 텐데 이는 전체 한국의 체육지도자들을 훈련시키는 첫 단계로 YMCA의 지도자 그룹과 손을 잡고 행할 계획이다.

비슷한 일이 청소년부 사업에서도 진행되고 있다. 최고의 자질을 갖춘 사람을 대상으로 강력하고 광범위한 훈련 작업이 펼쳐질 수 있도록 해야 한다. 명백한 것은 유능한 리더십의 문제이다. 우리는 최선을 다하고 있지만 비범한 자질을 갖춘 유능한 재목을 아직까지 찾지 못하고 있다."

1917년 내한 두 번째 해를 보내며 반하트는 한국에 적응하느라 보낸 몇 달을 빼면 실질적으로는 겨우 1년을 서울에서 보낸 셈이라며 한국 생활 1년을 간단히 되돌아보았다.

"지난 한 해는 나와 가족에게는 실질적으로 첫 일 년인데 우리는 YMCA 일에 매일 8시간을 보냈고 하루 세 시간씩 (한국어) 공부를 했다. 그것은 정해진 일과였고 각각 충실히 지켜졌다. 며칠간은 YMCA 일에 하루 8시간 이상 몰두했고 예정된 시간보다 더 많은 시간을 매일 한국어 공부에 힘썼다. 한국어 공부시간은 전체적으로 보면 하루에 4~7시간씩 했다. 우리는 두 번째 해에 실시된 시험에서 한국어 시험을 통과했다.

지난여름 3주일 간 완전한 휴식을 취하며 보냈다. (전체 4주간의 휴가 중) 남은 1주일도 마찬가지로 멧돼지와 사슴 사냥을 하며 가을에 휴식을 취할 예정이다. 또 전체적으로 3주 정도를 (연회와 하령회[19] 같은) 모임 준비와 스포츠 관련 회의로 보냈는데 YMCA 시설을 이용했기 때문에 실제적으로 YMCA 외부에서 보낸 시간은 없었다."

---

19) 夏令會, 여름에 펼쳐지는 기독교 계통의 모임(conference).

3. 체육 지도자 활동

- 모든 운동에 관여한 반하트

반하트의 부인 번이 짧게 써 둔 회고록에서 밝혔듯이 서울 YMCA는 반하트가 도착하기 1년 전에 매우 멋있는 실내 체육관을 지었다. 하지만 체육관을 사용할 수가 없었다. 그 이유는 체육 교육을 할 만한 훈련받은 지도자가 없었기 때문이었다. 결과적으로 반하트가 한국에 오는 계기가 되었고 YMCA의 체육교육 전문가가 되자 그는 한국의 YMCA 뿐만 아니라 한국 전체에서도 처음으로 체육교육 책임자가 되었다. 이런 상황에서 YMCA와 한국 체육을 위해 그가 해야 할 일은 너무나 많을 수밖에 없었다.

국내에서 1885년 본격적인 개신교의 한국 선교가 시작된 이후 많은 외국인들이 각종 사업을 위해 내한하면서 그들이 본국에서 하던 운동 종목도 소개해 반하트가 내한하기 전에 이미 몇 가지 구기 종목은 잘 알려져 있었다. 축구, 야구, 농구 같은 것들이었다. 이에 대해 1901년 YMCA 전문강사로 한국에 온 질레트(P. L. Gillett, 1875~1938)[20]는 1911년 북미 YMCA 본

20) 질레트는 한국에서 YMCA의 창설 준비부터 창설(1903년) 후 정착까지 한국 YMCA의 초석을 놓았다. 그는 1911년 '105인 사건'이 일제가 조작한 것임을 영국 에든버러에서 열린 전 세계 기독교 회

뒤줄 왼쪽부터 그레그, 이상재, 질레트, 맨 오른쪽은 브로크맨. 반하트 내한 이전에 촬영된 사진. © 서울YMCA

부에 보낸 연례보고서에서 당시의 한국 체육 상황을 보고해 반하트 내한 이전 한국의 체육계 모습을 알게 해 준다.[21]

"야구 : 한 해 동안 거의 매달 Y회원들로 구성된 야구 경기가 6~9회 열렸다. 심지어 추운 12월에도 3게임이 열렸다. 회원들의 야구에 대한 열성이 대단해서 젊은 단원들에 대한 꾸준한 연습훈련이 필요해 언젠가 야구로 미국을 '침공'할 위협도 있다.[22] 지난 1년간 보았던 가장 홍미로운 광경은 서울 YMCA 단원들의 정신적 컨디션이다. 서울 Y 단원들은 연례선교사 총회에 참석한 젊은 미국 선교사 팀을 13대 8로 이긴 후 자신들은 '다리 위의 호라티우스'[23]

의에서 폭로, 정치적 탄압을 받기 시작했고 1913년 중국 상하이에서 열린 YMCA 지도자 강습회 후 한국에 귀임하지 못했다. 중국에서 총무로서 일하다 1933년 퇴임했으며 1933년 미국으로 귀국한 후 1938년 11월 27일(일) 뉴욕에서 심장마비로 별세했다.(뉴욕타임스, 1938년 11월 29일 보도) 그의 묘지는 콜로라도주 콜로라도 스프링스 에버그린 공원묘지에 있으며 같은 해 사망한 딸 앨리스(Alice), 1962년 작고한 부인 버사(Bertha)와 함께 묻혀있다.

21) 이 보고서는 1912년 Korea Mission Field(이하 KMF) 3월호(pp.92~93)에 수록돼 있다.

22) 질레트의 '침공' 예상이 100년 후 미국 메이저 리그에서 활약한 박찬호, 추신수와 현재 활약 중인 류현진을 보면 그의 예언이 아주 빗나간 것은 아니다.

23) 호라티우스는 B C 6세기 고대 로마의 병사로 1,000명이나 되는 적을 다리 위에서 다른 동료 2명과 함께 막아냈다. 이런 내용으로 영국의 정치인 수필가, 역사가였던 토마스 B. 맥콜리(Thomas B. McCaulay 1800~1859)는 '다리 위의 호라티우스'라는 시를 썼다.

동대문 훈련원에 모인 YMCA 야구팀. ⓒ 미네소타대

로 선교사들보다 훨씬 강팀이라고 했다.

최근 평양에서 열렸던 게임에서 서울 Y 팀은 평양의 대학교 현지 선교사 중 야구를 잘하는 사람으로 구성된 혼성팀을 9대 4로 이겼다. 이번 경기 여행에서 팀의 책임을 맡은 서울 Y의 종교담당 책임자(director)는 게임을 시작하기 전 축사가 끝난 후 운동장에서 양쪽으로 선수들이 도열한 가운데 기도를 올렸다.

축구 : 축구는 서울 Y의 체육회원을 중심으로 폭넓게 경기가 열리고 있다. 매년 대단히 많은 추가 연습과 함께 78회의 경기기 벌어졌다.

체조 : 날씨만 허락되면 전에 경찰이었던 사람의 감독 하에 야외에서 매월 17개에서 25개 반이 열린다. 지난봄 각 반의 평균 참석인원은 43명이다. 체조는 미용체조와 유연체조로 나뉘어 실시됐다.

운동회 : 5월 13일에 열리는 연례 운동회는 사회적 관점에서 보면 대규모 행사였다. 35명의 회원이 산에서 그날을 보냈고 우리와 두 끼를 함께 먹었다. 운동 행사에는 190명이 넘는 사람들이 참여했다. 이런 모임을 갖도록 하는 운동회는 모임 자체보다도 활동이 훨씬 더 중요하다. 운동하는 남자 그룹은 다양한 학교 간 대항 게임에 만족해했다.

야외활동 : 야유회와 같은 활동은 대부분 자발적인 특성을 갖고 있고

어떤 목적을 가진 다양한 그룹의 남성 회원들이 참여하고 있다. 친구나 선교사와 이별할 때 하는 리셉션에서 자주 이런 모임이 있게 된다. 서울 주변의 산들은 가는 거리도 알맞고 경치가 좋은 곳이 많다.

펜싱과 씨름 : 두 운동에 알맞은 충격 흡수가 가능한 마루가 구비돼 있고 1년 내내 두 운동은 인기를 끌고 있다. 두 운동은 같은 실내 공간을 교대로 사용하고 있다. 샤워실은 미국 운동선수들과 마찬가지로 두 운동을 하는 회원들이 즐거이 사용하고 있다."

한국에 오는 짐 속에 "농구공 1개, 야구공과 포수용 글러브 각 1개, 배구공 1개, 그리고 치료가 불가능한 스포츠 사랑 정신"을 함께 가지고 온 반하트는 질레트가 보고했던 모든 운동 종목의 지도를 맡아 실내 체육

1912년 YMCA야구팀과 농구팀. 농구팀은 검정색 유니폼을 입고 있다. 맨 우측은 질레트 총무.
ⓒ 서울YMCA

사진 뒷면에 'YMCA학교 운동회에서 높이뛰기를 하는 장면'으로 설명돼 있다. ⓒ 미네소타대

주한 외국인 어린들의 야구시합. 뒷편에 농구대가 보인다. S. R. 빈턴 촬영. ⓒ 드루대

강화도 운동회에서 학생들의 행진을 구경하는 관중들. 대형태극기가 게양돼 1910년 이전으로 보인다. ⓒ 드루대

강화도학생들이 운동회 행진 연습을 하고 있다. ⓒ 드루대

운동회에서 장애물 오르기 경주를 하는 학생들. ⓒ 드루대

배재 학생들의 운동회. ⓒ 드루대

배재 학생 운동회 개교 50주년 기념. ⓒ 드루대

배재 개교 50주년 운동회 이모저모(왼쪽 및 아래 사진). 100m 달리기, 옷 빨리 입고 달리기 등의 모습이 보인다. ⓒ 드루대

철봉에서 대회전을 끝내는 배재 학생. S. R. 빈턴 촬영. © 드루대

공중제비(somersault) 후 땅에 떨어지는 배재 학생. S. R. 빈턴 촬영. © 드루대

서울 일본인 학교의 체조 시설. © 드루대

서울 일본인 학교의 체육 시설 중 사다리. © 드루대

서대문 일본 학교 제2고보 학생들의 철봉 실습. © 드루대

황성 기독청년회(YMCA)와 한성학교 대항 야구 시합. 1910년 2월 26일. 포수 유니폼에 YMCA 로고. © 드루대

은 새로 개장한 YMCA 실내 체육관에서 하고 야외 운동은 시립운동장이나 고등학교 운동장에서 직접 코치를 하거나 운영했다. 반하트가 한국에 온 후 자신의 체육 관련 업무에 대해 기록한 것은 1916년 9월에 작성한 연례 보고서가 최초인데 시설과 장비의 부족한 점을 중심으로 간략한 내용뿐이었다.

하지만 대한농구협회와 대한배구협회가 각각 100년을 기념해 출판한《한국 농구 100년 1907~2007》(2008)과《1916~2016 한국 배구 100년》(2016)을 보면 반하트의 내한 초기 역할에 대한 역사적 기록들을 찾아볼 수 있다.

농구는 공식적으로 1907년 YMCA의 총무 필립 L. 질레트(Phillip L. Gillette)가 청년 체력 향상을 위한 YMCA 체육사업의 일환으로 회원들에게 농구를 소개한 것이 우리나라 농구 도입의 최초로 알려져 있으나, 반하트의 내한과 활동 결과로 발전하게 됐음을 밝히고 있다.[24]

> "현재의 종로 2가 부지에 YMCA 회관(6.25 한국 전쟁 때 소실)을 건립하고 회관 뒷마당에 백보드와 코트를 만들어 농구를 소개하게 된 것이다. 이같이 농구는 소개됐으나 질레트 자신은 야구 전문가에 가까워 농구를 잘 모르고 1911년 '105인 사건'을 일제가 날조한 사건임을 폭로하다 추방됨으로써 더 이상 농구의 보급이나 발전을 시킬 수 없었다. 그 결과 싹트던 농구는 빛을 보지 못하고 YMCA 회원들 간에 지도자 없이 심심풀이로 농구 볼을 가지고 놀았다고 알려졌다. 이런 상태로 지내다 1916년

24) 대한농구협회(2008),《한국 농구 100년》, pp.49~50.

YMCA 농구단 1920년 4월 일본 원정. 감독 반하트, 주장 현동완. 뒷줄 왼쪽부터 김영구, 현동완, 장권, 앞줄 왼쪽부터 김수일, 김주호, 김종만, 박치중. ⓒ 서울YMCA

YMCA 목조건물자리에 현대식 회관이 들어서고 실내 체육관이 들어서며 체육전문 강사인 미국인 반하트가 체육부 간사로 오며 활기를 띠게 되었다. 반하트가 부임한 후 회원들에게 농구를 체계적으로 지도하면서 본격적인 보급이 이루어지기 시작했고 한국 농구의 뿌리도 이때부터 뿌리내려 1년 후에는 실내 체육관 사업이 농구 위주로 새롭게 변모되기 시작했다. 최초의 농구시합은 1916년 YMCA회관 뒷마당에서 열렸다는 설이 있으나 기록으로는 1920년 3월 12일 YMCA 회관에서 재경 미국인 팀과 우리 YMCA 회원팀 간의 대전이다.[25] 이 대전에 YMCA 회원 팀이 이겼으며 이어 3월 20일 한국 농구 사상 최초의 해외 원정으로 일본 원정을 단행해 2승3패의 전적을 올렸다. 이때 대표팀의 코치는 반하트였으

25) 위의 책, p.50.

며 인솔자겸 선수로 현동완, 선수 김영구, 박치중, 장권, 김수일, 김종만, 손효준, 박정우였다.[26]"

《한국 배구 100년》은 배구가 20세기 초에 도입됐지만 선수 양성과 팀 구성이 지지부진하고 활기를 띠지 못한 이유로 게임 중 선수 간 신체 접촉이 없고 과격하지 않아 여성에게 알맞은 스포츠로만 인식되는 등 레크리에이션 범주를 벗어나지 못했기 때문이라고 보았다. 또 배구를 가르치고 팀을 구성할 지도자가 거의 없었던 것도 배구의 발전이 더디게 된 이유로 들었다.[27]

"이런 상황에서 배구를 본격적으로 소개한 반하트는 YMCA 농구팀의 일본 원정(1920년) 코치로 활동하는 등 농구 지도에 치중했고 YMCA

1924년 재경미국인 대 기독청년회 팀의 친선경기를 마치고. © 서울YMCA

---

26) 위의 책, p.52.

27) 대한배구협회(2016), 《한국 배구 100년》, p.91.

1928년 제1회 배구선수권 대회에서 우승한 경성사범 팀. ⓒ 서울YMCA

체육교사인 김영구는 농구 선수로 활동해 배구를 발전시킬 여력이 부족했다. 이런 가운데서도 김영구는 여성들에게 농구, 배구를 가르쳤고 YMCA는 1928년 전 조선배구선수권대회 등을 개최하며 꾸준히 배구 발전에 노력했고 반하트는 YMCA 체육 책임자로서 지원했다."

초기의 실내 체육 활동은 위와 같이 시작됐지만 반하트가 1917년 봄 도쿄에서 열린 '극동[28]올림픽 게임'에 참가한 후 〈운동과 국제 친선〉이라는 이름으로 한 선교잡지(KMF)[29]에 기고한 글을 보면 한국 체육의 빈약했던 현실이 그대로 드러난다. 그는 기고문에서 트랙, 필드, 여러 구기종목이 펼쳐진 대회에서 한국인 선수는 한 명뿐이라면서 아

28) 유럽의 관점에서 동아시아를 이르는 말. 한국, 중국, 일본, 대만 등이 여기에 속한다.
29) KMF, 10월호(pp.259~260).

쉬움을 표시했다.

"6년 전 필리핀의 엘우드 S. 브라운은 마닐라의 청소년들과 시합을 하도록 일본과 중국을 초청했다. 당시 행사는 너무 완벽하게 성공해서 극동올림픽게임(Far Eastern Olymic Games, FEOG)은 그 후 계속됐다. 이 대회는 2년마다 현재의 규정대로 열리는데 경쟁 참가국들이 차례로 열고 있다. 마닐라에서 열렸던 첫 대회처럼 두 번째 대회는 상하이에서 열렸고 세 번째는 일본의 차례여서 올(1917년) 봄 도쿄에서 열려 결코 잊을 수 없는 대회가 되었다. 경기는 일본과 필리핀이 막상막하의 선두 경쟁을 벌였다.

일본 선수들은 아무튼 이번 대회에서 놀라운 성과를 이룩했다. 그들 자신은 기껏해야 2등 이상은 기대도 안 했다. 그러나 점점 남자 선수들이 이기기 시작하자 희망도 솟아났고 헛되지 않았다. 그들의 기량은 네 가지 시합 분야에서 나타났다. 수영, 야구, 테니스, 장거리 달리기이다. 수영에서 일본팀은 실제적으로 모든 것을 차지했다. 와세다 대학 야구팀은 마닐라팀을 압도했다. 구마가이는 테니스 우승을 수월하게 차지했고 달리기에서는 1, 2, 3등이 모두 일본이었다. 전체 경기에서 한국인 선수는 딱 한 사람뿐이었다. 다음번 극동 올림픽 대회에는 많은 한국인들이 참여할 수 있기를 희망해 본다."

반하트는 체육 전문가로서 극동 올림픽에서 심판 등으로 활동하며 아시아 각국의 스포츠 수준을 관찰했는데 기고문에서 보듯이 일제강점기이긴 했지만 국제대회에 겨우 한국인 1명이 참가할 정도였음을 밝히고 있다. 당시 일제 강점이 시작된 지 얼마 안 돼 한국의 단독 출전이 불가능하고 일본에서 대회가 열렸음을 감안해도 한국의 스포츠 수준이 동호회 단계였음을 쉽게 짐작할 수 있다. 이런 상황에서 반하트는 자신이 YMCA 대학 시절 3년 동안 선수 생활을 했던 농구를 비롯해 야구와 배구 종목을 중심으로 심판으로서 큰 활약을 펼치고 발전에 노력했다.[30] 그는 1918년 연례보고서[31]에 내한 3년 차에 접어들며 본격적으로 실시한 체육 활동 내용을 적어 놓았다.

"체육 활동에 대한 바람은 증가하고 있다. '놀이 정신'은 과거 한국 청소년들의 몸 안에서 잠자고 있었는데 (이제는 깨어나) 매년 청소년들이 모든 형태의 스포츠에 더욱 적극적으로 되어 가고 있음을 볼 수 있다. 이는 실제로 운동을 하는 소년과 젊은 청년의 증가로 나타나고 있다. 체육관에서 이들을 위해 지난 1년간 개설한 체육 교실은 466개이다. 이들 교실은 체육 훈련만 해주고 이어 몇 가지의 게임을 뒤이어하도록 하고 있다. 겨울 동안 열리는 특별 농구 리그는 팀을 구성하고 있는 42명이 열광적으로 즐기고 있을 뿐만 아니라 대규모 관중을 체육관에 끌어 모으고 있다. Y 체육부에 의해 실시된 새해 체육 시범은 구경꾼들로 넘쳐났다. 또 3월에 열리는 서커스[32]도 엄청난 한국인들을 구경꾼으로 끌어 모으고 있다. 선천적으로 낙천적인 한국인 남성과 청소년들은 체육관 서커

30) 반하트는 1916년 졸업 무렵, 대학으로부터 체육 감독직을 제안받기도 했다.
31) 반하트, 1918년 연례보고서. 미국 미네소타대, Kautz Family YMCA 자료 보관소 소장, Y.USA.9-2-21 International Part 1.
32) 서커스는 일종의 운동 시범으로 현대의 서커스와는 다른 개념이다.

스 분위기에 빠져 관중으로서 웃고 박수치며 즐겼다. 부수적으로 서커스 수입이 체육관 운영에 도움이 되고 있다.

주짓수(유술 柔術)는 가장 인기 있는 동양적 신체 활동으로 이 교실에 등록한 40명의 남성 성인과 청소년들은 매주 6일씩 나와 어찌나 격렬하게 부딪치고 넘어지는지 우리의 상상력을 뛰어넘는다. 하지만 이들은 주짓수를 정말 즐기며 1년 내내 출석하고 있다.

한편 야구와 축구 같은 야외 스포츠는 오히려 많은 지장을 받고 있는데 운동장이 없기 때문이다. 가끔 몇몇 학교와 그 학교의 운동장에서 시합을 갖고 있는데 이에 따라 YMCA는 봄과 여름에 야구는 5회, 축구는 6회의 게임을 하고 있다.

우리 Y의 한국인 체육 담당자는 체육 활동의 희망이자 우리를 즐겁게 해주는 사람이다. 그는 체육적인 재능을 타고났으며 많은 분야에서 훌륭한 적응능력을 보여주고 있다[33] 우리는 그를 오는 가을과 겨울에 몇 달 동안 도쿄로 보내 체육지도자학교에서 특별훈련을 받도록 계획하고 있다. 일본에서 크게 능력을 키워 돌아와 체육부 간사로서 지도자가 될 것이 틀림없다."

실내 구기 종목으로는 농구가, 야외 종목으로는 야구와 축구가 반하트와 YMCA 체육부 주도로 한국인들의 호응 속에 발전해가고 있는 초기 모습이 보고서에서 확인된다. 서커스라고 소개한 체육 시범을 통해 모든 운동 종목을 청소년들이 능력대로 참여하도록 유도하고 있음도 밝혔다.

33) 당시 체육부 간사는 김영구로 그는 농구, 배구를 지도했고 비누제조와 전등 기술자로도 활약해 후에 전주의 남장로교 기사로 초빙되어 갔다. 《서울 YMCA 100년사》, (2004) p.181.

◇……開幕된 籠球選手權의 開始直後 ▲(下)入場式의 場面

斷頭事件으로 越夜

天然痘終熄

24—19

三角勝

青學戰善

48—20

百合勝

OB奮戰

宣誓文

제3회 전조선농구선수권대회. YMCA와 체육회가 공동주최한 대회에서 반하트는 주심으로 활동(1933년 5월 19일자 동아일보 3면). ⓒ 동아일보

이와 함께 그는 자신이 책임을 맡고 있는 청소년부와 운동부에서 형편상 운동을 할 수 없는 근로 청소년과 성인 근로자들이 어떻게 하면 운동을 할 수 있을지에 대한 고민도 보고서에서 내비쳤다. 그는 "청소년부에서는 근로청소년 문제를 주의 깊게 연구해야 하고 운동부에서는 근로자들의 운동 필요성에 대한 연구를 하도록 하고 있다."고 밝혔다.

하지만 전반적인 반하트의 노력에도 불구하고 보고서 후반에서 그는 시설 부족과 지도자 부족이 가장 당면한 문제로 해결책 마련이 시급함을 건의했다. 그는 난방을 못해 겨울 두 달 동안 체육관 운영에 심각한 차질을 빚었다면서 시설을 제대로 갖춰 스포츠 지도자를 YMCA가 제대로 배출해야 YMCA도, 한국 스포츠도 발전할 것임을 밝혔다.

"체육부의 경우는 전체 YMCA 회관의 시설 부족 문제가 주된 문제이다. 체육관 자체는 좋은데 시설이 부족해 우리는 체육 사업을 초기단계보다 더 진척시킬 수가 없다. 시합을 할 수 있는 운동장도 절실히 필요한 상태다. 일본인 YMCA(서울 소재)도, 한국 YMCA도 야외 스포츠를 위한 장소를 전혀 갖고 있지 않다. 이는 매우 심각한 문제다. 왜냐하면 가까운 시일 내에 한국 자체적으로 선수들이 많이 나올 것으로 예상되는데 만약 YMCA가 그 지도자들을 훈련시킬 수 있는 시설이 없다면 그들은 YMCA가 아닌 다른 곳에서 훈련을 할 것이기 때문이다. 이렇게 되면 YMCA는 한국 체육계에서 지도자를 위한 유일한 트레이너가 되기보다는 스포츠를 씻어내는 세제 역할이나 하게 될 가능성이 크다.

우리가 현재 가장 부족한 것은 한국인 지도자들이다. 물론 서울 Y에는 윤치호 총무 같은 뛰어난 지도자가 있지만 우리 부서(청소년부, 체육부)의 책임자들은 우리가 원하는 최상의 지도자들은 아니다. 우리는 청소년부 담당 간사가 업무를 매우 경쟁적으로 수행해주기를 바라고 있다. 하지만 교육 담당 간사와 체육 담당 간사에게 아주 큰 희망을 걸고 있다. 두 사람은 훌륭한 가능성을 보여주고 있으며 현재 지속적으로 사업을 잘 이끌고 있다."

한편으로 반하트의 체육에 대한 관심은 전통적인 육상이나 구기 종

매주 암반산악을 하는 YMCA 등산반 회원들. © 미네소타대

YMCA 여름 프로그램에 참가한 어린이들. 그전까지 한국의 어림이들은 여름을 별다른 프로그램없이 지냈다.

© 미네소타대

조선 기독교청년회 하계수양캠프. 원산에 설치된 캠프 브로크맨에서 열린 행사기간 중 태풍이 불었어도 참가자들은 즐거워했다고 반하트는 보고했다. © 미네소타대

목에 한정되지 않고 놀이와 함께 캠핑으로도 넓혀지는데 처음 2년 동안은 이 분야에 신경 쓸 겨를이 없다가 1918년 일본 후지산 캠프에 참가하며 한국에서도 캠핑 문화 도입의 필요성을 토로했다.[34]

> "내가 동양에 온 이래 가장 감사한 일 중의 하나는 지난여름 후지산 아래에서 열린 제1회 전국 소년 캠프에 초청받은 사실이다. 나는 일본 전역에서 모인 16명의 소년과 그들의 지도교사와 함께 2주 동안 즐겁고 유익한 시간을 가졌다. 자연학습을 비롯해 수영, 하이킹, 게임과 공부를 하며 정식 캠프 생활을 했는데 청소년들을 즐겁게 했으며 이 캠프가 해가 갈수록 발전할 것은 의문의 여지가 없어 보였다. 참가 소년들이 준비한 캠프파이어 주변의 미팅과 더 순수하고 좋은 삶을 위해 엄숙히 결심하는 모습 등은 내 마음속에 오랫동안 기억될 게 틀림없다."

1919년은 일제강점기 중 최대의 민족항일운동이 3월 1일부터 거의 1년 내내 펼쳐짐으로써 반하트와 YMCA의 활동도 영향을 받지 않을 수 없었다. 특히 서울 YMCA는 33인이 모인 태화관과 인접해 있고 33인 중 상당수가 기독교 지도자여서 YMCA는 직접적으로 일제의 감시와 조사를 당했다. 이런 상황에서도 반하트는 YMCA가 한반도에서 운동이 가능한 유일한 곳이라면서 연례 보고서에 체육활동 상황을 남겼다. 특히 이 해에는 이른바 양반 출신 젊은이들이 "강한 민족이 되려면 강한 체력을 갖춰야 하고 그렇게 되기 위해서는 운동을 해야 한다는 깨달음이 시작됐

34) 반하트, 앞의 보고서(1918년).

다."고 밝히고 있다.[35]

"한국의 젊은 청소년들은 점점 체육교육과 신체운동에 대해 열광적인 팬들이 되어갔다. 불과 몇 년 전만 해도 양반들은 아무도 체육대회에 참가하려 하지 않았다. 뿐만 아니라 아들이나 아버지가 하는 것도 망신으로 여겼다. 그러나 새로운 한국에서는 (양반들도) 체육의 필요성에 눈을 뜨고 있다. 한국은 강한 민족이 되고 싶어 하고 있다. 특히 근로 계층의 경우, 체력 활동의 증진을 위해 시간을 보내기를 원했다. 이런 체육 활동 사업에서 YMCA는 언제나 돋보이는 지도적 기관이다. 실제로 YMCA는 현재 한반도에서 모든 운동 활동이 가능한 유일한 곳이다. 한 주일에 6일 간 아침 10시부터 저녁 9시 반까지, 몇 번의 휴무일을 제외하면 11월부터 3월까지 추운 기간에도 체육 교실을 운영하고 있다. 봄, 여름, 가을 동안에는 아주 무더운 여름 몇 주간을 제외하고 야구, 테니스, 축구와 관련해 몇 개의 체육교실이 열리고 있다.

YMCA에는 빠르게 최고 체육 지도자로 발전하고 있는 2명의 젊은이가 있다. 한 사람(김영구)은 특히 능숙한 인물로 지난해 동경에서 열린 체육지도자학교에 참가해 최고 학생이 될 정도였다. 그의 또 다른 가치는 그가 아는 것을 다른 사람에게 지도하는 능력이 탁월하다는 점이다. 그는 고통을 잘 참아내고 철저한 사람이기 때문에 YMCA 체육부를 전반적으로 재건해 나갈 것으로 기대하고 있다. 그는 또 우리 YMCA의 자체적 필요뿐만 아니라 한국의 전반적 요청에 부응하기 위해 노력하고 있

---

35) 반하트, 1919년 연례 보고서.

는 전체 체육 자원봉사단의 지도자가 될 것으로도 기대되고 있다. 체육적으로 잘 훈련되고 기독교인으로서도 성숙하며 체육활동을 지도할 자격이 있는 젊은이를 찾는 곳이 아주 많아졌다. 이에 응하는 것이 YMCA의 의무임은 물론이다. 이런 요구에 YMCA는 겨우 몇 번만 해결해 주고 있는데 잘 구비된 체육관과 운동장 없이는 그런 요구에 응하는 것은 불가능하다. 현재 우리는 시설이 매우 빈약하지만 체육관은 있고 운동장은 가져본 적이 없다."

반하트는 이 해의 보고서에서 체육업무 발전을 위해 한국인으로 구성된 체육위원회를 조직해 좀 더 체계적으로 활동하게 됐음도 소개했다. 그는 위원 명단을 밝히지는 않았지만 《서울 YMCA 100년사》에 따르면 세브란스병원 내과의사 송언용이 위원장이었다. 위원들은 YMCA가 운영하는 여러 운동 종목에서 선수로 활동하는 사람들이었다.

"우리는 체육위원회를 운영 중인데 위원회는 여러 가지 일을 하고 있다. 위원들은 모두 체육관의 체육교실 한 곳에 정기적으로 참석하고 있다. 위원장은 서울의 세브란스에서 훈련받은 내과의사로 해외 경험 없이 한국에서만 살았던 사람이다. 그러나 그는 비전에 있어서는 결코 갇혀있는 사람이 아니고 수많은 해외 경험이 있는 사람 같다. 또 다른 위원은 미국에서 교육받은 의사로 두 사람은 YMCA 이사회의 멤버이기도 하다. 그리고 다른 위원들은 사업과 전문직에 종사하는 40대의 남자들이다. 한 사업가 위원은 위원회에서도 중심적 역할을 할 뿐만 아니라 토너먼트 대회와 운동모임에서도 큰 역할을 해오고 있다. 네 번째 위원은 도쿄에서 돌아온 학생이며 마지막 위원은 외국인 외과의사로 그는 자신이 가입한 체육교실에 결석을 한 적이 없다. 그는 현재 50에 가까운 나이지만 야구, 배구, 농구 선수로서 탁월한 능력을 발휘하고 있다. 하지만 더 좋은 것은 친구들과의 우정을 깊이 하는 것이다. 이들 위원들과 함께 일하면서 좋은 결실을 얻고 있다. 또 스트레스를 자주 받는 필자에게 이들은 많은 즐거움을 주고 있다."

하지만 양반 출신 젊은이들이 운동에 관심을 갖고 참여하고 체육위원회를 구성해 체계적으로 스포츠를 발전시키려 노력하지만 시설 부족은 반하트도 어쩔 수 없는 과제였다. 보고서 끝에 다음과 같은 3개 항목을 제시하며 "절대적으로 급하게 해결해야 할 사항"이라고 적었다.

1. 체육관의 시설(보강)
2. 당구대, 볼링장, 수영장 등과 함께 친목 시설(보강)
3. 운동장과 (부대)시설의 마련

앞서 반하트는 보고서에서 양반 출신 젊은이도 스포츠에 관심을 갖고 체육위원회를 구성해 스포츠 발전을 꾀했다고 했으나 보고서 후반에는 3.1운동과 관련해 여러 가지 YMCA 사업이 원활하지 못했음도 토로하고 있다.[36]

36) 반하트, 위의 보고서.

"지난해 Y의 방침을 시행하지 못하도록 가로막은 유일한 사건은 정치적인 봉기였다. 그 일은 우리의 사업을 모두 불가능하도록 했다. 실제로 Y의 대외 구상은 거의 남아있는 게 없게 되었다. 모든 사람과 모든 것이 멈춰 섰고 기다릴 수밖에 없으며 다음에는 무슨 일이 일어날지 두려워할 수밖에 없었다. 3월 전까지 Y는 완전히 가동되고 있었고 연간 계획도 잘 수행되고 있었다."

반하트는 "모든 변화는 정치적 봉기와 일제의 탄압으로 지독하게 뒤틀린 경제 상황에서 비롯됐다. 경제상황이 이렇게 된 것은 식료품 가격의 역대 급 가격 폭등 때문이다. YMCA는 직원들에게 생활하는데 필요한 월급을 충분히 주는 것을 목표로 하고 있는데 요즘은 물가에 맞춰 모든 직원들에게 두 배나 세배의 월급을 주고 있지만 우리는 더 이상의 월급은 줄 수가 없다. 이 때문에 일부 직원은 그만두고 있으나 그렇다고 이들을 비난할 수도 없는 실정"이라고 밝혔다. 이에 따라 반하트는 3.1운동의 여파로 체육이나 청소년 사업도 내년에는 어려울 것으로 전망했다.

"내년에 YMCA가 해야 할 일들에 대해 현재의 상황으로는 암울한 결정을 할 수밖에 없는데 가능하다면 긴장이 누그러지는 어떤 시점에서 발전 계획을 시행해 보려고 한다. 그런데 이런 희망은 국제연맹(The League of Nations, UN 이전에 1차 대전 후 1920년 창설)회의 이후에나 가능하리라고 보여 그때까지는 최소한 현재의 긴장상태가 계속되리라고 본다. 우리 간사들 중 일부는 많은 간섭을 받지 않고 우리 사업을 실행할 수 있을 것으로 희망적인 예측을 하는 사람도 있다. 이런 가운데서도 성인 남성에 대한 훈련은 변함없는 우리의 방침 중 하나로 비록 숫자는 줄어들더라도 시행할 것이다."

반하트의 1920년 보고서는 1919년 10월부터 1920년 9월까지로 3.1운동 여파로 한국 내의 모든 활동은 정지되거나 극도로 위축된 상태였음을 보여준다. 이를 반영하듯 매년 하던 연례보고서와는 다르게 북미 YMCA 본부가 보내온 22개 항목의 문의에 대해 답변하는 형식이다. 따라서 체육 청소년 관련 보고 내용은 대략적이고 종교관련 내용을 집중적으로 다루고 있다. 하지만 이 보고서에서 주목되는 내용은 그가 모든 체육 종목을 가르치고 있다는 사실이다. 그는 "모든 형태의 운동은 내가 Y에서 하는 프로그램의 일부이고 실내 체육관에서 하는 운동은 말할 필요도 없다."면서 "내가 필요로 하는 운동은 걷기, 사냥, 수영, 야구, 테니스 등"이라고 나열했다. 반하트가 이들 운동을 특별히 꼽은 것은 "실내 업

반하트(왼쪽)는 스포츠는 직업이었고 멧돼지 등의 사냥이 가장 큰 취미였다. 딸 팻시와 친구 진 부츠. © 전기

무 중심의 직장 생활에 변화를 가져다주기 때문"이라고 설명했다. 그는 이들 중 사냥을 가장 좋아하는 운동이라고 밝혔는데 "그 이유는 다른 운동들은 정기적이고 일상적인 업무 중의 하나이고 가르쳐야 되는 일이지만 사냥은 그렇지 않기 때문"이라고 말했다.

1923년에 찍은 반하트 가족. ⓒ 전기

이 보고서를 제출한 반하트는 이후 1921년 2월까지 만 5년을 근무한 후 첫 안식년 휴가를 보내기 위해 귀국했다. 따라서 반하트의 1922년 보고서는 없고 1923년 보고서는 1922년 가을부터 1923년까지의 업무실적을 다루고 있다. 이 해의 보고서도 구체적인 활동 사항보다는 문제점과 해결 전망 등을 다뤄 체육이나 교육과 관련된 구체적 상황은 파악이 되지 않는다.

그러나 반하트는 1923년 10월호 KMF에 스포츠맨십을 주제로 〈한국의 운동선수와 운동경기〉라는 제목의 한국 체육사에 큰 발자취를 남기는 글을 쓴다. 게임 중간에 포기하거나 경기 중 폭력 사태가 난무하던 상황에서 '끝까지 계속하는 것'과 '정정당당히 플레이하는 것'이 스포츠맨십임을 갈파한 반하트의 글은 당시로서는 신선하고 현대 한국 스포츠의 발전을 가능하게 한 중요한 기록으로 주목하지 않을 수 없다. 모든 체육에서 스포츠맨십은 강조되고 현대 스포츠에서는 당연시되고 있지만 그의 글을 읽어보면 한국 최초의 체육전문지도자로서 이 땅에 스포츠맨십을 뿌리 내리도록 하려는 그의 노력이 느껴진다.[37]

"현대 스포츠맨십의 두 가지 중요한 특징은 '끝까지 계속하는 것'과 '정정당당히 플레이하는 것' 이다. 사람들은 모든 나라에서 두 가지 스포츠맨십의 특징을 어느 정도 찾아볼 수 있다. 첫 번째 스포츠맨십인 '끝까지 계속' 은 모든 나라와 지역에서 같은 의미를 갖고 있다. 그러나 두 번째 스포츠맨십인 '정정당당한 플레이' 가 무엇인지는 나라마다 다른 의미를 갖고 있다. 하지만 공통적인 것은 도박과 관련 없는 운동의 경우는 거의 대부분 정정당당하며 부당한 것을 찾아볼 수가 없다. 이에 반해 돈이 개입되기 시작하면 육상 트랙을 비롯해 우리와 같은 팀이든 아니 든, 야구장 축구장 등 어떤 형태의 곳이든 모든 곳에서 조작이 있을 것임은 확실시된다.

끝까지 게임을 하는 것은 이제 한국에서는 표준이 되었다. 이는 사실로 예외는 있을 수 있으나 게임을 끝까지 하는 기준은 지켜지고 있다. 이 규칙에 아무런 예외도 없는 시점이 곧 도래할 것으로 생각된다. 또 그 같은 표준은 게임을 관리하는 조직의 발전과 사회적, 도덕적, 정치적 책임감을 수반하는 의식 있는 사람들의 연령대가 급속히 낮아지면서 도입되고 있다."

같은 글에서 조선 체육회와 각종 경기단체의 발족과 그에 따른 한국

37) 반하트, 〈한국의 운동선수와 운동경기〉, KMF, (1923 10월), pp.207~209.

체육 발전에 대해 기대를 갖고 있는 반하트의 마음이 읽힌다.

"요즘 한국에서 돋보이는 체육 단체는 체육회(Che Yook Hoi)이다. 체육회는 한국 전체에서 스스로 인정을 받았고 스포츠 관련 운영과 관할구역에 대한 아이디어를 생각하고 육성했으며 심판들을 뒷받침했다. 또 체육회는 스포츠 팬으로서 여성들을 확보하고 운동을 널리 알렸다. 또 체육회는 운동선수의 자격 규정에 대한 규칙을 최소한 따르도록 했고 그 규칙에 대해서 설명을 했다. 새로 개척하며 시작하는 이 기관에는 정말로 많은 격려가 있어야 한다.[38]

다른 스포츠 관련 단체들도 형성되고 있다. 한국 중등학교의 경우 머지않아 그들 자신이 운영하고 활동하는 조직을 구성할 것으로 보인다. 이미 심판협회는 요청하는 대로 어떤 게임에도 심판을 보내줄 수 있도록 조직화돼있다. 실업 야구연맹의 출범도 머지않아 될 것으로 보인다. 준(準) 실업팀은 아직 어려운 때이지만 우리는 그것이 멀다고는 생각하지 않는다. 심지어 어린 학생들도 그들에 맞는 다양한 종류의 그룹을 조직하고 있다. 앞으로 현재와는 크게 다른 형태의 단체들을 관련 그룹들이 스스로 조직할 것으로 예상된다. 현재의 단체들은 시합을 하고 있는 그룹의 외부에 조직돼 있는데 미래의 단체들은 그룹의 내부에 조직될 것이다. 잠시만 생각해도 시합하는 그룹 내부에 단체가 구성되면 엄청난 수확이 있을 것으로 보인다."

---

38) 조선체육회는 1920년 7월 13일 창립되었으며 1938년 일제에 의해 해산되었다가 1945년 부활되었다. 1948년 대한체육회로 개칭돼 현재에 이르고 있다. 반하트는 조선체육회 창립 이래 지켜보며 이 단체가 발전해야 한국 체육이 발전할 것으로 기대했다.

이밖에도 반하트는 아마추어와 프로의 구분을 비롯해 운동선수의 연습과 사기, 스포츠 팬에 대한 교육, 운동의 일상화가 왜 중요한지 등에 대해 일목요연하게 설명하고 있다. 특히 연습이라는 말이 한국에서 의미 있게 시작되는 점이 주목된다. 한국 체육을 위한 이 같은 금언(金言)이 100년 전에 나왔다는 사실은 한국 체육계를 위해서는 축복이 아닐 수 없다. 현재 한국 체육이 선진국 수준으로 발전한 상황에서 보면 그의 금언이 100년 동안 우리 체육의 길잡이가 되었음을 쉽게 알 수 있다.

"아마추어와 프로는 곧 구분되어야 한다. 둘 사이에는 금이 그어져야 하는 것이다. 이 구분선은 매년 의심의 여지없이 바뀌게 되는데 현재까지는 실제적으로 전혀 확실히 설정된 구분이 없다.

연습은 어떤 활동 분야에서와 마찬가지로 운동에서도 골칫거리이다. 연습이 부족하면 관중에게도 언제나 분명히 드러나고 연습은 운동선수의 사기(士氣)를 올리는데 중요한 요소가 된다. 스포츠 세계의 기록들을 보면 연습과 꾸준히 훈련하지 않은 사람들의 실패 기록들로 가득 차 있다. 우리는 학교에 대해 갖는 애교심만큼이나 비슷한 비율로 강도 높은 연습이 이뤄지기를 기대한다. 자신의 모교에 대해 충성한다고 말할 때의 충성처럼 충성심은 운동선수로 하여금 연습하도록 하는 요소가 된다. 연습은 빠르게 목표에 도달하도록 하지는 못해도 제때에 도달하도록 해 준다.

체육과 관련해 아주 어려운 일이 있는데 그것은 스포츠 팬들을 교육시켜야 하는 것이다. 관중들은 항상 자신들이 좋아하는 운동선수의 스타일에 따라 운동을 좋아하기도 하고 싫어하기도 하는데 문제는 이에 따라 입장권 구입자들의 수요가 늘기도 하고 줄기도 한다는 점이다. 아직까지 스포츠 팬을 위해 체육계가 한 일은 별로 없지만 그러나 운동경기는 지난 몇 년간 잘 발전해 왔다. 하지만 다음 단계로 신문의 기사로 운동을 인기 있게 만들어야 한다. 다른 분야와 마찬가지로 신문의 글은 운동의 발전에 꼭 필요한데 그 이유는 신문기사가 우리 몸을 움직이도록 하지는 않지만 머리로 게임을 하는 팬들에게 다가갈 수 있기 때문이다. 운동들이 일상화되어있는 모든 나라에서 스포츠계의 최대 구호는 '모두를 위한 운동경기(play for all)'이다. 이는 개인을 위한 운동과 반대되는 것으로 군중을 위한 운동경기로 나아가기 위해 큰 노력을 해야 하는 것이다. 한 나라에서 운동이 일상화되어있지 않았다면 '모두를 위한 운동경기'라는 슬로건은 의문 속에서 행해질 수밖에 없을 것이다. 왜냐하면 '모든 사람을 위한 운동 경기'가 이뤄지기 위해서는 이끌고 나갈 지도력 있는 사람들을 먼저 훈련시켜야 하는데 현재 한국에는 훈련된 지도자들이 매우 드물기 때문이다. YMCA는 이와 같은 가장 급한 문제를 해결하기 위해 훈련교실 운영을 시도하고 있다. 그 첫 번째로 이번 봄에 훈련교실을 성공적으로 개최했다.

운동의 일반화는 운동을 하도록 하는 모든 다른 종류의 수단들이 시도된 다음에나 달성될지 모른다. 우리는 때가 되면 한국의 평범한 사람들이 일상 속에서 운동이 무엇인지 배우게 될 때가 올 것이라고 생각한다. 그러나 이를 위해서는 시간이 필요하다."

끝으로 반하트는 "아마도 이 글의 제목으로는 '모든 것에는 때가 있다'가 더 좋았을 뻔했다"라고 말하고 있는데 그 이유에 대해 아직도 한국 스포츠는 발전 단계에 있지만 머지않아 발전할 때가 올 것이기 때문이라고 설명했다. 그의 예언대로 일제강점기에도 손기정의 올림픽 마라톤 제패 같은 한국 체육인의 쾌거가 이뤄졌고 반하트가 예언했듯이 체육회가 중심이 돼 모든 스포츠 분야가 발전해 이제 한국 스포츠는 세계적으로 선진국 대열에 올라섰다. 100년 전 이를 예상했다는 듯이 반하트는 기고문의 마지막을 이렇게 썼다.

"정말 우리는 이 나라에서 가까운 미래에 스포츠 분야에서 커다란 발전을 보게 될 것이다."

체육 사업에 대해 끝없이 확장을 추구해온 반하트는 YMCA 운동이 농촌으로도 확대[39]되자 농민들도 스포츠를 할 수 있도록 하는 사업에 착수했다. 이와 관련해 그는 KMF 1928년 8월호에 〈운동경기와 농촌 사회〉라는 제목으로 3페이지 분량의 글을 싣고 방안을 제시했다.[40] 그는 글에서 동서양의 '놀이'에 대한 개념의 차이를 먼저 설명했다.

"'한국인들의 운동생활이 얼마나 빈약한지 모르겠다'는 말은 한국에 처음 온 외국인들이 언어와 일상생활에 적응하기도 전에 자주 하고 듣는 말이다. 우리 서양인들은 아마도 한국인의 놀이 생활에 대해 처음 의식했던 첫인상 그대로를 아직도 간직하고 있을 것이다. 자연스레 실제로 일어나는 것은 한국인들이 하는 놀이의 내용이나 방법을 미국에서

---

39) 민경배 책임집필, 《서울 YMCA 운동 100년사》(2004), pp.231~283.
40) 반하트, 〈운동경기와 농촌사회〉, KMF, 1928년 8월, pp.161~163.

이뤄지는 놀이와 의식적으로든, 무의식으로든 비교해 본다는 사실이다. (그러면서 인상적이지만 좀 자세히 관찰한 후 끌어내는 결론은 한국인의 놀이 생활 부족 여부가 아니라 놀이할 도구의 부족, 더 나아가 한국인이 머릿속에 갖고 있는 놀이 생활의 개념에 대한 우리 외국인의 지식 부족일지도 모른다는 것이다.) 그러다가 한국에서 얼마간 시간이 지나게 되면 외국인들은 한국인들의 놀이 생활에 대하여 가졌던 첫인상을 자신이 알게 된 만큼 어느 정도 바꾸게 된다.

하지만 조직적인 게임이나 운동경기를 대하는 한국인들의 태도에 대한 생각은 바뀌지 않는다. 게임이나 놀이의 경우, 한국인들이 늘 즐기는 큰 자산이라는 생각을 매년 더 분명하게 생각하게 된다. 그러나 조직화된 게임(팀 단위의 단체운동)에 대한 한국인들의 이해에 대해 우리 생각이 변한 경우는 한 번도 없었다. 우리 외국인들은 한국인들이 놀이를 하며 웃는 것을 본 이후 게임이나 놀이가 삶 속의 즐거움 중 하나로 확실히 자리 잡고 있다고 생각하고 있다. 그러나 동시에 우리 외국인들은 조직화된 팀 게임에 대한 한국인들의 이해와 발전이 무척 느리다고 느끼고 있다. 실제로 이 한반도에는 조직화된 팀 게임이 거의 없다고 볼 수 있다."

반하트는 이 글에서 한국인 놀이의 키워드는 '즐거움', '재미' 같은 것이라고 분석했다.

"즐거움은 항상 놀이의 키워드였다. '한 보따리 가득 찬 재미'라는 말은 모든 언어에 있는 다양한 관용적인 어법으로 어디에서나 들을 수 있다. 그러나 한국 마을에서 재미가 많다는 말은 그룹보다는 개인 각자의

해주 어린들의 개구리 뛰어 넘기 놀이. S. R. 빈턴 촬영. © 드루대

특별한 형태로 발전되어 왔다. 한국인에게 있어서 재미는 개인과 사회의 환경에 따라 의미가 정해졌다. 음식을 비롯해 의복, 기후, 신체의 크기, 정신적 발달, 사회구조 등 모든 것이 한국인으로 하여금 개인 위주로 하는 게임을 발전시키도록 강요해 왔다. 그들이 하는 게임은 얼마나 그날 잘 먹는지, 또는 얼마나 두꺼운 옷을 입었는지, 참가자들이 얼마나 많은지에 따라 (할 수도 있고 안 할 수도 있는 식으로) 조정되었다. 작은 어린이들은 항상 개인적으로 이기주의적인 게임을 했다. 그들은 놀이와 모방을 통해 플레이하는 것을 배웠다."

하지만 반하트는 "어떤 사람들은 놀이를 힘든 일을 할 때도 즐겁게 하는 개념"으로 생각했다. 바둑, 장기, 씨름 같은 놀이나 운동이 한국에서 각광받고 있는 이유를 반하트가 국외자의 입장에서 분석한 내용이어서 흥미를 모은다.

"성인 남녀뿐만 아니라 나이 든 청소년들도 그들이 하는 놀이를 누구나 하고 싶어 하는 오락으로 여기고 위안을 얻기 위해 더 찾았다. 하루 종일 농사를 짓거나 나무 채취를 한 후 그들이 필요로 하고 원했던 놀이의 형태는 머리를 쓰거나 농담을 하는 것, 또는 몸을 쉬도록 하는 것이었다. 한국에서 장기놀이가 성공한 비결은 한국인 자신의 영리한 지적 능력을 즐기는 방식으로 사용했다는 데 있다. 한국인들은 중국 동북부(만주)에서 불어오는 찬바람을 초가지붕으로 막고 자신의 집 따뜻한 아랫목에 앉아 장기를 두면서 쉬었다.

한국인들은 대부분 여름이 너무 길고 더우며 습기가 많아 자신들에게 편안하고 즐거움을 주는 게임만 하기를 좋아한다. 대개의 남자 성인과 청소년들은 매일 먹을 양식을 구하기 위해 충분한 육체적인 일을 하기 때문에 더 이상의 힘쓰는 놀이나 게임에는 관심이 없다. 한국의 레슬링이라고 할 수 있는 씨름이 이런 한국인의 생각을 잘 설명해 준다. 씨름

공주 경천 마을 감리교 학교 어린이들의 씨름. S. R. 빈턴 촬영. ⓒ 드루대

길거리에서 씨름하는 어린이를 일본 여성(오른쪽)들도 재미있게 보고 있다. J M Taylor 촬영. ⓒ 드루대

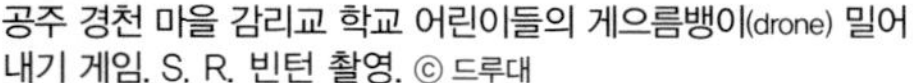

공주 경천 마을 감리교 학교 어린이들의 게으름뱅이(drone) 밀어내기 게임. S. R. 빈턴 촬영. © 드루대

평양의 상점 앞 바닥에서 장기 놀이를 하는 두 남자. © 드루대

은 선수가 짧은 2초나 3분 정도면 상대방을 넘어뜨리는데 그보다 더 길게 걸리는 경우는 거의 없다. 청소년들은 저녁에 하는 놀이를 더 적극적으로 하는데 씨름이나 달리기와 같은 것들을 한다. 나이 든 사람들은 다른 사람이 하는 것을 보거나 가만히 앉아 할 수 있는 게임을 한다. 한국인들은 이처럼 신체적으로 가만히 할 수 있는 게임을 하다가 상대방이 지면 그 사람으로 하여금 어떤 우스꽝스러운 행동을 하도록 지시하면서 큰 소리로 놀리는 것을 즐긴다. 이런 놀이 말고도 상대방의 돌을 포위하는 바둑을 두기도 한다.

어린 소녀들은 남자들보다 더 노는 것처럼 보이는데 그들이 하는 대부분의 게임은 세계적으로 공통적인데 줄넘기, 뛰뛰기, 달리기, 공기 돌 놀이 등과 어른들로부터 모방한 것들이다. 확실한 것은 이들 소녀들은 놀 수 있는 시간이 더 많고 자기보다 어린 동생들을 돌보면서 모일 수 있는 기회도 많다. 이들 어린이들이 모이면 어김없이 게임이 시작된다. 나이 든 처녀나 여성들의 놀이 생활에 대해서는 필자는 아는 것이 아무것도 없다. 가끔 여자들이 사방에서 웃고 떠드는 소리가 들리고 박수소리가 울려 퍼지고 즐거운 소리가 들리기도 하지만 한국의 마을에서 나이 든 여성들이 놀이나 게임하는 것을 본 적이 없다."

이 같은 한국인들의 놀이 취향을 생각하면서 반하트는 "농촌 사회에서 앞으로 조직적인 놀이나 게임이 시행되기 위해서는 몇 가지 일반적인 규칙들이 있어야 하는데 우선 그들을 위해서는 운동이 즐겁고 재미있는 것이어야 한다."고 했다. 21세기 한국에서 프로 게임을 즐기는 한국인들의 응원 문화를 보면 반하트의 진단은 정확한 것임을 알 수 있다.

"첫째로 중요한 사실은 그들이 현재하고 있는 게임 중 몇 가지는 재미있게 구성만 된다면 새롭게 도입되는 어떤 새로운 게임보다도 더 좋은 것이 될 수 있다. 잘 알려진 게임은 또 사람들이 더 자발적으로 참여하도록 시작해야 하고 놀이에서 기본적으로 즐거운 마음을 갖도록 하는 방법의 하나로 놀이의 발상이 무엇인지를 모두가 이해하도록 하는 것이다.

두 번째로 놀이나 게임을 할 때 비용이 들지 않거나 비용이 들더라도 매우 적어야 한다. 한국에서 야구가 빨리 보급되지 않는 가장 큰 이유는 과도한 용품 비용 때문이다. 현재 자체적으로 만든 공과 맨손으로 야구를 하도록 하는 것은 한국 청소년들에게는 별다른 매력이 없는 것이 된다. 이런 여건을 감안했을 때 필자(반하트)는 한국 소년들이 돌, 소나무 방망이, 짚신 등 쉽게 이용 가능하고 비용도 안 드는 것으로 놀이하는 것을 권하고 싶다.

세 번째로 게임을 하는데 충분한 공간을 찾는 것이 중요하다. 마을의 크기와 상관없이 운동을 할 수 있는 공간이 있느냐 없느냐는 청소년들이 할 수 있는 게임의 종류를 제한하기 때문에 대규모 운동장 부지는 운동을 하는데 꼭 필요한 조건이 된다. 하지만 어린아이들과 소년들이 라켓 대신 주걱을 사용하는 테니스나 축구공 대신 물렁한 고무공을 사용하는 축구 시합을 작은 규모의 타작마당에서 할 수 있도록 하는 것도 방법이다. 똑같이 어른들의 씨름도 타작마당에서 할 수 있을 것이다. 도로는 달리기나 하키 같은 게임 용도로도 사용될 수 있다. 큰 고을에 있는 학교나 교회의 마당은 청소년들이 모여서 시합을 할 수 있는 장소가 될 수도 있다. 그러나 청소년들이 운동을 할 수 있는 최고의 장소는 산과 나무, 셀 수 없이 많은 산속의 길과 사람을 불러 모으는 시냇가이다. 한국의 산과 계곡, 물은 지구 상에서 아마도 최고의 운동장으로 활용될 수 있을 만큼 좋고 그에 걸맞은 게임들이 있어야 한다. 정말 한국은 현재보다 훨씬 더 많은 방법으로 사용되기를 기다리는 거대한 운동장과 같은 곳이다. 스카우트 청소년들의 게임이 열리기에 알맞은 공간이 많아 한국은 큰 장점을 갖고 있다.

네 번째로 시행되는 게임들은 사람들이 원하는 것과 부합돼야 한다. 편안하고 쉴 수 있는 게임을 원하는 사람들이 많다는 이야기는 이미 앞서 말한 바 있다. 게임과 관련해 다른 그룹의 사람들이 원하는 것은 목, 어깨, 팔과 가슴을 발전시켜주는 운동이다. 운동을 통해 그 같은 신체기관들이 교정될 뿐만 아니라 운동은 끈기라든가, 고매한 태도, 기사도 등 많은 것을 필요로 해 가치관을 발전시켜 주기도 한다는 점을 인식시켜야 한다.

이들 네 가지 규칙은 한국에 소개될 새로운 모든 운동을 시행하는 데 있어서 결정적 요인이 되어야 한다. 또 이제까지 알려진 모든 형태의 게임의 인기와 앞으로의 놀이 생활에서 위 네 가지 규칙은 가늠의 척도가 될 것이다."

반하트는 위에 소개한 네 가지 원칙으로 놀이나 게임을 하게 하되 스포츠맨십이 뭔지 아는 사람, 즉 지도자가 농촌에서 운동을 기획해 주관할 필요가 있다고 말했다. 또 운동이나 게임 방법을 알려주는 안내서가 절대적으로 필요한데 반하트에 따르면 우리말로 돼있는 스포츠 안내서라고 할 만한 게 당시에는 두세 종류밖에 없었다.

"여기에서 주목해야 할 것은 놀이 본능을 마음에서부터 우러나게 하기 위해서는 조직적으로 하는 단체게임이나 운동의 경우, 단체운동을 기획한 주최자의 역할이 크다는 사실이다. 물론 이는 우리 앞에 계속적

공주 영명고 야구팀. 포수가 가슴보호대를 하고 방망이 글러브 등을 들고 있다. © 드루대

으로 일어나는 해묵은 지도자의 문제이기도 하다. 이와 관련해서는 오래된 답변이 있는데 '방학을 맞아 고향으로 돌아가는 전도사, 교사, 학생 모두가 운동의 지도자로 각종 조직적으로 하는 단체운동에서 주최자가 되어야 한다. 이런 지도자들에 대한 훈련은 그들에게 적합하고 평생 직업이 되도록 기관의 책임자에 의해 실시되어야 한다.'

영어를 읽을 수 있는 사람에게는 운동에 대해 공부할 수 있는 풍부한 자료가 있다. 그러나 앞으로 운동을 평생 해나가려고 하는 대다수 한국인들의 경우, 영어를 대부분 모르기 때문에 자료가 그렇게 풍부하지는 않다. 하지만 몇 가지 책은 이미 활용 중에 있고 몇 종류는 곧 나올 예정이다. 이 책들은 대부분 일본어로 되어있고 실제로 처음 짐작했던 것보다는 훨씬 더 풍부한 자료들이 있다. 한국어로 된 것은 두세 종류밖에 없다. 하나는 보이스카우트 교범이고 다른 하나는 이화학당 교사 올리브 파이(Olive E. Pye, 1888~1960)가 쓴 운동게임서이다. 두 책은 기독교서회에서 구할 수 있고 남학생용 운동게임서는 번역돼 곧 YMCA 출판부에서 인쇄될 예정이다. 매우 적지만 이게 전부이다. 독자 여러분에게 분명하게 말하지만 이제 한국에서 운동은 누구나 하고 싶어 하는 사람에게 개방돼 있는 분야이다."

반하트가 한국 스포츠를 위해 헌신한 사실은 일제와 미국의 관계가 악화일로를 걷던 1940년 그의 귀국과 함께 잊히지만 사실 자체는 없어지지 않음으로써 한 체육 사학자의 연구로 높은 평가를 받게 되었다. 네덜란드 라이덴 대학에서 한국학을 가르치고 있는 쿤 드 쿠스터 교수가 주인공이다. 영어로 돼있어 국내에는 잘 소개돼 있지 않지만 그의 논문 〈건강

교육과 건전 레저: 식민지 한국의 YMCA 스포츠 프로그램〉에는 일제강점기 YMCA와 반하트의 업적이 높이 평가되어 있다.[41]

그의 논문 중 3장은 '1907~38년 서울 YMCA의 스포츠 프로그램'으로 한국에서 서양의 근대 스포츠가 시작된 경위를 설명하며 반하트의 역할을 소개했다. 그는 YMCA 활동의 핵심 중 하나가 스포츠였는데 한국의 경우, 1916년 반하트가 오기 전까지 '본격적인 스포츠 프로그램'은 시작되지 못했다고 했다.

> "체육 교육은 북미 YMCA 활동의 핵심 요소였을 뿐만 아니라 특징이었는데 1903년 설립된 한국 YMCA도 마찬가지였다. 당시 '황성기독교청년회'라는 이름으로 시작한 서울 YMCA는 학교를 운영하고 성경공부반을 유지하면서 처음부터 체육이 YMCA 핵심 활동의 필수적인 부문이 되었다. 전체적으로 YMCA의 발전, 특히 체육 부문은 제한된 상황에서 활동해야 했기 때문에 많은 지장을 받았다. 1907년 미국 기업인 존 워너메이커(John Wanamaker)[42]가 4만 달러를 기부해 서울의 주요 간선 도로인 종로에 3층 건물의 서울 YMCA가 건립되도록 했다. 이로서 서울 YMCA는 그때까지 활동하고 있던 2개의 임시 목조 건축물에서 나올 수 있었다. 하지만 YMCA는 1916년 본 건물 왼쪽에 새로 추가된 체육관 건

41) Koen De Ceuster, European Journal of East Asian Studies, 2003. Vol. 2, No. 1, (2003), pp.53~58.

42) 1838년 필라델피아에서 태어나 상점 점원을 거쳐 필라델피아 워너메이커 백화점을 세웠으며 뉴욕에도 같은 이름의 백화점을 세울 만큼 자수성가한 기업인. 정치와 종교 활동도 열심히 해 베다니 주일학교를 세웠고 미국 최초의 위생 박람회를 열었다. YMCA 운동을 주도해 인도 YMCA를 창립했고 B. 해리슨 대통령 정부에서 우정 장관으로서 우편 전산망을 정비하기도 했다. 펜실베이니아에서 1922년 사망.

교회로 사용 중인 옛 YMCA 건물 앞에 서있는 아펜젤러 선교사와 아이들. 현재의 종로 중앙교회. ⓒ 드루대

물(달리기용 트랙 포함)이 세워질 때까지 운동할 수 있는 공간이나 보관함, 샤워시설 같은 것이 없었다. 시설뿐만 아니라 1916년 B. P. 반하트가 스포츠 부문 강사로 올 때까지 본격적인 스포츠 프로그램은 시작하지도 못했다"

YMCA의 전문적인 스포츠 활동이 반하트에서 시작됐다는 쿠스터의 논문에서 또 주목되는 내용은 반하트가 YMCA의 외국인 고문으로서 스포츠를 '한국을 사회 문명화' 시키는 도구로 보는 관점이다. 일제강점기 당시 YMCA 지도자들은 민족주의적 입장에서 스포츠를 활용할 수밖에 없었던 데 반해 반하트는 외국인으로서 스포츠의 '사회 문명화' 기능을 더 중시했던 것이다.

"근대 한국의 스포츠 역사는 대부분 알려지지 않은 전인미답의 영역이다. 현존하는 몇 편의 연구는 식민지 시대 역사를 민족주의자의 관점에서 영향을 받은 기록물들이다. 하지만 연구자는 식민지 한국에서 새로운 스포츠는 사회적 개혁의 매개체로 보고자 한다. 알렌 굿맨(Allen Guttmann)이 정의한 것과 같은 현대 스포츠는 한국이 식민지로 되기 훨씬 이전부터 YMCA에 의해 소개되고 전파되었다. 식민지 지배자에 의한 공공연한 박해를 막아내면서 YMCA는 식민지 시대(1910~1945)의 대부분 시기에 스포츠 발전에서 중요한 역할자였고 스포츠 담론(discourse)의 중요한 생산자였다. 이와 관련하여 당시의 스포츠는 YMCA의 외국인 스포츠 고문 바이런 반하트에 의해 강조된 스포츠의 사회 문명화라는 관점과 한국인 YMCA 지도자들에 의해 옹호된 스포츠의 정치적(민족주의적) 관점으로 명백하게 구분된다."

한편 쿠스터는 논문 중 4장 'YMCA의 한국사회 현대화와 운동 발전 및 문명화 사명'에서 "서울 YMCA는 북미 YMCA 위원회가 파견한 (체육) 전문 강사 반하트의 지원을 받고 한반도에서 최고의 실내 스포츠 시설을 소유하게 되면서 식민지 시대 한국 스포츠 진흥의 최전선에 우뚝 서게 되었다. 스포츠 부문에 대한 YMCA의 참여, 특히 외국인 고문 반하트는 노베르트 엘리아스(Nobert Elias)가 말한 '문명화(civilisation)' 43를 향해

43) 노베르트 엘리아스를 부정하는 상대주의를 배격했다. 그는 중세로부터 근대 부르주아 사회에 이르기까지 유럽인의 삶의 변화를 일종의 문명화 과정(process of civilisation)으로 파악하였다. 구체적으로

나아가도록 한국의 젊은이들을 돕는 노력을 했다."면서 그의 역할을 구체적으로 다루고 있다.

"반하트는 1916년 한국에 왔는데 엄격한 종교적 사명을 띠고 왔다기보다는 한국에서 사회적 문명화를 이룩하는데 더 큰 목적을 두었다. 그는 YMCA 스포츠 부문의 매니저로서 한국인들을 근대화시키는 데 있어서 스포츠의 교육적 역할에 대해 잘 이해하고 있었다. 〈두 번째 갖는 인상〉이라는 기고문[44]을 통해 반하트가 이룩한 두 가지 공헌을 알 수 있는데 하나는 1920년대 초 한국에서 일어나는 변화와 문명화, 근대화 과정에서 맡은 YMCA의 역할과 그 같은 변화를 해 나가는 과정에서 보여준 스포츠 프로그램의 역할이다. 선교사 사회의 분위기가 전통적으로 선심 쓰듯 하는 것이었던데 비해 반하트는 1922년 이 글에서 '한국인 도시 거주자들을 어떻게 근대화시킬 것인지'에 대한 언급을 하고 있다. 그가 주목한 첫 번째 일은 '시간'에 대해 새로운 접근을 시도하도록 한 것이었다. 현대에서 시간은 측정되는 것이기도 하지만 통근, 업무처럼 정해지기도 하는 것이다. 반하트는 여기에 더해 한국인으로 하여금 새롭게 '여가시간'을 갖도록 한 것이다. '여가시간'을 정하면서 한편으로 반하트는 시간관념을 작업 시간을 비롯해, 가족과 함께 시간을 보내는 방법, 사람들이 자신을 위해 시간 계획을 세우는 방법, 공부, 친구 만나기, 놀

국가, 경제, 종교, 예술 형태만이 아니라 일상적이고 본능적인 삶의 각종 경험도 문명화 과정을 거친다는 것이다. 즉, 식사예절, 코 풀기, 침 뱉기, 목욕, 화장실, 성행위 등에서 예절의 세련화가 이뤄지는데 이는 인간의 본능적 충동의 억제로 이를 '문명화'라고 보았다. 여기에 반하트가 한국인 운동선수에게 강조한 스포츠맨십이 포함된다.

44) 반하트, KMF, 1922년 12월, pp.273~274.

기, 기도하기, 체육운동 시간 정하기 같은데 까지 확대했다."

쿠스터는 반하트의 이런 노력들로 "일과 여가시간의 분명한 구분과 여가시간도 어떤 목적을 가지고 사용할 뿐만 아니라 업무시간도 같은 개념으로 목적에 맞춰 사용하면서 사회적으로 중요한 진보가 일어났고 전통적인 농업사회의 사회적 관행이 깨지기 시작했다."고 지적했다. 쿠스터는 "특히 YMCA는 여가시간 중의 질서 있는 행동과 즐기면서도 절제하는 특별한 프로그램을 보급함으로써 한국 사회의 기초를 단단하게 하는데 공헌했다."고 평가했다.

쿠스터는 문명화 과정이 한국인의 일상생활뿐만 아니라 반하트가 주력했던 스포츠 분야에서도 어떻게 나타나고 있는지를 주목했다. 그는 더닝[45]과 엘리아스가 말한 것처럼 문명화 과정에서 자기 절제의 정도가 높아지면 스포츠에서도 단순히 물리적인 폭력의 사용을 자제할 뿐만 아니라 똑같은 규칙을 모든 도전자들이 받아들이게 되는데 반하트는 당시 한국에서 이를 성취했다고 말했다.

"스포츠 조직체로서 YMCA는 앞장서 스스로 한국인 운동 참가자들에게 그 같은 자기 절제의 정신을 심어주는 일을 담당했다. 이 같은 일을 반하트는 같은 기고문[46]에서 자랑했다. 반하트는 한국 야구팀이 최근 열린 경기에서 9이닝 동안 단 한 번도 항의하는 일이 없었다고 말했다. 또 경기 상대인 외국팀을 존경했으며 심지어 경기장에서 담배 피는 것도

45) David Dunning, 미국의 사회심리학자.
46) 반하트, 앞의 글.

자제했다면서 이 같은 한국팀의 행동은 자신이 말한 스포츠맨십의 중요한 발전이라고 설명했다."

쿠스터는 반하트가 이듬해 KMF에 기고한 〈한국의 운동선수와 운동 경기〉47에서 "시합 중의 질서 있는 행동은 스포츠 주최자에게 매우 중요하고 현대 스포츠의 특성 측면에서도 중요하다."고 강조하며 반하트가 이런 사실을 "1920년대 대부분의 기간에 운동선수뿐만 아니라 팬들에게 훈련하고 절제하는 기본적인 스포츠 에티켓으로 자리 잡도록 교육했다."고 밝혔다.

> "운동선수들은 패배 순간에 낙담하여 경기장을 떠나는 것이 아니라 게임이 끝날 때까지 경기를 하도록 배웠다. 선수들은 또 그들이 생각했던 것과 다르다고 해서 신체적으로 싸우기 보다는 심판의 결과를 받아들이도록 교육받았다. 또한 스포츠 팬들에게는 자신이 응원하는 팀이 승리하든, 패배하든 스탠드에서 계속 있도록 교육했다. 이런 스포츠와 관련된 가치 있는 예절들은 스포츠 관련 연맹과 운동규칙을 발전시키고 참여 제한, 경기 심판, 무단 출입자 제재 등 이런 사항을 실천하는 다른 조직체들도 받아들였다."

쿠스터에 따르면 반하트는 "현대사회의 스포츠 수요와 스포츠 활동에서 일어나는 가치 사이에 서로를 필요로 하는 공생관계가 존재하고 있

---

47) 반하트,〈한국의 운동선수와 운동경기〉, KMF, (1923 10월), pp.207~209.

는 것을 알았다."면서 그는 "여가시간을 추구하는 행위가 사회적 가치를 강화하는데 공헌한다."고 여겼다. 그 결과 조직, 질서, 자제, 통제와 같은 말들이 현대를 상징하는 반하트의 키워드가 되었다고 소개했다.

반하트가 스포츠 활동을 하면서 갖게 된 이런 확신은 브로크맨 총무의 발병과 귀국으로 그의 업무를 대신해야 할 1928년부터 한국 농촌이 직면한 경제, 사회적 위기의 타개를 위한 방안으로도 원용되었다. 그는 농촌의 위기 해결을 위해 '조직적인 활동'의 필요성을 강조하면서 YMCA의 농촌개발 노력에 참여했다. 당시 YMCA는 농촌마을의 경제적 상황을 개선하기 위해 농촌 협동 개념을 촉진했는데 반하트는 특히 협동의 필요성에 기반한 응용 스포츠 프로그램의 실시를 주창했다. 쿠스터는 반하트가 체육과 농촌을 접목시킴으로써 "스포츠 활동을 통해 갖게 된 가치관은 마을 공동체의 결속을 강화하는데 크게 기여했다. 스포츠가 현대 사회가 요구하는 절제와 훈련을 실습하는 연습 프로그램이 된 것이다. 육체적 노력이 포함된 경쟁적 여가활동으로서 스포츠는 운동 참가자들에게 현대 사회가 필요로 하는 자기 절제심을 준비하고 강화하도록 해줬다."[48]고 보았다.

반하트의 스포츠를 통한 도시와 농촌의 근대화 기여에 대해 쿠스터는 그의 활동이 '애국계몽운동'으로 변화한 점을 주목했다. 그 변화 과정을 쿠스터는 다음과 같이 밝혔다.

"한국의 체육교육 담당 책임자로 YMCA 국제위원회에 의해 파견된

---

48) Koen De Ceuster, p.72.

바이런 반하트는 미국인이 이해하고 있는 현대 스포츠의 소개를 위한 전달자로 역할을 했다. 반하트는 외국인 선교사들이 주요 독자인 KMF에 실린 글을 통해 '한국 사회에서 문화적 논쟁을 하다 보면 국외자임을 확인하게 된다' 고 말했다. 그는 한국에서 YMCA가 내놓는 메시지가 도시의 중산층들에게 건전한 시간 보내기와 사회적 소외현상 같은 것을 깨뜨리는 기회를 제공하며 도시의 중산층들에게 더 큰 역할을 하고 있다고 생각했다. 식민지 한국에서 YMCA는 사회 상류층 사람들로 충원됐고 국가 자주독립을 위한 투쟁의 과정으로 YMCA 프로그램 목적도 재설정된 것이다. YMCA가 추구한 건강교육은 한국에서 애국계몽운동이라는 국제적인 변종으로 나타났는데 당시 한국 YMCA 지도자들은 '스포츠의 적합성이 건강문제에만 국한되는 것이 아니고 미래 한국 젊은이들의 도전 정신을 튼튼하게 할 사회적, 도덕적 기량을 가르치면서 인격 형성에도 기여할 것' 이라는 반하트의 신념을 공유했다. 국가적으로 적자생존이라는 관점에서 보면 한국의 지성인들은 한국 젊은이들이 스포츠를 통해 육체적으로 건장하게 됨으로써 그들의 도전 정신에 나라의 운명이 달려있다고 연관시켰다."

한편 쿠스터는 논문의 결론 부분에서 YMCA와 반하트의 공로를 "스포츠가 한국 사회를 문명화시키는 유용한 도구가 되도록 했다."면서 다음과 같이 정리했다.[49]

---

49) 위의 논문, pp.87~88.

"한국에서 현대 스포츠는 19세기 말 새로운 현상이었다. 건강교육 프로그램의 일부로 근대화된 학교에서 처음 소개된 스포츠는 1910년대 청소년들이 좋아하는 여가시간 소일거리가 되었다. YMCA는 (전 세계적으로) 현대 스포츠의 전파에 중요한 역할을 했는데 거트맨[50]의 현대 스포츠의 개념에 따라 YMCA는 스포츠의 규칙을 전파하고 지키도록 했으며 경쟁대회를 조직하고 기록을 유지하도록 했다. YMCA의 조직적인 활동은 다양한 스포츠 분야에서 리그를 하도록 하면서 스포츠의 경쟁을 새롭고 높은 수준이 되도록 했다. 이러한 발전은 외국인 스포츠 고문 바이런 P. 반하트의 훌륭한 조언 없이는 이뤄질 수 없었다. (한국을) 문명화시키려는 사명을 갖고 온 미국인 반하트는 한국의 스포츠 문화를 미국의 스포츠 문화와 같은 것으로 만들었다. 그 자신이 스포츠 애호가였던 반하트는 한국인들 사이에 스포츠의 인기가 높아질 것에 대해 전혀 의심하지 않았고 분명히 그와 같이 될 것이라고 생각했다.

이 같은 반하트의 생각은 식민지 시대 한국의 엘리트 지도자들의 반응과는 대조를 이룬다. 한국의 지도자들은 스포츠가 국가(민족)적 목표에 도움이 된다고 생각했다. 오락이면서 경쟁적 요소가 있는 스포츠의 목적은 궁극적으로 한국을 강하게 만드는 것이라고 보았다. 각 개인의 유기적 결합체가 국가라고 생각한 한국의 지도자들은 국가의 강한 힘은 총체적으로 그 국가 구성원의 강한 힘으로부터 나오는 것이라고 보았다. 단지 이런 국가적 목표를 넘어서서 스포츠는 (한국 사회를) 문명화시키는데도 유용한 도구였다. 사회진화론을 주장하는 다위니즘(Darwinism)

50) Allen Guttmann, 1932~ , 현대 스포츠의 특징으로 세속성, 평등성, 전문화, 합리화, 관료화, 계량화, 기록추구를 꼽았다.

주장자들의 생존경쟁론이 지배하는 국제사회에서 한국은 문명세계로 오를 수 있는 사다리를 (스포츠를 통해) 갖게 되었다. 여기에 한국민들의 불요불굴의 정신은 국제사회에서 한국의 위치를 확보하는 중요한 요인이 되었다. 경쟁 스포츠는 전쟁의 대체재가 되었고 전쟁을 넘어서는 존재로 부각되었다. 운동선수들은 군인이 전쟁에서 필요한 것을 배우듯이 운동 기술을 배웠다. 또 어떤 한국팀이 일본 선수단을 무찌르면 한국팀이 느낀 그 승리의 맛은 일본군을 으스러뜨린 것처럼 달콤한 것이었다."

반하트의 주요 임무였던 한국에서의 스포츠 활성화는 반하트의 의도를 넘어서서 일제강점기 사회 실천운동으로 발전했다는 것이 쿠스터의 시각이다.

"스포츠 관중들은 위와 같이 감정들을 공유하는 한편, 관중들은 국가와는 무관하다고 여겼던 스포츠에 대한 생각을 당시 엘리트 지도자들이 생각한 것(강한 민족, 강한 국가)처럼 점점 바꾸게 되었다. 식민지 사회가 지속되면서 한국의 스포츠는 엘리트 지도자들에 의한 관리를 벗어나 관중들의 스포츠로 자체 동력을 키워나갔다. 당시 사회적 통제에 따른 상실감으로 인해 (3.1운동처럼) 좌절감이 폭발되기도 했으나 능력이 부족한 상태로 독립을 성취하지는 못했다. 스포츠에 대한 의미 해석을 놓고 다툼이 있었으나 전반적인 새로운 형태의 가치와 동기가 인정되면서 사회 실천운동으로 스포츠를 발전시키게 되었다."

쿠스터가 밝힌 것처럼 반하트는 스포츠를 통한 한국 사회의 문명화에 큰 기여를 했다. 1920년 창간된 동아일보에 스포츠와 관련해 반하트의 이름이 나온 경우는 50여 회에 이른다.[51] 주로 농구 경기에서 심판으로 활동한 내용이 주류를 이루고 다른 운동 경기와 관련된 내용도 있다.

1	19221023	3	興味橫溢한國際的競技
2	19281115	2	籠球리—그戰
3	19290101	23	朝鮮體育界의 過去十年回顧【一】
4	19291111	2	籠球리-그戰 =第四日=
5	19291121	7	籠球리-그戰 = 第八日 =
6	19291128	7	籠球리-그戰
7	19301112	2	平壤基督靑年 中央不信任
8	19301119	7	籠球리—그戰 -第十日經過-
9	19301121	7	籠球리—그戰—第12日經過—
10	19301126	7	籠球리—그戰 —第16日經過—
11	19301128	7	籠球리-그戰-第18日經過-
12	19310529	7	劈頭부터白 化한 籠球選手權大會
13	19310601	2	决勝戰經過 普專41百合32
14	19311115	7	第五回籠球聯盟戰第七日
15	19311204	7	第五回籠球聯盟戰第21日 協實猛烈히追擊 勝利는中東에
16	19311206	7	第五回籠球聯盟戰第24日 新進京實軍의苦戰 徽文依然全勝
17	19320522	7	第二回中等校 籠球經過 一回戰四께임
18	19320524	7	中等校籠球 協實優勝
19	19330519	2	選手權을 目標삼고 勇躍하는 籠球各軍
20	19330520	2	흐린하눌에 타오르는 熱과技의籠球接戰
21	19330913	2	오늘 부터 四日동안 學生籠球大會開幕
22	19330914	2	滿塲觀衆을興奮시킨 劈頭延長戰의壯觀
23	19330915	2	全朝鮮學生籠球
24	19330916	2	中學團準準决勝戰
25	19330917	2	遠來의宣川信聖善鬪 中東과普專이優勝
26	19330918	2	中央基靑主催 本社後援의 學生籠球 兩决勝戰의經過
27	19331125	2	中等籠球聯盟戰第15日 大東、協實、中東三팀 第十五夜에各勝
28	19331126	2	中等籠球聯盟戰第17日 依然全勝의中東
29	19331205	2	中等籠球聯盟戰第24日 首位의同志戰 凱歌는中東에
30	19331207	2	中等籠球聯盟戰第26日 꼬울한두개差로
31	19331210	2	中等籠球聯盟戰第29日 養正軍力戰하야 全勝의中東을擊退
32	19331212	2	中等籠球聯盟戰決勝 空前의白 戰演出 月桂冠은中東에!
33	19340117	2	점점佳境에들어가는 靑年籠球聯盟戰
34	19340119	2	妙技續出한長投戰 百合과수리各勝
35	19340123	2	百合31三角24
36	19340525	2	選手權爭奪戰開幕 興味많을今日競技
37	19340526	2	競技는佳境으로 稀有의白熱戰
38	19340527	2	白熱戰繼續中 中東 高가快勝

51) 해당 일자의 기사를 찾아보면 대부분 반하트는 농구 심판으로 나온다. 7번 항목은 인사 문제로 서울과 평양 YMCA 간의 불화를 다룬 기사이다.

39	19340529	2	連戰連勝!四日에 籠球覇權은中東에
40	19340914	2	遠來의崇中軍快勝 養正은準决勝에
41	19340915	2	延專과世專은决勝에 海州、平壤{中學}各勝
42	19340916	2	學生籠球選手權 延專과中東陳頭에
43	19341101	2	今日의戰順 一日京城運動場
44	19341110	2	無敵野球의 米軍瞥見【一】
45	19341111	2	籠球聯盟戰中學部第三日 원싸이드四께임 徽文·徽新·中東·養正各勝 一高는接戰後得
46	19341113	2	本社主催·朝鮮體育界現下問題座談會
47	19341114	2	出席한諸氏 無順
48	19341114	2	籠球聯盟戰中學部第五日 同點을되푸리하며 白熱化한接戰
49	19341115	2	日時 十一月十二日午後五時二十分 場所 市內敦義洞明月舘 出席諸氏
50	19341118	2	體育界現下問題座談會⑤
51	19341118	2	籠球聯盟戰中學部第九日 養正全勝의塔 大東에게깨어저
52	19341120	2	籠球聯盟戰中學部第十日 徽文力戰不及 中東軍依然首位
53	19341125	2	籠球聯盟戰中學部第15日 京實이二高이겨 中東依然首位
54	19350119	2	遠來의崇仁商業籠球 中東과熱戰을相交
55	19350217	2	基靑理事詮衡 委員會風波
56	19350927	2	學生籠球選手權의 最後의王座도不遠
57	19350928	2	今年度選手權을決할 學生籠球의最後日
58	19350929	2	專門엔延禧、中學엔 中東이連三年制覇
59	19351106	2	救世軍育女展 八일오후정동서

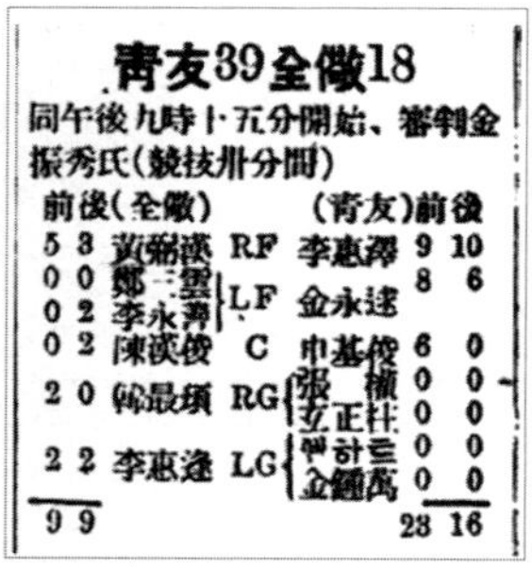

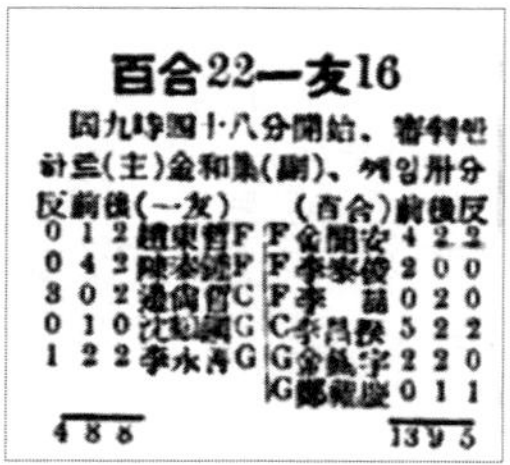

(왼쪽) 농구대회에 출전한 반하트. YMCA 청우팀 소속으로 전경팀과 시합. 반 하트는 왼쪽 가드로 뛰었다(1928년 11월 15일자 동아일보 2면).
(오른쪽) 백합팀 대 일우팀의 농구 시합에서 반하트는 주심으로 활약했다(1930년 11월 21일자 동아일보 3면).
ⓒ 동아일보

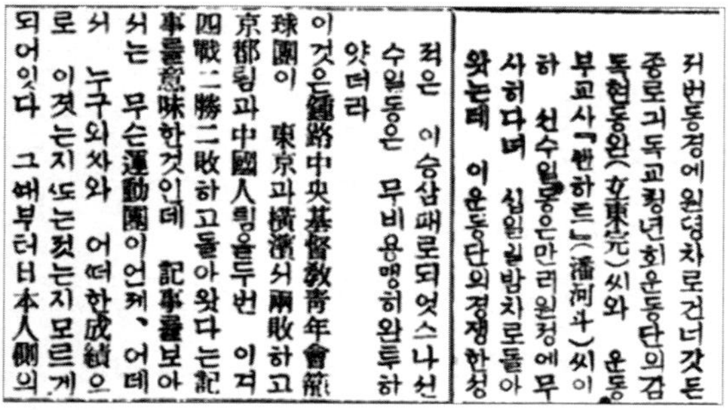

YMCA팀의 일본 원정기사를 소개한 동아일보 기사. 운동부교사 '빤하트(潘河斗)'의 이름이 보인다(1920년 4월 14일자 동아일보 3면). ⓒ 동아일보

4. 체육 이외의 활동

- 실업교육, 농촌교육, 독립운동 등

반하트는 체육사업을 자신의 주 업무로 생각했으나 청소년 사업을 함께 맡지 않을 수 없었다.

청소년 사업은 YMCA 사업의 실제 주력 사업이어서 체육 교육 사업과 밀접한 관련이 있었다. 그는 매년 보고서에서 "언제나 마찬가지로 Y 청소년부는 청소년들의 일반적인 요청에 부응하기 위해 유익한 친목 활동을 제공하고 있다."면서 청소년 관련 사업 결과를 빠짐없이 보고했다.[52]

"청소년 사업은 대중적인 주제와 위대한 인물에 대한 강좌가 특히 인기를 모은다. 이런 성격의 강좌 8개에는 지난 1년간 3,840명의 청중이 있었다. 이런 강좌들은 한국 청소년들의 마음을 보듬어 주는 내용들이다. 제목을 보면 "국민의 삶과 그 전환점", "시대가 필요로 하는 젊은이의 유형"과 같은 것들이다.

52) 반하트, 1918년 연례보고서.

또 두 번의 연주회와 고급 영화 두 편도 대부분이 학생인 2,000명의 관중이 열광적으로 즐겼다. 두 번의 연주회는 청소년들이 자체적으로 한국인 간사들의 도움을 받아 주선하고 홍보한 것이었다. 문학, 바이올린, 연극, 일본어와 영어 회화 클럽은 1주일에 한 번씩 모임을 갖는 매우 인기 있는 클럽들이다. 또 1년에 여섯 번 있는 산과 강으로 가는 하이킹 모임과 회관에서 하는 회원 식사 모임은 부담 없이 참석할 수 있는 활동들이고 분과위원회 모임과 회원 확장운동은 서비스 부서로서는 그들의 능력을 보여주는 많은 기회가 되기도 한다. 이와 관련해 청소년들이 구입한 회원권이 최근까지 490개나 되고 대부분 위와 같은 활동에 참가한 학생들이 낸 것들이다. 이들 청소년들을 보는 것만으로도 즐거운 일이 아닐 수 없다. 청소년부는 정말 살아 움직이는 곳이다."

이어서 반하트는 YMCA가 청소년들의 생활 중심지로서 역할을 톡톡히 해내고 있다면서 강연과 친목 활동뿐만 아니라 정규학교를 다니지 못하는 어려운 환경의 청소년을 위해 교육 부문에서 큰 역할을 하고 있음을 밝혔다.

"Y에서 운영하는 교육과정에는 568명의 학생이 다니고 있다. 이들 중 절반은 야간학교 학생이고 절반은 주간학교 학생들이다. 이들은 정규 교과과정에 따라 공부하고 있지만 Y 학교에서는 상업교육을 좀 더 시키려 하고 있다. 그 결과 일본어와 영어 교육을 많이 하고 있는데 그 이유는 상업용어가 두 언어로 되어있기 때문이다. (중략)

Y의 근로청소년 학교는 모든 학생들이 결석하지 않고 출석하는 기

록을 계속 세우고 있다. 지난 3년 동안 할당된 모든 교실이 항상 학생들로 붐볐다. 이들 30명의 청소년들은 근로자 계급의 가정에서 오고 있다. 그들은 스스로 낮 동안 하루 종일 일을 하고 저녁에는 학교에 출석하고 있다. 모두 아주 열심히 공부하고 있는데 많은 학생이 몇 마일을 걸어와 출석하고 있다. 학교는 기본적으로 무료로 운영되고 강의는 교육받은 젊은 교사들의 자원봉사 형태로 실시되고 있다. 이들 교사들은 그 같은 봉사가 같은 민족과 인간에게 제공할 수 있는 자신들의 일이라고 생각하고 있다. 물론 이 학교에서는 초등학교 과목만 가르치고 있다. 학생들은 이 학교에서 실제로 교육이라는 것을 처음 받아보고 있다."

반하트는 1919년에 체육위원회를 소개하며 "위원들과 함께 일하면서 좋은 결실을 얻고 있고 스트레스를 자주 받는 필자에게 많은 즐거움을 주고 있다."고 밝혔다. 그는 스트레스가 생기는 이유로 "일상적인 업무만으로도 분주했지만 특히 일제의 관청과 관리를 상대하는 대관(對官) 업무로 많은 정신적 압박을 받았다."고 말했다.

"나는 실제로 일본인 자체에 대해 미워하지는 않는다. 또한 미국인이라고 해서 더 사랑하는 것도 아니다. 내가 하는 일 중에서 가장 증오하는 것은 일본식 시스템을 비롯해 불필요하고 복잡한 공문서, 요구사항, 규제와 같은 것들이다."

3.1운동이 일어난 1919년은 그 정도가 더 심했는데 3.1운동 당일 반

하트가 직접 겪은 일을 부인 번은 회고록[53]에 다음과 같이 소개했다. 반하트는 3월 1일 당일 외출했다 들어오며 받아뒀던 독립선언서 2장을 갖고 있어 큰 문제가 될 수도 있었는데 한 장은 의자 밑에 감추고 한 장은 씹어 삼켜야 할 만큼 긴박한 순간이었음이 부인 번의 글에서 그대로 느껴진다. 이런 일이 반하트의 스트레스 지수를 얼마나 높였을지 상상이 된다.

"1919년 3월 1일 한국에서는 독립운동이 일어났는데 33인 대표들이 일제로부터의 독립을 선언하는 문서에 서명했고 그 같은 취지로 전단지를 인쇄했다. 그날 오후 2시 한국 전역에서 크고 작은 군중들이 모였고 '한국의 만년(萬年)'을 뜻하는 '만세'를 외쳤다. 이에 놀란 일제는 시위가 계속되자 많은 사람을 체포하고 살해했다. 서울 YMCA에는 구내에 인쇄시설이 있었기 때문에 일경은 YMCA가 전단지를 인쇄했다고 즉각적으로 의심하고 조사했다. 대규모의 인파가 YMCA에서 가까운 한 공원(탑골)에 모인 지 몇 분 후에 경찰 본부는 YMCA를 수색하기 위해 여러 명의 경찰들을 보냈다. 그 시간 YMCA에는 미국인 총무와 그와 함께 한 몇 명이 있었는데 한 방으로 몰아넣고 감금했다. 남편(반하트)은 시위가 발발하기 몇 분 전에 YMCA 건물에 들어섰는데 들어올 때 그의 손에는 건네받은 전단지(독립선언서가 인쇄된) 2장이 있었다. 그는 전단지를 책상으로 가져가 한국인 직원 중 한 명에게 보여주고 통역을 부탁하려고 했다. 하지만 경찰이 사무실로 들어오는 것을 보고 즉시 전단지를 주머

53) 진 반하트 조스트, 앞의 책, pp.70~71.

니에 집어넣었다. 건물 안에 있는 사람은 누구나 감금돼 수색을 받았다. 같이 수색을 받던 직원들은 남편 반하트가 전단지를 갖고 있는 것을 알았기 때문에 그의 안전을 걱정했다. 그러나 경찰이 남편을 수색했을 때는 아무것도 발견되지 않았다. 남편은 접이식 의자에 앉아 있는 동안, 전단지 한 장은 의자의 아래쪽 철판 사이에 끼울 만큼 아주 작게 접을 수 있었다. 그리고 다른 전단지 한 장은 씹어서 삼켜 버렸다."

부인 번은 같은 글에서 자신이 직접 보고 들은 3.1운동에 대해 쓰며 일제의 3.1운동 탄압을 홀로코스트라고 불렀다.

"독립선언서에 서명한 33인은 식당에서 경찰에 전화를 걸어 경찰이 올 때까지 그곳에 있겠다고 알렸다. 그들은 감옥에 보내질 것을 알고 있었고 각자 집에서 끌려가는 것보다는 함께 있다가 가는 것이 낫다고 생각했다. 이들 33인은 오랫동안 갇혀 있었다. 나는 이들이 감옥에 있는 동안 무슨 일을 당했는지, 또 석방된 후 어떻게 되었는지 잘 모른다. 만세시위 운동 기간 중에 엄청난 비극들이 많이 발생했다. 서울로부터 멀지 않은 한 마을의 경우, 모든 교인들을 교회에 오도록 해 모아 놓은 뒤 교회에 불[54]을 질렀다. 단 한 명만 빠져나와서 살았는데 그는 후에 우리 집에서 일을 했다. 그러나 그는 당시 경험했던 비극의 결과로 생긴 트라우마를 완전히 극복할 수 없었다.

우리는 앞쪽 현관에서 큰길을 볼 수 있었는데 만세운동 첫날 시위자

54) 제암리 교회 방화 학살 사건.

사진 설명은 큰 종(Big Bell)으로 되어 있지만 보신각 현판이 보인다. 반하트가 자주 왕래했던 곳이다.
Ⓒ 드루대

들을 목격할 수 있었다. 작은 수의 사람들이 모여 군중이 되자 '만세' '만세'를 외쳤다. 얼마 후 그들은 흩어졌는데 언덕에 숨어 있다가 잡혀서 감옥으로 끌려갔다. 감옥에서 그들은 말로 할 수 없는 고문을 당했는데 홀로코스트였다!"

한편 1919년의 연례 보고서[55]에서 주목되는 내용은 3.1운동이 엄청난 한민족의 항일 독립운동임을 반하트도 인식하고 5개월 동안 갇혀있었던 한 한국인 간사의 옥중 생활을 보고서 첫 장에 자세히 기술해 놓고 있는 점이다.

---

55) 반하트, 1919년 연례보고서.

“5개월간의 감옥 식사

그는 나에게 자신에 대한 이야기를 했다. 꼭 5개월 전 그는 우리에게 전화를 해 ‘체포돼 경찰서에 있다’고 알려왔다. 나는 그가 재판을 받기 전에는 5개월이나 갇혀있게 될 것이라고는 전혀 생각하지 못했다. 마침내 일본 정부에 대한 음모와 관련해 무죄 선고를 받고 석방된 후 그와 나는 다시 자유의 공기를 마실 수 있던 산속으로 잠시 여행을 했다. 우리는 높은 봉우리들을 보고 우리의 폐를 산소로 가득 채웠는데 그때 그는 이렇게 큰 소리로 말했다. ‘하나님은 나에게 선한 존재이다. 불과 며칠 전에 나는 어려 명의 다른 사람과 함께 1.8㎡의 감방 안에 있었다. 우리는 매일 하루에 3분을 제외하고는 그 방에 갇혀 있었다. 우리는 음식을 구멍을 통해 받았고 어두워서 읽는 것도 어려웠다. 이야기를 많이 하는 것도 금지됐고 먹는 것은 형무소 당국이 아주 조금 줬다. 그러나 지금 나는 자유인이다. 나는 온통 신선한 공기를 마시고 나를 둘러싸고 있는 것은 하나님의 영광과 아름다움뿐이다. 하나님은 나의 곁에 있는 친구이고 내 마음속에는 하나님에 대한 사랑뿐이다. 얼마나 하나님에게 나를 봉사하고 싶은지 모르겠다.’ 그리고 그는 이런 이야기도 더했다. ‘형무소 당국은 나에게 개인 성경을 갖도록 해줬다. 감옥에 있는 동안 나는 신약을 두 번 읽었다. 감방의 동료들은 내가 성경 읽는 것을 자주 듣곤 했다. 그들은 그리스도에 대해 관심을 갖기 시작했고 나는 그들에게 그리스도에 대해 말을 해줬다. 그리고 우리는 다 함께 기도했다. 매일 아침과 저녁 일과를 알리는 신호가 울리면 우리 크리스천 모두는 주님께 기도했다. 비록 우리 교인들은 다른 감방에 있었지만 통합된 기도문이 알려지도록 했다. 우리 감방에 있는 비기독교인들도 우리의 기도를 듣고 내용에 존경한다는 뜻으로 기도하는 동안 일어서 있었다. 그리스도는 우리의 기도를 들어주시고 우리를 보호하고 격려해주셨을 뿐만 아니라 많은 사람이 주님을 믿도록 만들어 주셨다. 그리고 이제 하나님은 나를 이 아름다운 장소로 불러 주셨다.'

지하 감옥에도 불구하고

산을 내려갈 때 내 마음속에는 '환난과 핍박 중에도 성도는 신앙 지켰네(Faith of Our Fathers Living Still)'가 계속 울렸다. 왜냐하면 그 내용이 바로 지금 여기에 있기 때문이었다. 바울과 베드로, 요한이 지켰던 것과 똑같은 살아 있는 신앙이었다. 한국에는 3.1운동과 관련해 그 같은 신앙을 가진 사람들로 가득 차 있다. 매일같이 우리의 귀에는 주님을 위한 위대한 신앙과 아름다운 희생에 대한 새로운 이야기가 들려왔다. 우리 YMCA의 한국인 간사들 중 몇 명도 그 같은 새로운 이야기의 주인공이었다.

이처럼 이들 간사들의 마음에 넘쳐흐르는 신앙을 품고 서울 YMCA의 간사와 위원회는 가을과 겨울에 할 사업을 계획했다. 정치적인 불안과 박해, 오해에 따른 위험에도 불구하고 간사와 위원들은 지난해 보다 더 훌륭한 결과를 위해 기도했다. 한국인들은 항상 믿는 자세로 일해 왔다. 하지만 1919년 3월 이후, 한국인들은 '믿음의 사람 이상의 모습'을 보여줬다. 그들 한국인 기독교인들은 모든 한국인을 놀라게 한 새로운 형태의 지도력과 희생하는 아름다운 능력, 강한 결단력을 보여줬다. 이런 점이 지난해(1919년) 있었던 특별히 중요한 사실이다."

위와 같은 열악한 국내 상황에서도 상업과 공업 교육은 여전히 진행되고 있었다. 반하트는 이들 교육생 수료자들이 좋은 일자리를 찾아 대부분 취업을 하고 수요도 많다고 함으로써 일제 강점 아래서도 신기술로 어떻게든 살아보려는 당시 젊은이들의 진취적 기상이 느껴진다. 나아가 상업 공업에 대한 교육이 거의 없는 상황에서 서울 YMCA가 '센터' 역할을 하고 있는 것이 밝혀진다. 특히 반하트는 졸업생들이 YMCA의 봉사 정신을 자신들의 일터에까지 가져가고 있음에 주목하며 한국에서 YMCA 운동은 보람 있는 것임을 강조했다.[56]

"2년 전 YMCA의 교육 부문 재편 이래 교육 관련 교실은 최대의 등록 인원을 기록했다. 담당 교육부장은 가장 어려운 직책을 매우 충실하게 수행하고 있다. 우리는 그 같은 인격을 가진 진취적인 젊은이와 함께 일하게 된 것을 매우 기쁘게 생각한다. 교과 수업은 기본적으로 공업 교육이나 상업 교육에 출석하는 젊은이들에게 제공되는 것이다. 우리 졸업생들은 좋은 일자리에 취직했는데 만약 우리가 유능한 사람이라고 추천만 하면 우리 졸업생들에 대한 수요는 많았다. 이 학교는 마치 서울이 산업 센터로 빠르게 성장하는 것처럼 매년 해가 갈수록 성장하고 있다. 그에 따라 우리 젊은 졸업생들에 대한 수요는 현재보다 훨씬 커질 것으로 전망된다. 우리 졸업생들은 YMCA의 봉사 정신을 자신들의 일터에까지 가져가고 있다.

56) 위의 보고서.

근로청소년들을 위한 우리 학교는 우리 간사들과 크게는 YMCA에 언제나 큰 기쁨을 주는 존재이다. 몇 년 전 세워진 이후 아무런 기회도 갖지 못했던 근로청소년들에게 우리 학교는 기독교에 대한 기초교육을 시킨다는 Y의 목표를 언제나 지켜 온 것이 사실이다. 교육과 개인 지도가 모두 무료로 실시되고 학생들은 백묵과 다른 부수적인 비용으로 한 달에 5센트(일본 화폐로 5전)를 내고 있다. 이 학교를 위한 몇 분 선생님들의 헌신(자원봉사)은 우리의 서비스에도 많은 영감을 주고 있다. 특히 낮에 하루 종일 일하고 매일 저녁 공부하는 학생들의 충실성은 많은 다른 YMCA 사업 분야에서는 찾아볼 수 없는 모습이다. 이들 청소년 중에는 자원봉사 선생님과 협력해 소년부 주관으로 성경공부반을 비롯해 친목행사, 예배, 다양한 교육적 특색을 가진 모임을 하고 있다. 한편 체육부는 이 공업학교 학생들에게 체육 교육을 하면서 몇 가지 아주 훌륭한 체육용 장비들을 학생들의 도움으로 제작해 내기도 했다.

위와 같은 보고서에 이어 반하트는 같은 보고서 2부에서 3.1운동 이후 자신이 본 한국의 상황과 한국인들의 절망감에 대해서도 사실대로 보고하고 있다.

> "표면적으로 일어나는 과정으로 가장 큰 것은 정치적인 변화이다. 일본식 시스템을 비롯해 불필요하고 복잡한 공문서, 요구사항, 규제, 무장하고 있는 경찰과 군인이 여기저기 보인다. 한국 사람들은 이런 모든 것들이 자신들을 겨냥하고 있다고 느낀다. 이에 반해 나는 한국인들이 선교사들을 사랑한다고 느끼고 있다. 그들은 선교사들의 생각이 자신들의 것이라고 생각한다. 한국인들은 교회의 법이 얼마나 엄격한지와 관계없

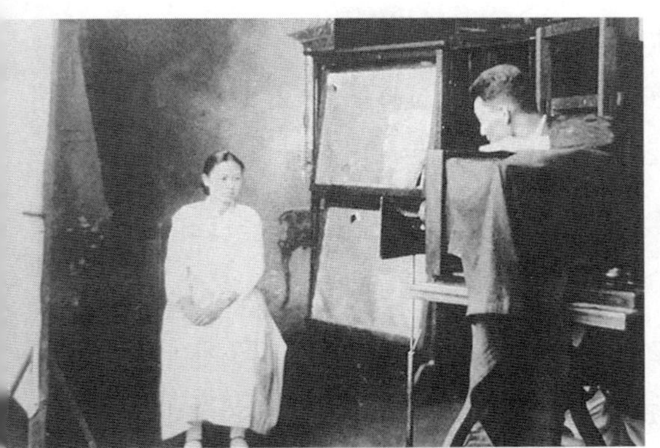

YMCA 직업 교육 중 사진 실습. © 서울YMCA

이 교회의 가르침을 존중하는데 그 이유는 교회법이 그들을 더 나은 한국인으로 만들어 주기 때문이라고 생각한다. 이는 매우 중요한 차이로 일본 정부는 한국인을 일본인으로 만들려고 하는데 반해 선교사들은 한국을 천국에 맞도록 하려고 노력하기 때문이라는 것이다. 새 일본 정부(총독부)는 최근 한국인을 일본인으로 만드는 '황국신민화' 정책을 공포했다. 하지만 선교사들의 선교정책은 바뀌지 않았다.

한국인들은 (3.1 운동을 통해) 통합된 힘의 맛을 보았고 그 맛이 좋았다는 것을 알고 있다. 그들은 결코 낡은 것들에 만족하지 않을 것이다. 이런 일들로 인해 한국이 더 좋아질지 나쁘게 될지 알 수 없지만 이런 모습이 새로운 한국이라는 사실은 부인할 수 없다. YMCA는 이런 새로운 한국의 요청에 부응하기 위해 엄청난 일을 직접 해야 한다. 이런 일들이 너무 혼재되어 있어 앞으로 무슨 일이 필요할지 결정하는데 매우 혼란스러운 상태이다. 그러나 그 일들이 무엇이든지 간에 YMCA는 일거리들이 오는 대로 마주쳐야 하고 그렇게 하지 않으면 (한국사회로부터) 외면을 당할 것이다. 우리는 미래를 충분히 예상할 수 있는데 현재의 YMCA 시설로는 그 같은 요구들을 결코 감당하지 못할 것이다."

3.1운동의 여진이 계속되는 상황에서도 청소년들에 대한 교육과 체육활동에 매진한 반하트는 1920년 8월 주한 선교사들의 잡지인 〈코리아 미션 필드(KMF)〉에 "서울의 야간학교"라는 제목으로 상당히 긴 글을 기고한다.[57] 체육사업이 주 업무지만 청소년부를 맡고 있던 반하트는 교육 업무도 어쩔 수 없이 담당하게 되어 글의 내용을 보면 서울 YMCA가 하는 업무를 속속들이 파악하고 있음을 알 수 있다. 그는 이 글에서 서울 YMCA가 운영하는 야간학교를 포함해 시내 다른 야간학교까지 함께 조사해 그 결과를 기고했는데 다른 야간학교까지 조사한 이유는 서울 YMCA 야간학교를 개선하기 위한 것이었다. 그의 글을 통해 당시 야간학교의 실태를 알 수 있다.

> "서울의 야간학교는 쉽게 3등급으로 나누어진다. 첫 번째 형태의 야간학교는 고등 등급으로 확실한 전문 교육 실시를 목표로 한다. 두 번째 형태의 야간학교는 중학교 교육이나 중학교 등급과 연관된 수준의 교육을 목표로 하는 곳이다. 세 번째 형태의 학교는 읽기(Reading), 쓰기(Writing), 계산(Arithmetic)의 3R과 기초 A B C를 가르치는 것을 목표로 하는 기초 단계 학교이다.
>
> 고급등급의 학교로는 사립 보성법률상업학교[58]가 대표적이다. 이 학교의 수업시간은 저녁 6시 반부터 10시 반까지이고 수업료는 매월 1원 50전이다. 1년에 9개월 동안 수업이 실시된다. 우리가 알아낸데 따르

57) 반하트, 〈서울의 야간학교〉, KMF, (1920년 8월) pp.164~167.

58) 1905년 이용익 보성전문학교 창립, 1915년 보성법률상업학교, 1921년 보성전문학교, 1932년 김성수 인수, 1946년 고려대학교.

노동야학 1921년 제11회 졸업기념. © 서울 YMCA

면 학생들은 입학시험을 통과해야 하고 학교는 계속해서 120명의 학생만 등록을 받고 있었다. 현재의 과정은 3년제인데 세브란스 의학교처럼 고등 등급의 학교로 만들기 위한 움직임이 시작됐다. 이 학교의 학생들은 실제로 모두 성인 남자인데 학교가 어린 소년이 아닌 성인 남자들에게 입학을 권유하기 때문으로 보인다. 유민회(維民會, Yu Min Whoi)는 학생 50명의 부기(bookkeeping)학교를 운영하고 있다."

반하트는 위의 학교들이 전문학교인데 비해 다음의 학교는 현재의 고등학교 수준의 야간학교들로 평가했다.

"두 번째 그룹의 야간학교(중등과정)는 큰 차이를 찾아볼 수 없었다. 모두 보조적인 형태의 학교로 하는 일도 비슷했다. 아마도 그들 중 일부는 다른 학교에 비해 더 믿을 만한데 그 원인은 학교의 등급이라기보다는 교사 개인의 특성에 있는 것으로 보인다. YMCA를 비롯해 정동학교와 경제학교가 이들 그룹에 포함된다.

한국 YMCA 야간학교는 다양한 과목을 가르쳤는데 영어가 주된 과목이었다. 동양화, 양봉 등 여러 과목이 있다. YMCA의 일반 원칙은 언제든지 한국 청소년들의 마음에 들 만한 과목을 가르칠 교사가 있으면 그 과목의 수업을 시작하는 것이었다. 출석 인원은 계절에 따라 약간씩 다르지만 등록인원은 대략 250명이었다. 비용은 실질적으로 다른 학교와 비슷했는데 다른 점은 학생 모두가 YMCA 회원이어야 한다는 점이었다. 학생들의 연령대는 17~35세로 대부분이 회사에서 일하고 있다.

한편 시내에는 일본인 교사가 가르치는 학교가 하나 있었는데 지난 3.1운동 이후 어떤 학생도 가지 않아 모집에 실패했다. 이 학교는 작은 학교로 지금은 문을 닫고 있는데 이런 사정을 아는 사람은 거의 없다."

반하트가 조사한 마지막 그룹의 학교는 기초 학력을 제공하는 세 번째 그룹의 야간학교들이다.

"기초 단계학교는 한국 관련 과목이든, 외국 관련 과목이든 기초적인 교육을 시키는 게 목표이다. 이 세 번째 그룹은 다시 2개의 하위 그룹으로 나눌 수가 있는데 첫 번째는 근로청소년을 위해 실시되는 무료 야간학교가 있고 두 번째는 어떤 기관에 소속된 사람들을 위해 설립된 야간학교가 있다. 첫 번째 부류의 학교로는 유민회가 세운 학교와 한국

YMCA가 근로청소년을 위해 세운 야간학교가 대표적이다. 두 번째 부류의 학교는 서울의 일본 감리교회와 남 감리교에 의해 운영되는 세 학교가 대표적이다."

반하트가 서울 시내 야간학교를 전체적으로 조사한 후 내린 결론은 매일 저녁도 못 먹고 학교에 오는 학생들을 생각할 때 수업을 매일 저녁 하기보다는 주당 3일 정도가 좋고 야간학교의 수요가 많은 만큼 더 많아져야 한다는 것이었다.

"필자가 생각하기에 야간학교 운영제도의 가장 큰 잘못은 매일 저녁 수업을 한다는 점이다. 설명식 수업이라면 주당 3일 정도가 충분하다고 생각한다. 야간학교에 다니는 대부분의 학생들은 방과 후 집에 갈 때까지 저녁도 먹지 못한다고 한다. 이러한 잘못 이외에 바로 잡아야 할 많은 문제점들이 있는데 그것은 한국인들의 마음에는 주중에 매일 밤 학교를 가지 않으면 공부를 하지 않는 것처럼 생각한다는 것이다. 이런 생각 때문에 기존의 학교에서는 제도를 바꾸는 게 쉽지 않다."

반하트는 야간학교의 커리큘럼이 표준화돼 수료자들의 수준이 일정하도록 해줘야 하고 낮에 노동하며 어렵게 공부하는 청소년들이 보람을 찾을 수 있도록 해줘야 한다고 강조했다.

"YMCA 야간학교에 다니고 있는 한 어린 물지게꾼은 하루 종일 일하고 매일 저녁 출석했다. 3년 동안 이 학생은 하루도 결석하지 않았고 수업 후 매일 밤 4.8km를 걸어서 집에 갔다. 공부에 전념한 대가로 그는 마침내 졸업을 하게 되었다. 우리 학교 운영자들은 비슷한 학교들을 조직하고 도와야 하며 헌신해야 한다. 위에 예를 든 물지게꾼 학생처럼 마음이 배고픈 사람들을 위하여 우리는 이 일을 미흡한 상태로 남겨두어서는 안 된다."

반하트는 야간학교 개선방안 기고문 이외에 1920년에도 연례보고서를 썼는데 앞장에서 쓴 것처럼 북미 YMCA 본부가 보내온 22개 항목의 문의에 대해 답변하는 형식이다.[59] 그 이유를 밝혀 놓지는 않았으나 1919년 3.1운동 이후 한국의 현황 보고에 부담을 덜어주기 위해 문항을 보내주고 그에 대한 대답만 요구한 것으로 추정된다. 문항은 총론, 교회와 YMCA의 관계, 종교 관련 질문, 평신도 지도력, 운영방침, 개인 생활로 돼 있다. 이 가운데 비종교적인 항목으로 체육과 청소년 교육 주제를 다룬 항목을 보면 "(3.1운동이 진행된) 지난 1919년 여름 이래 현지 생활을 하면서 YMCA에 많은 영향을 미칠 것 같은 조짐을 본 적이 있는가?"라는 물음에 대해 반하트는 다음과 같이 답을 하고 있다.

"영향력을 미치는 것이 있느냐와 그게 얼마나 큰지를 정확히 이야기하기는 매우 어렵다. 일반적으로 내가 말할 수 있는 것은 YMCA가 모든 부분에서 성장하고 있고 영향력이 커진 것도 성장의 결과라고 본다. 우리의 회원 수가 두 배나 된 것도 영향력이 증가된 분명한 증거라고 본다.

---

59) 반하트, Question 1920.

체육부의 경우, 도움을 달라는 요청들이 늘 쇄도하고 있다. 체육부 한 곳만 해도 지난 1년간 다섯 명의 지도자를 체육 분야에 배출했다. 이 다섯 명은 해당 분야에서 Y의 영향력을 증진시키고 있다. 한 양반은 '서울의 젊은이들은 YMCA를 빼놓으면 실제로 자신들의 것이라고 할 만한 게 아무것도 없다'고 말할 정도이다. 한국인들은 전보다 올해에 훨씬 더 이런 사실을 인식하고 있다. 이런 사실들이야말로 한국의 YMCA가 영향력을 키워왔음을 분명하게 보여주는 명백한 증거라고 할 수 있다."

또 레크리에이션 활동과 관련해서는 "특히 사교적 친목행사가 많이 열리고 있다. 교회의 오락 프로그램을 돕기 위해 몇 가지 시도가 있었지만 현재까지 큰 성공을 거두지는 못하고 있다. 시작은 성공적으로 했지만 완성에는 시간이 걸릴 것으로 보고 있다."고 말했다. 이는 당시 한국사회가 놀이에 대해 아직 전통적 사고에 머물러 있고 3.1운동이 진행 중인 상황에서 오락활동을 할 분위기가 아니었기 때문으로 보인다.

YMCA의 여러 노력들은 한국인들의 인정을 받아 한국인 스스로 '진정한 자신들의 조직'이라는 인식을 갖게 되었는데 반하트는 그런 인식을 갖게 하는 원인으로 이상재와 윤치호 같은 대표적 YMCA 지도자와 체육 교육 활동에 따른 효과라고 대답했다.

"YMCA는 한국인들이 진정으로 자신들의 것이라고 부르는 기관이 되었다. 한국인이 총무이고 이사들이며 회원은 거의 2,000명에 달한다. 이들 2,000명 회원이 스스로 YMCA를 관리하고 있다. 이런 상황은 미국에서는 통상적으로 이뤄지고 있어 별 의미가 없지만, 현재 상황에서 한국인들이 스스로 관리한다는 것은 엄청나게 많은 의미를 갖는다. 이런 상황은 다른 기관이 서울의 젊은 세대들에게 접근할 수 없는데 반해 YMCA에게는 기회가 되고 있다.

위와 같은 상황에 이어 한국인 지도자들이 YMCA 회원 개인들에게 매우 호감이 갈만한 접근을 한 것도 이유가 된다. 한국이 배출한 최고의 기독교 지도자인 이상재는 종교부 간사이고 최고의 기독교 정치지도자인 윤치호는 YMCA의 총무로 가장 인기 있는 강사이다. 이 두 사람의 주변에는 역량 있는 사람들이 모일 수밖에 없으며 그 결과 능력 있는 개인들에 대해 YMCA는 쉽게 접근할 수 있었다.

한편 체육부도 한국인과 개별적으로 접촉하는데 훌륭한 역할을 했다. 체육부 활동은 꾸준히 비신자들에게 다가가고 그들을 끌어들이고 있다. 이런 사례로 유사 종교단체 지도자의 손자를 들 수 있는데 그 단체는 회원만 수 천 명이다. 그 손자는 체육교실에 출석하고 있으며 농구팀의 인기(스타) 가드이다."

1920년에 이 보고서를 보낸 반하트는 이듬해인 1921년 2월로 만 5년을 근무하게 되자 첫 안식년 휴가를 보내기 위해 귀국했다. 따라서 반하트의 1921년과 1922년 보고서는 없다. 그러나 1922년 안식년에서 귀임한 후 앞장에서 소개했던 KMF 기고문 〈두 번째 갖는 인상〉에서 자신이 새롭게 느끼는 한국에 대한 소감을 비교적 자세히 밝히고 있다. 몇 편 안 되는 기고문 중에서도 이 글은 한국 전반에 대한 그의 생각을 쓰고 있어 사실상의 보고서라고 할 수 있다. 앞서 소개한 체육 관련 내용을 제외한 기

고문 내용은 다음과 같다.[60]

"**두 번째 갖는 인상**[61]

(귀임하면서 갖는 두 번째 인상은 처음 6년 전에 올 때보다) 한국인들이 돈을 더 많이 갖고 있다는 점이다. 서울에 온 후 계속 며칠을 보내면서 (한국인들이 돈을 번다는) 이런 인상은 계속 커지고 있다. 쉽게 말해 이제 한국인들은 (극히 일부지만) 그들이 더 좋아하는 것들을 살 수 있을 만큼 돈을 갖게 된 것이다. 물론 어떤 사람은 수 백 명의 사람이 스포츠 경기를 보기 위해 기꺼이 돈을 내는 이유가 그런 경기에 이제 막 흥미를 갖기 때문이라고 주장하겠지만, 필자가 보기에는 지불할 만큼 돈이 있기 때문에 기꺼이 내는 것이라고 생각한다.

한국인의 모습에서는 두려움이나 근심, 낙담한 모습이 훨씬 줄어들어 보인다. 몇 년 전만 해도 한국인들은 경찰과 마주치는 것을 회피했지만 이번에 보니 그렇지 않았다. (다시 한국에 온 후) 매일 새롭게 관찰하면서 확실히 그런 생각이 들었다. 회의를 개최하기 위해 허가 요청을 하면서 거의 주저하지 않고 말하고 있다. 경찰이 교통 신호와 같은 일을 하기 위해 활용되고 있다는 사실을 한국인들은 마음속에 갖게 되었으며 그 결과 경찰이 (어떤 면에서는) 불가피하다는 생각도 갖는 것 같다.

앞서 말한 문장에서 한국인들은 행복해 보인다고 말했지만, 그렇다

---

60) KMF, 1922년 12월, pp.273~274.

61) 반하트는 1916년 내한한 후 1921년 안식년을 가졌으며 1922년 다시 한국으로 귀임했다. 이와 관련 1년 만에 다시 본 한국에 대한 인상을 써달라는 KMF의 부탁을 받고 〈두 번째 갖는 인상(Second Impressions)〉이라는 제목으로 기고했다.

평양 감리교 학교 어린들의 놀이 시간. 오른 쪽에 빌링스 선교사가 지켜보고 있다. ⓒ 드루대

이화 학생들의 방망이 질을 사진 찍는 빈턴(S R Vinton).
ⓒ 드루대

S R Vinton의 활동사진(movie camera) 촬영기를 옮기기 위해 지게에 싣는 소년. ⓒ 드루대

이화 학생들의 널뛰기. S. R. 빈턴 촬영. ⓒ 드루대

임지고 처리할 일을 그에게 넘겼는데 예를 들면 미국 국제위원회에서 오는 모든 기금과 회계장부 기록 같은 것이었다. 그 결과 나는 나 자신이 특별히 해야 하는 업무와 한국 업무 중 총무 신흥우 씨와 관련된 (브로크맨이 휴가 중이라) 협동총무 일을 할 수 있게 약간 자유로워졌다. 미국 국제위원회에서 오는 금전 수납 관계를 제외하고 나머지 연락 업무는 내가 맡아서 했다. 하지만 모든 연락 업무는 그레그가 서명했든, 내가 서명했든 연결돼 있어 결과적으로 함께 상의하고 결정해야 했다. 나와 그레그는 함께 협력하며 형제처럼 좋은 시간을 보냈다."

반하트는 1923년을 돌아보면서 "나를 가장 고무시켜준 일은 우리 YMCA 안에 크게 일어난 형제애의 정신으로 이는 커다란 희망이었을 뿐만 아니라 엄청난 기쁨이었다. 이런 결과는 개인적으로 나를 가장 고무시키는 일이 되었으며 어떤 때보다 우리 자신을 전진시키는 동력이 되었다."면서 어려운 가운데 함께 해준 한국인 친우들에게 감사의 뜻을 나타냈다.

하지만 일제 통치로 인해 한국과 한국 사회에 내재돼 있는 불안심리와 전통의 속박, 지도자의 부족, 재정적인 곤궁 탓에 보고서에는 별도로 '문제점과 지적할 사항들' 항목을 따로 만들어 보고하고 있다.

"구체적인 문제점은 많으나 그 문제들은 거의 모두 4가지 특별한 원인(공포, 증오, 혼란, 지도력 부족) 때문에 생긴 것들이다. 이들 중의 하나는 공포로 한국인들은 관습, 부모, 친구, 적과 함께 말썽이 될 수 있는 모든 것을 두려워하면서 생긴 문제점이다. 두려움을 해결하기 위해 한국인들에 표현을 무시하는 숭배주의를 싫어한다. 그들은 또 친구끼리 뭉쳐 (개인적인 의사는 무시하고) 단체로 그들의 뜻과 의견을 강요하거나 (은밀히 하는 동양적 스타일로) 정의도 무시한 채 음모를 꾸미기 위해 뭉치는 적들의 시스템도 증오하고 있다. 이밖에도 젊은이들은 경찰의 뒤에 서서 그들의 일거수일투족을 감시하고 모든 사소한 비용까지 검사하며 모든 모임을 하기 위해 허가를 구걸해야 하는 보이는 권력과 보이지 않는 권력을 증오하고 있다. 한국의 젊은이들은 이런 상황에 대해 말로 표현할 수 없이 강하게 증오를 표시하고 있다.

두려움과 증오는 혼란을 불러오고 있다. 실제로 모든 한국 젊은이들의 가슴과 마음속에 정도의 차이는 있으나 혼란 상태에 있다. (나와 같이 있는 시간이 오래되면서) 젊은이들은 나에게 자신들의 가정과 아내, 심지어 친구들도 더 이상 참기가 어렵다고 나에게 말하고 있다. 그들은 악을 찾지 않고 선을 구하고 있다.[63]

그들은 낡은 체제를 두려워하고 또 낡은 체제를 싫어하지만 어디로도 갈 곳이 없다는 게 문제이다. 무엇이 좋고 무엇이 나쁜지? 누가 이들을 지도할 것인지? 누가 이 모든 것을 아는 선생님인지? 한국에는 지금 수 백 명의 미래 지도자가 있지만 젊은이들이 따라야 할 길을 밝히기 위한 진리의 횃불을 누가 들 것인지?

매일 어떤 새로운 지도자가 나오는데 군중들은 따르다 중간에 실망할 뿐이다. 이런저런 기관들이 생기지만 지도력의 부족으로 곧 시들어 버리거나 위축되고 있다. 절대적으로 필요한 것은 지도자인데 현재 지

63) 반하트는 '아주 감탄했다'는 뜻으로 보고서 원문에도 감탄 부호 3개를 사용하고 있다.

도자는 너무나도[64] 없는 상태이다. 그나마 몇 명 있는 지도자들은 그들이 너무 저명하고 힘이 있어 거의 대부분 감옥에 있는데 그 이유는 (당국이) 그들의 힘을 두려워하고 있기 때문이다.

공포와 증오, 혼란과 지도력 부족, 이들 네 가지는 (한국에서) 모든 문제의 배경이 되고 있다. 우리 YMCA의 재정 부족 문제는 전적으로 경제적인 상황 때문만은 아니고 상당 부분은 한국인들이 갖고 있는 두려움 때문이기도 하다. 나는 우리 YMCA 회원들이 갖고 있는 증오를 완전히 없애는 것이야 말로 그들을 하나님의 왕국으로 추수하도록 하는 일이라고 전적으로 생각하고 있다. 한편 혼란을 줄이면 우리 YMCA 운동은 한국의 모든 마을에서 계속적으로 중요한 역할을 할 것이라고 본다. 지도자 훈련 속도를 높이고 훈련하는 지도자의 수를 배로 늘리는 방법을 시행하면 YMCA는 한국인들에게 말로 할 수 없는 혜택을 줄 수 있을 것이다. 우리는 한국에서 뽑을 수 있는 최고의 지도자를 보유하고 있지만 한국에서 충분히 일할 만큼 충분한 숫자를 확보하지는 못하고 있다.

이런 문제를 잘 해결해 나가는 방법으로는 다음과 같은 것이 있다. 공포, 증오, 혼란, 지도력 부족은 현재 우리 YMCA 문제의 원인이 될 뿐만 아니라 한국에서 YMCA가 존재해야 하는 이유이기도 하다. YMCA는 그 본질상, 한국에서 최고의 믿음을 바탕으로 하는 지도자를 찾아야 하고, 이들이 두려움 없는 사랑의 정신과 마음을 가지고 혼돈과 절망 속에 있는 수많은 젊은 청소년들을 희망의 빛이 있는 세계로 인도해 내야 한다. 선교사 모임의 한 회장은 최근에 이런 글을 쓴 적이 있다. "만약

64) 'very, very' 로 표현

YMCA가 이들 젊은이들을 혼란 속에서 이끌어 내지 못한다면 누가 그것을 할지는 하나님만이 알 것이라고

5. 짧게 끝난 평양 YMCA 총무 활동

반하트는 정상적인 안식년 휴가는 1927년 이었으나 1925년 갑작스레 1년간 미국으로 휴가[65]를 가게 되는데 이듬해 귀국 후 평양으로 근무지를 옮겨 1929년까지 근무한다. 그가 평양에서 보낸 보고서는 본부의 질문 항목에 답변하는 형식으로 돼 있다. 예를 들면 "1926년에 성취해야 할 가장 큰 목표는 무엇입니까?" 같은 것이었다.

평양에서 처음 근무하게 된 반하트는 1926년에 성취해야 할 가장 큰 목표로 4가지 항목을 들었다.

(1) 서서히 그러나 확실히 평양에 있는 선교사와 나, 또 선교사와 YMCA의 우호관계를 깊게 하는 작업

(2) 평양의 교회와 YMCA가 우호관계를 만들고 굳히는 일. 특히 평양 교회의 한국인 목사, 평신도, 활동적인 젊은이들과 동지의식의 형성

(3) 평양 YMCA에 새로운 희망과 생기를 줄 수 있는 확실하면서도 최소한의 도움을 1개 이상 주는 것.

---

65) 두 번째 아들 잭(1924~1925)의 죽음과 장녀 팻시의 병환으로 의사들의 강력한 휴가 권유가 조기 휴가를 하게 된 이유. 관련 내용은 다음 장 〈부인 번의 한국 추억〉에서 후술.

(4) 이 지방의 한 곳에서 농촌사업을 시작해 보는 것.

반하트는 처음 해보는 평양 생활에 대해 평양 시내뿐만 아니라 외곽에서도 활동해야 돼 업무 파악과 추진에 무척 분주하게 지냈음을 첫 보고서에서 쓰고 있다. 또 무릎 탈골로 격렬한 운동을 못하게 됐다고 밝히고 있는데 아마도 농구를 하지 못했을 것으로 보인다.

"8월 1일부터 나는 평양 YMCA의 수석 간사로 일하기 시작했는데 나의 모든 시간 계획을 다시 짜야할 정도로 바빠 일과의 절반을 평양 밖에서 보내야 하고 이 때문에 출장을 많이 해야 했다. 우리는 또 지회를 광주와 평양에 각각 세움으로써 이를 감독하고 많은 프로그램을 짜느라 더 바빠졌다. 두 지회의 운영은 아주 만족스러운데 회원들과 함께 하는 것은 큰 즐거움이기도 하다.…

지난 1년간 건강에는 큰 문제가 없었는데 나의 경우 몇 번의 무릎 탈골 때문에 결국 모든 격렬한 운동을 포기하지 않을 수 없었다. 이런 일은 심각한 장애는 아니지만 개인적으로는 (운동을 못하게 돼) 더 실망스러운 일이 되고 있다."

반하트의 1927년 보고서는 1년간의 평양 근무 경험으로 YMCA 회관 건립을 위한 거리 모금을 비롯해 청소년 회원 확보 등 평양에 뿌려진 YMCA의 씨앗이 움터 줄기가 자라고 뿌리를 내리도록 하는 일이었다.

"1927년 전체 1년간을 평양에서 보냈다. 우리가 8월까지 한 일은 평양

평양 발령을 받고 한국지도에서 평양과 서울을 가르키는 반하트 부부. © USC

시와 지방의 YMCA 관련 업무였다. 평양은 한국에서 가장 큰 기독교의 근거지인데 많은 선교사들의 활동은 YMCA 같은 연합기관이나 다른 기독교 단체와 하기보다는 교회 내에서만 이뤄지고 있었다. 하지만 YMCA가 교회를 대신해 청소년들을 상대로 일을 하자 몇몇 선교사들은 YMCA가 기독교 활동을 해준데 대해 정말 감사하게 생각했다.[66] 또 실제로 그들은 YMCA 회관 건물을 구입하려고 할 때 공감하고 관심을 보여줬다.

한국에서 내가 마주치고 있는 가장 어려운 일 중의 하나는 한국인들로 하여금 거리로 나아가 자신들의 사업을 위해 돈을 모금하도록 하는 일이다. 하지만 지난해 두 명의 선구적 기독 실업인이 매일 거리로 나가 평양의 젊은이들을 위해 YMCA 회관이 필요하니 친구와 다른 사람을 위해 기부하도록 한 것은 정말 큰 영감을 불러일으키는 일이었다. 그 결과로 YMCA 회관 부지를 구입할 수 있었고 가까운 시일 내에 그들이 희

66) 반하트와 함께 평양에서 살았던 부인 번의 회고록(진 반하트 조스트, 앞의 책, p.80)에 따르면 "YMCA는 교회의 사업에 도움이 되는 매우 큰 기회를 제공했다. 평양 YMCA 시설은 번화가의 몇몇 상점 위층에 있는 형태였는데 그 위치는 활동하는데 벌집처럼 돼 있어 이곳저곳에서 열리는 프로그램에 참가하도록 돼 있었다. 또 그 지역에는 많은 학생 연합단체들이 있어서 체육 프로그램에 대한 요구가 엄청 컸다."고 밝혔다.

평양의 운동회를 구경하는 인파들. © 드루대

평양 운동회를 축하하는 길거리 장식. © 드루대

망한 대로 YMCA 회관이 건축돼 눈앞에 들어서면 정말 자부심을 가질 만한 일이 될 것이다.

다양한 젊은이 그룹이 꾸준히 늘어나고 있고 교육을 받음으로써 미래의 지도자가 될 진정한 유망주들이 될 것으로 보고 있다. 지난 8월까지 나는 거의 모든 저녁 시간을 이들 젊은이 그룹과 함께 했다. 평양 YMCA의 청소년 클럽은 너무 빨리 발전해 모임 장소를 찾도록 해주는 것이 가장 어려운 일이 되었다. 처음에는 모임을 우리 집에서 했는데 날씨가 따뜻해지면서부터는 잔디밭에서 했다. 청소년들의 프로그램이 다양해지고 많아짐에 따라 잔디밭이 훨씬 실용적인 장소가 되었고 날씨가 괜찮을 때까지 잔디밭에서 모임을 계속했다. 어떤 날은 잔디밭에서 청소년들이 한국인 의사로부터 의학 관련 이야기를 듣고 자체 그룹 구성원 중 한 명의 노래를 들었다. 책을 읽으며 다른 사람의 하모니카 연주를 듣기도 했는데 그런 모습을 보는 것이야말로 내 마음을 사로잡는 일이었다. 그 후에 그들은 정말 청소년들이 할 수 있는 경주나 다양한 경기에 모두 참여했다.

YMCA 회관 용도로 빌린 작은 빌딩 뒤편에는 농구 코트로 충분한 공간이 있는데 지난 토요일 나는 그곳에서 열린 토너먼트에 참석했다. 참가자들은 평양 거주 젊은 실업인들이었다. 그들은 지난가을에도 매일같이 시합을 했고 추워질 때까지 하다가 쉬었다. 땅에 눈이 녹자마자 이번 봄에 다시 시작했다. 이곳에서 시합하는 다른 그룹들은 비용을 스스로 냈고 자부심을 가질 정도로 프로그램을 실행했다.

우리의 지방 프로그램은 출발은 늦었지만 한 마을 씩 점진적으로 조직해 나가고 있다. 평양에 있는 기독교 재단 학교의 몇몇 그룹 학생들이

사진 설명에는 "반하트의 서울 [illegible]임을 환영하는 어린이"로 되어 있다. © 미네소타대

평야의 칠성문(Seven Star Gate).
평양성 내성 중 북문으로 고구려시대 건립.
© 드루대

영문 사진 설명에는 "평양의 YMCA는 늘 회원으로 넘쳤다."고 되어 있다. 월성시계포, 동아서점, 계란떡 상점 등이 보인다. © 미네소타대

평양 북쪽의 대동강변. © 드루대

평양의 원경. 멀리 평양 성문이 보인다. © 드루대

지방 사업을 맡아 수행하고 있다. 학생들로 구성된 전도 음악대는 수업이 끝난 후 몇 킬로미터나 떨어져 있는 마을로 눈 속에서도 찾아가 그들이 맡고 있는 마을을 교육적으로 계몽하고 정신적 영감을 주기 위해 책임을 다했다."

반하트는 1928년에 〈운동경기와 농촌사회〉라는 제목으로 KMF 에[67] 글을 기고했고 이듬해에는 KMF 에 〈YMCA의 청년들〉[68]을 주제로 글을 기고했는데 한국에서 YMCA 운동이 25년을 넘기며 한국 젊은이들 사이에 YMCA가 나이 든 세대가 아니라 젊은 자신들의 것이라는 자각이 생기는 것은 중요한 변화라고 적었다.

"(영국이나 미국 등의 YMCA 조직에서) '조지 윌리암스[69]가 그를 중심으로 다른 한 그룹의 청년들을 모아 기독 청년들이 다른 청년들에 대해 봉사하는 것을 목적으로 YMCA를 만들고 이 기구가 활발하게 움직이도록 할 때 윌리암스 자신도 젊은이였다.' 면서 'YMCA 직원이나 총무를 25세 이하의 기독교 청년으로 하도록 하고 그 이상 나이가 많아지면 회원으로는 활동하되 직원은 하지 못하도록 하자는 주장' 을 폈을 때가 있었다. 이런 주장이 실현된 적은 없지만 이 주장에 동조해 많은 논쟁이 벌어지고 지지세를 모을 수 있었던 것은 놀라운 일이었다. 이런 이야기

67) 반하트, 〈운동경기와 농촌사회〉, KMF, 1928년 8월, pp.161~163. 이 글로 연례보고서를 대신 한 듯 다른 기록은 보이지 않는다. 앞서 각주 40에서 소개.

68) 반하트, 〈YMCA의 청년들〉, KMF, 1929년 5월, pp.104~105.

69) George Williams(1821~1905), 영국의 자선사업가 겸 기업인으로 1844년 YMCA를 창설했다. 현재 영국 총리 보리스 존슨의 현조(顯祖)이다.

를 여기서 하는 이유는 바로 얼마 전 비슷한 제안이 한국 YMCA에서도 있었기 때문이다. 이런 일들이 보여주는 것은 젊은이들의 마음속에 YMCA가 자신들의 조직이라고 생각한다는 사실이다. 이는 YMCA의 모든 행동에서 매우 주목할 만한 것이다."

반하트는 또 같은 글에서 청소년을 위한 잡지[70] 발행, 시리즈 강연, 교육 문제 등에 대해 폭넓게 소개하고 있어 마치 이 해의 연례보고서를 대신하는 것 같은 느낌을 준다.

"청소년들을 위한 잡지가 발행되고 있는데 이것도 YMCA가 계속적으로 제공하는 통상적인 노력들 중의 하나이다. 대부분의 필자들이 젊은 남녀들이고 그 이외의 필자들도 젊은이들에게 메시지를 전달하고 싶어 하는 사람들이다. 이 잡지들은 몇 개 도시에 있는 전체 회원과 학생연합, 몇몇 구독자들에게 배달되고 있다. YWCA도 자신들의 조직운동 잡지로 활용하고 있는데 사실 두 단체는 사업의 동반자이다.

한국 YMCA의 출판부는 위에서 소개한 잡지와 함께 세 가지 다른 형태의 자료들을 출판하고 있다. '품격 있는 책'을 만든다는 것이 책 출판의 좌우명이 되고 있다. 인쇄 중인 책 가운데는 '덴마크-상세 연구와 한국 응용'이 있다. 또 현재 설립 중에 있는 코스 중의 하나는 성경공부 과정으로 그리스도의 삶에 대해 공부하는 코스이다. 이 코스는 전 세계의 청소년들을 위해 많은 다른 나라에서도 준비 중에 있다. 이와 함께 값싸

70) 1949년부터 간헐적으로 발행되던 〈중앙청년회보〉, 〈청년〉, 〈조선청년〉에 이어 YMCA는 1921년 3월 〈청년〉 창간호를 발행했다.

고 내용이 풍부한 팸플릿들이 있는데 폭넓게 인쇄되는 주제들을 보면 종교 강좌 시리즈부터 양계에 관한 내용도 있고 심지어 비료와 해충에 대한 것도 있다. 이들 팸플릿들은 한국 청소년들의 손에 매일 발송되고 있다. 농부와 지역의 일꾼들을 위한 작은 월간지도 실험적으로 발행되고 있다. 현재는 2,000부쯤이 배포되고 있는데 희망하기는 매호 최소한 5,000부가 배포되기를 바라고 있다. 이 잡지는 한 부에 3전(錢)을 받고 있다."

현재의 기준에서 보면 YMCA 시설은 보잘것없는 것이었지만 당시 기준으로 보면 운동시설이나 운동 후 샤워 시설은 획기적인 것이었다.

"젊은이들이 충실하고 충만한 삶을 살도록 하기 위해 YMCA는 전체적으로 도전을 해야 한다. YMCA는 젊은이들의 물질적, 사회적 욕구와 같은 것들에 대해 모른 채 할 수가 없다. 구체적으로 어떤 욕구들을 충족시켜줘야 하는지에 대해서는 여기에서 다 말할 수는 없지만 젊은이들과 YMCA 사이에서 몇 가지 실질적이고 건설적인 프로그램들은 이미 실행되었다. 필자가 확실히 아는 사실은 청소년들에게 서울에서 가장 인기 있는 장소는 샤워시설과 뜨거운 물 욕조가 있는 YMCA 목욕탕이다. 수백 명의 젊은이들이 매주 출석하는 체육관과 많은 사람들의 삶을 밝혀주는 사회적 행사들은 의문의 여지없이 물질적 프로그램보다도 가치가 있는 것들이다. 체육과 사회적 행사들은 젊은이들에게 건강을 지켜주고 인성을 키워준다. YMCA는 어떤 지역의 경우 방 하나 뿐이지만 건물의 크기와 상관없이 젊은이들에게 고상하고 존경받을 만한 좋은 영향을 주는 장소가 되고 싶다. 특히 나는 그 장소가 젊은이들에게 환영받을 뿐만 아니라 활동장소가 되고 그 안에서 젊은이들이 기품 있는 사람으로 성장하기를 바라고 있다."

이 글에서 반하트는 지역 사업에 대해서는 구체적으로 이야기하지 않았는데, 그는 "설령 YMCA의 운동이 젊은이들에 의존해 펼쳐진다 해도 농촌운동은 해야 된다는 사실을 명심해야 한다."고 강조했다. 계속해서 반하트는 "YMCA 주최로 농촌을 목표로 하는 실습반과 지역기구는 거의 대부분이 청년들로 구성돼 있으며 각국의 농촌마을에 가기 위해 YMCA의 지도자들이 걸어가는 거리를 모두 합하면 수 백 마일이 넘는데 거의 대부분 젊은이들이 걸어서 다니고 있다."고 말했다. 또 "다양한 농민단체 모임에 출석하는 대부분의 사람이 젊은 농부들이며 YMCA는 농민운동으로 한국의 젊은이들을 돕기 위해 모든 힘을 쏟고 있다."면서 일제강점기 피폐해진 한국 농촌을 살리기 위해 YMCA가 어떻게 농민운동까지 펼치고 있는지를 기록했다.

이 글을 쓴 지 얼마 안 돼 아주 오랫동안 서울에서 총무로 활동했던 프랭크 브로크맨 씨가 사망했다는 소식이 반하트에게 전해졌다. 이에 대해 부인 번은 회고록[71]에서 "우리는 모두 슬퍼하지 않을 수 없었다. 그는 (1927년에) 메릴랜드주에 있는 존스 홉킨스 병원에서 치료를 위해 귀국하라는 명령을 받았었다. 한국에서 그의 봉사는 영원한 발자국을 남기는 것으로 그것은 사랑의 봉사였다."고 썼다. 이어서 부인 번은 반하트가 브

71) 진 반하트 조스트, 앞의 책, p.81

로크맨의 업무를 잇기 위해 평양 근무를 끝내고 서울로 돌아가게 됐다면서 그 과정을 다음과 같이 밝혔다.

"그때(1929년 브로크맨의 사망)는 또 평양의 우리 집 건축이 막 끝났을 때여서 우리는 이사할 준비를 하고 있었는데, YMCA 본부는 우리에게 서울로 돌아가서 브로크맨 씨가 하던 일을 인수하도록 요청해 왔다. 하지만 서울로 움직이는 것이 쉬운 일은 아니었다. 왜냐하면 평양에서 남편은 그가 하고 싶었던 프로그램을 시행해왔고 몇 년 동안 수행해야 성과가 날 것으로 보았기 때문이다. 하지만 서울로 돌아갈 수밖에 없었고 브로크맨 씨가 살던 집으로 이사하는 것은 불가피해 보였다. 결국 우리는 그런 식으로 다시 서울에 정착했다."

1916년 반하트의 내한 당시 그를 기차 안으로까지 환영 나왔던 브로크맨 총무의 사망 소식은 반하트에게는 충격적인 슬픔이었다. 그는 1929년 10월호 KMF지에 브로크맨 총무의 사망을 알리는 북미 YMCA 본부의 발표문을 전하고 이어서 애도의 글도 남겼다.[72]

"뉴저지주 프린스턴 시에서 3형제 중 막내로 태어나 YMCA의 세계적 지도자가 되었던 프랭크 M 브로크맨이 (1929년) 6월 10일 월요일 저녁 오랜 숙환 끝에 승리의 삶을 살고 별세했다. 고인은 1878년 5월 21일 조지아주 애틀랜타 근처 더글래스 카운티에서 태어났다. 조지아 대학을 졸

72) 반하트, 〈프랭크 M 브로크맨 추모사〉, KMF, 1929년 10월, p.212.

업하자마자 네브래스카주 오마하의 YMCA 직원으로 일하기 시작해 얼마 후 미주리주의 YMCA 학생부 간사를 지냈으며 그때 그가 22년간 봉사했던 한국 YMCA에서 부름을 받았으며 한국에서는 20년을 총무로 일했다. 1927년 고인은 아픈 몸으로 미국으로 돌아왔다. 전문의의 진단 결과는 비골수 백혈병으로 매우 희귀하고 원인도 전혀 몰라 치료도 할 수 없는 심각한 질환이었다. 볼티모어의 의사 하워드 켈리의 노련하고도 헌신적인 치료로 고인은 몇 년간 더 생명을 연장할 수 있었다.

한국에서 고인은 (일제의 강제 통치로 한국인과 일제 당국의) 정치적 적대감 때문에 최고로 긴장했던 기간에 일했음에도 불구하고 한국인과 일본인의 신임을 받으며 뚜렷한 업적을 남겼다. 한국과 일본인들 가운데 훌륭한 지도자들과 우호관계를 맺었다. 그의 정치력은 어떤 상황에 대해 핵심적인 사항을 분명히 판별해 내고 적절히 처리하기 위해 힘을 집중했던 것으로 잘 나타났다. 고인은 부인인 메시 W. 브로크맨과 진(12) 줄리아(7) 두 딸을 유족으로 남겼고 두 명의 동생 플레처와 킷필드가 있다. 유족들은 6월 12일 수요일 오후 프린스톤 신학교의 역사적인 예배당에서 많은 수의 친구와 친척들이 만난 가운데 J. 로스 스티븐슨 프린스톤 신학교 학장(목사, 1866~1939)과 찰스 R. 어드만 박사의 용기를 주는 말씀과 진행 아래 장례 예배가 열었다. 친구와 가족들이 왔고 고인의 승리의 삶에 경의를 표했다."

반하트는 브로크맨 총무의 사망에 대한 본부의 발표문을 전하며 자신의 슬픈 느낌을 짤막하게 남겼다.

"지난 수년간에 걸쳐 고인과 함께 일해 왔던 우리는 그의 공백을 심하게 느끼고 있습니다. 목표를 향해 일심 전력하고, 조용한 매너로 함께 일했던 어떤 동료보다 비전을 갖고 있었으며 꺾일 수 없었던 그의 능력은 변함없는 그의 자산이었습니다. 아무튼 그가 한국 YMCA에 남긴 가장 훌륭한 선물은 전체 프로그램을 고도의 영적인 경지로 올려놨다는 사실입니다. 그의 침착함을 비롯해 친절과 하나님 아버지에 대한 믿음의 유산은 우리로 하여금 더 나은 삶으로 늘 인도할 것입니다."

6. 부인 번의 한국 추억[73]

- 두 아들 잃고도 한국의 모든 것 사랑

＼

반하트는 1916년 내한해 1920년대까지 한국에서 첫 10여 년을 보내며 문자 그대로 '산 설고 물 설은 곳'에서 정착하고 활동하느라 보람은 물론, 즐거운 일도 있었으나 고생을 몇 배나 더했다. 그러나 반하트는 연례보고서와 KMF에 실린 공식적인 글은 남기면서도 개인적인 사항에 대해서는 기록으로 남긴 게 거의 없다. 그의 개인사에 대해서는 부인 번이 남긴 글을 통해 알 수 있을 뿐이다. 다행히 그녀의 회고록《번의 이야기(*Verne's Story*)》를 장녀 조스트가 부모의 전기를 쓰며 그대로 전재해 놓아 내용을 알 수 있다. 부인 번은 처음 한국에 와 겨울까지 몇 달간 살았던 소감을 회고록에서 이렇게 기억했다.

> "첫 해 가을은 삶이 꽤 풍요로운 것처럼 느껴졌다. 즐거운 성격의 친구들이 있었고 즐거운 집이 있었으며 우리가 사랑하는 어린 아들이 있었기 때문이다. 또 우리가 좋게 생각한 한국인들과 친구가 되었다. 실제로

---

73) 번의 기록은 장녀 진 반하트 조스트가 쓴 부모의 전기 《사랑의 눈을 통하여(*Through Love's Eyes*)》(1995, 자가 출판) pp.55~91에서 발췌.

오직 하나 어려운 일은 부모님들로부터 떨어져 있다는 것이었다. 부모님들과 대화하며 위로를 주고받고 한국에서의 새로운 삶과 경험을 함께 하기를 간절히 바랬는데 그같이 하는 데는 (서신 왕래에) 많은 시간이 필요했다. 남편과 내가 운이 좋았던 것은 부모님들이 우리가 하는 일에 대해 이해하고 인정하는 편지를 통해 미국에 있는 것처럼 느낄 수 있도록 모든 노력을 해주시는 점이었다. 목사님이셨던 나의 아버지는 첫 1년 동안 여러 차례에 걸쳐 '비록 자신이 평생 동안 선교에 대해 설교하고 있었지만 그것을 실천하는 것은 매우 어렵다는 사실을 잘 알고 있다.' 고 말씀하셨다. 남편의 부모님은 어떤 일이 있어도 우리가 하는 일이 옳다고 생각하시는 분들이었다. 비록 우리가 두 부모님을 그리워하는 것처럼 부모님들도 우리를 그리워했지만, 한 번도 우리가 그들 곁에 없는 것에 대해 슬퍼하는 감정을 내색하지 않으셨다. 첫 해 1년 동안 나의 부모님은 몽고메리 회사[74]를 통해 두 번에 걸쳐 많은 양의 음식물을 주문해 보내주셨다. 물론 우리는 그런 음식물들이 없어도 잘 지낼 수 있었지만 우리를 배려하는 것을 느낄 수 있었다. 보내주신 음식물은 미국 음식 맛을 느낄 수 있도록 해 준다는 점에서 좋았다. 어머니는 또 가끔 새 모자나 옷, 아기 옷을 보내주셨는데 집에서 온 소포 꾸러미를 받을 때마다 흥분은 대단한 것이었다."

하지만 모든 즐거움과 보람을 잊게 할 만한 큰 슬픔이 닥쳐왔는데 장남 딕(리처드 C. 반하트, 1916~1918)의 죽음이었다. 부인 번의 회고록에 따

74) 1872년 설립된 통신판매회사.

르면 샌프란시스코를 떠나 한국으로 갈 때 "임신 중이었고 배의 움직임에 영향을 받아 대부분의 시간을 객실에서 보냈는데 창백한 얼굴과 머리를 베개 위에 뉘어 놓고 쉴 수밖에 없었다."고 했다. 이처럼 어려운 과정을 겪으면서 서울에서 출산한 장남이 딕이었는데 디프테리아로 1년여 만에 죽은 것이다. 번은 첫아들의 출산과 사망에 이르는 과정을 회고록에 남겼는데 당시 한국의 의료 수준과 위생 환경을 알게 해 준다. 무더운 여름의 서울을 피해 원산에서 휴가를 보내며 한글학교에도 참가했던 반하트 부부는 원산에 갈 때부터 8월 하순으로 예정된 출산을 걱정했다.

1918년 장남 딕(리처드)과 부인 번. 딕은 몇 달 후 사망(4월 [illegible]일)해 양화진에 묻혔다. © 전기

"(원산의 해변 숙소에서) 8월 중순에 나는 밤에 잠을 못 이루었는데 아침 일찍 의사를 부르니 즉시 서울에 돌아가는 것이 좋겠다고 권하며 출산 시간에 맞춰 도착할 수 있을지를 걱정했다. 우리가 머물고 있는 해변에서 기차역까지 갈 수 있는 방법은 세 가지가 있었는데 그중 하나는 인력거였다. 문제는 길이 울퉁불퉁한 것이었다. 두 번째 방법은 걸어가는 것으로 거리가 몇 마일이나 돼서 인력거로 가는 방법만큼이나 비실용적이었다. 해변에 사는 남자 중 한 사람이 말과 마차를 갖고 있었는데 우리

이야기를 듣고 정거장까지 태워다 주겠다고 해서 기쁘게 받아들였다. 또 해변에 머물고 있던 잘 훈련된 간호사 미스 에스텝이 우리가 출산 때문에 떠난다는 소식을 듣고 인근 마을을 수소문해 자신이 탈 인력거와 인력거꾼을 구해왔다. 미스 에스텝은 혹시 기차 안에서 출산이 될까 봐 우리와 서울까지 동행하기로 했다. 급히 오느라 미스 에스텝은 칫솔도 가져오지 못했다. 나는 그날 하루 종일 미스 에스텝의 보살핌에 감사해 했다. 기차 안에서 출산은 하지 않았지만 통증은 간헐적으로 계속됐다. 병원에서 2, 3일을 지낸 후에도 출산이 안 되자 나는 퇴원해서 집에서 예고 없이 닥쳐 올 출산을 기다리며 2, 3주를 대기했다. 미스 에스텝은 원산으로 돌아갔는데 나는 너무 미안한 생각이 들었다. 서울에서 출산을 기다리고 있는 동안 너무나 덥고 힘들었는데 남편과 진 월터[75]가 많은

1910년대 원산의 전경. ⓒ 드루대

75) 이화학당 5대 학당장으로 1916년 안식년 후 귀임 시 반하트 부부를 미국 기차 안에서 처음 만나 한국까지 항해를 함께하고 가족처럼 지낸 지네트 월터.

시간을 나와 함께 보내며 편하게 지내도록 해 주었다. 당시 나는 작은 곤충인 매미가 이른 아침부터 늦은 밤까지 울어 대는 것을 그 해 뜨거운 여름 동안 계속 들으며 지내야 했다.”

번은 아들 딕을 8월 마지막 날에 출산했는데 “건강하고 튼튼한 아기였다.”고 했다. 출산과 퇴원 과정에서도 월터 이화학당장의 보살핌이 있었음을 밝혔다.

“나는 출산 후 6일 동안 병원에 입원해 있었는데 당시의 평균 입원 기간은 2주일이었다. 퇴원할 때 나는 들것에 실려 누워서 집으로 갔다. 당시에는 앰뷸런스가 없었기 때문에 한 사람은 들것의 머리 쪽에서 들고 다른 한 사람은 발 쪽을 들었다. 또 두 사람이 옆에서 걸어가다 교대를 했다. 남편은 내 옆에서 걸어갔고 진 월터는 아기를 안고 인력거를 타고 갔다. 또 지게꾼이 여행가방을 지고 뒤를 따랐다. 지게는 정말 편리한 발명품이다. 지게는 남자의 등에 지는 작은 받침대가 있는 운반 수단으로 모든 사이즈의 형태와 무게를 지고 날랐다. 심지어 피아노를 지게에 지고 날랐다는 이야기를 들은 적이 있다. 하지만 정말 가능할지는 의문이 들기도 했다. 지게꾼이 첫 블록과 두 번째 블록 다음에 사라져 남편이 그를 찾기 위해 되돌아가기도 했다. 인력거는 내가 타고 가는 들것보다 빨라 길의 한가운데서 서있기도 했다. 들것을 나르는 인부들이 피곤해지자 그들은 들것을 매우 먼지가 많고 더러운 길 위에 내려놓았다. 들

---

76) 회고록은 번이 1967년 사망하기 수년전에 썼을 것으로 추측된다. 이는 딕이 사망 후 40여년이 지난 시점으로 양화진 외국인 묘지의 묘비에 있는 대로 딕은 1910년 8월29일 출생한 것으로 파악된다.

사진 오른쪽 동대문 옆 감리교회와 왼쪽의 감리교 여성 선교사회 병원(나무 뒷편). ⓒ 드루대

것에는 다리가 없어 나는 말 그대로 더러운 길 위에 누워 있었다. 지나가던 통행인들이 엄청난 호기심을 갖고 모여들어 2분도 안 돼 나는 그들에게 둘러싸였고 누운 채 위로 하늘만 쳐다볼 수밖에 없었다. 들것을 나르던 한 인부는 들것 옆에 서서 용변을 보고 있었는데 나로서는 가장 메스꺼운 경험이었다.

우리는 마지막으로 쉬는 지점에 도착했고 더 이상 작은 사고 없이 집에 도착했다. 하지만 들것을 나른 인부들은 도착 후 그들이 받는 돈에 대해 불만족스러워해 문제가 생겼다. 고객으로부터 더 많은 돈을 속임수로 받아내기 위해 불평을 하면서 투덜대는 것은 그들의 상투적 수법이었다. 그들은 남편 앞에서 시끄럽게 하기보다 남편이 사라질 때까지 기다리다 그 후 조용히 앞문을 열고 내 방으로 올라오는 계단에 앉았다. 그들 모두는 한꺼번에 나한테 몸을 구부려 손뼉치면서 돈을 더 달라고 요구했다. 혼란이 얼마간 계속됐지만 결국 남자 요리사의 도움을 받아 남편이 곧 그들을 집에서 쫓아냈고 더 이상 추가로 돈도 주지 않았다."

한국에 적응하며 지내던 시기에 가족 아들 딕은 거의 두 살이 되어 말도 하고 부모(팻과 번)에게 특별히 위안과 기쁨을 가져다주었다. 특히 번은 딕이 병에 걸리지 않도록 하고 세균에 대해서도 늘 신경을 곤두세웠다. 번은 가끔 한국인 엄마의 등에 업혀 있는 한국 아기들을 보면 껍질을 벗기지 않은 오이를 씹고 있는 것을 보게 되는데, 만약 그런 오이를 딕에게 주면 곧 병이 날 것이라고 생각하고 조심했다. 당시 한국 어린이의 사망률은 매우 높았지만 살아남은 아이들은 다양한 질병에 면역이 되어 있고 매우 튼튼한 아이들이 되었다. 하지만 딕의 경우는 달랐다. 어느 날 아침, 딕이 일어났을 때 약간 목이 쉰듯해 보였는데 이는 큰 문제의 시작을 알리는 징조였다. 시간이 흘러가면서 점점 더 심해져 간 것이다. 그 과

반하트와 첫 아들 딕. ©[illegible]C

정을 번은 이렇게 회고했다.

"남편 팻이 점심때 집에 왔을 때 내가 의사에게 아기의 상태에 대해 상의하러 간 동안 남편은 아이와 함께 있기로 했다. 의사는 나를 안심시키며 딕은 괜찮다고 말하고 목을 깨끗하게 하는데 도움을 주는 약 처방을 해줬다. 저녁때쯤 딕은 회복되는 모습이었고 내가 침대에 데려다줄 때 그는 보통 때처럼 밝은 모습이었다. 그날 저녁 우리는 저녁 초청을 받았는데 딕을 두고 가는 것이 망설여졌음에도 불구하고 완전히 평상시 모습이어서 저녁 초청에 응해 가기로 했다. 우리는 집에서 일하는 두 명에게 만약 아기가 깨면 식사 장소에 와서 불러달라고 지시를 해 놓았다. 식사가 끝났을 때 집에 가야만 할 것 같아서 저녁을 초청해준 사람에게 양해를 구하고 집으로 떠났다. 집에 도착하기 직전, 우리를 찾으러 나온 집안 일꾼을 만났는데 아기가 일어났다는 것이었다. 헐레벌떡 집안에 들어섰는데 아기는 매우 힘들게 숨 쉬는 모습을 보였다. 우리는 즉시 의사를 불렀는데 곧 딕을 위해 아무것도 할 수 없다는 사실을 알게 되었다. 의사가 도착하기 전 남편은 딕에게 몇 번 인공호흡을 했는데 어렵게 숨을 쉬었지만 회복되는 듯했다. 그러나 발작이 시작되다 밤 11시(1918년 4월 4일) 쯤 우리 곁을 떠났다. 딕의 죽음은 너무나 잔인한 경험이었는데 우리는 하나님 아버지로부터 말로 다할 수 없는 용기를 받기도 했다.

장남 딕의 디프테리아 사망 전 모습 ⓒ 전기

그 후 외롭고 쓸쓸한 여러 날을 보낼 때 주변의 친구들이 사랑과 친절로 대해주고 그들이 할 수 있는 모든 힘을 다해 도와줬다. 남편과 나는 일본어 공부를 위해 봄에 떠나기로 계획을 하고 있었기 때문에 도쿄로 떠나기 전 며칠간 진 월터와 함께 시간을 보냈다. 한국에 있는 2년 동안 진은 우리에게 누나와 언니 같은 존재였으며 위로와 도움을 주었다. 그녀 덕분에 우리는 며칠 동안 더 편하고 행복하게 지낼 수 있었다."

5개월 동안 도쿄에서 일본어를 공부한 두 사람은 9월(1918년)에 서울로 돌아왔는데 이미 임신 중이었던 넬은 12월 8일에 프랭크를 낳았는데 프랭크는 별다른 문제없이 성장해 나갔다. 문제는 오히려 프랭크의 아버지 반하트에게서 일어났다. 천연두에 걸린 것이다.[77]

"(3.1운동이 일어났지만 직접적인 영향은 없었고) 프랭크가 첫 돌이 되기 직전에 우리는 파티를 해야 한다고 생각하고 6명의 아기와 그들의 엄마를 초청하기로 했다. 프랭크의 돌날 아침 남편이 일어났을 때 몸 상태가 좋지 않았는데 아주 열이 높아서 파티를 취소했다. 남편은 2, 3일 동안 점점 상태가 악화됐는데 마침내 천연두에 걸렸음이 확인됐다. 즉시 세브란스 병원에 입원해 격리되었다. 당시 세브란스 병원에는 간호사가 많지 않

77) 반하트는 1920년 연례보고서에서 지적 능력 개발을 위해 무엇을 했느냐는 본부의 질문에 "나 자신의 개인적 지적 개발을 위한 노력은 천연두로 인해 눈을 조심스레 사용할 수밖에 없어 거의 하지 못했다."고 밝혔다. 그는 천연두에 대해 "몇 가지 자연적인 방식과 예방주사를 맞았음에도 불구하고 천연두에 걸렸고 겨울 내내 아슬아슬한 시간을 보냈다. 천연두는 내가 이질에 걸렸을 때처럼 나를 꼼짝 못 하게 했으며 자연스레 내가 내 몸과 싸우도록 했다. 이는 또한 내가 (1921년) 봄과 여름을 지내며 조심스럽게 보내야 한다는 뜻이 되기도 한다."고 말했다.

았고 나는 이미 남편과 밀접하게 노출돼 있었기 때문에 병원에서는 함께 있을 수 있도록 허락을 해주었다. 프랭크는 YMCA 직원인 루카스 부인이 와서 돌봤다. 루카스 부인은 우리를 위해 정말로 큰 희생을 해 주었다. 특히 그녀는 프랭크가 천연두에 전염되지 않았다는 확인이 될 때까지 아기와 함께 격리 상태로 있어야 했다. 남편은 3주 동안 절망스러울 만큼 앓았는데 그중 여러 날은 우리를 떠날지도 모르겠다고 생각한 적도 있었다. 크리스마스 후에 겨우 회복되기 시작했고 의사가 집에 가서 몇 주 동안 격리 상태에서 지내도록 제안해 퇴원할 수 있었다."

하지만 또 다른 어려움이 반하트 부부를 곤란하게 만들었다. 이번에는 간병하던 부인 번 자신이 천연두에 걸린 것이다.

"퇴원 첫날 저녁에 큰 문제가 생겼다. 집에는 전혀 음식이 없었고 나는 격리 상태에 있었기 때문에 나갈 수도 없었다. 집에서 일하는 사람들도 그 밤에는 없었고 불을 피울 수도 없었다. 12월 하순의 서울 날씨는 매우 추웠다. 밤 10시쯤 병원으로 돌아가기로 하고 인력거로 겨우 병원에 도착했다. 그러나 병원 직원은 의사의 허락 없이는 남편의 방에 내가 들어갈 수 없다고 출입을 막는 것이었다. 하지만 의사를 찾을 수가 없었다. 결과적으로 한 간호사가 친절하게도 책임을 지고 나를 도와 며칠 동안이나 머물렀던 남편의 방에 보조 침대를 놓을 수 있었다. 남편은 나의 태도를 못마땅해했지만 나는 신경 쓰지 않았다.

다음 날 아침 의사가 남편을 회진하러 왔을 때 의사는 내 체온이 섭씨 40도가 넘는다는 사실을 발견했다. 내 몸에서 열이 난다는 사실에 대해 아무도 신경을 쓰지 못했기 때문이었다. 나는 겨우 1, 2주 앓았고 손바닥에 12개의 천연두 자국이 났음에도 불구하고 남편보다 2, 3주 빨리 집에 갈 수 있었다. 나도 천연두에 걸릴지도 모른다고 걱정했는데 내가 걸린 천연두는 남편을 괴롭힌 것보다는 훨씬 부드럽게 나에게서 떠나갔다."

반하트는 이 해 봄에 또 만성 아메바성 이질에 걸려 몇 달 동안 아주 비참하게 지냈다.[78] 그는 이질 치료제인 에머틴 주사를 맞았는데 이질 증상은 기복이 심해 나았다, 도졌다를 반복했다. 하지만 반하트는 병세에도 불구하고 YMCA에서 거의 풀타임으로 프로그램을 수행했다. 여름이 되자 반하트의 가족은 다시 원산으로 갔는데 그곳에는 의사가 없었기 때문에 반하트는 에머틴 주사를 스스로 맞을 수밖에 없었다. 부인 번은 주사 놓을 줄을 몰랐고 그곳에는 의사도 없었기 때문이었다. 반하트의 공식보고서에는 없지만 그는 아메바성 이질이 나아질 기미가 보이지 않고 안식년도 가까워지자 의사의 권고에 따라 1920년 크리스마스 전에 미국으로 안식년 휴가를 떠났다. 안식년 기간에 부인 번은 친정에서 첫 딸을 낳았다.

"우리는 미네소타의 메이요 의료원으로 가서 진찰을 받고 미시간의

---

78) 반하트 자신도 1919년 연례보고서에서 "올해는 반 년 동안을 휴가로 보냈는데 이렇게 휴가를 보내게 된 것은 내 병 때문이었다. 휴가 중 최소 3주는 누워서 우유 다이어트를 하면서 지냈고 2주 이상 수프만 먹고 지냈다. 아내의 건강은 일반적으로 좋은 편이나 현재 [illegible] 인해 피곤한 상태이다. 1년 전 어린 사내아이가 죽는 일까지 있었고 주택 문제가 미결인 때문에 여러 번 이사를 해야 했으며 지난해에는 내가 (천연두로) 아프기까지 해 여러 가지 걱정을 했다. 우리가 외딴 집에서 몇 달 보낼 수 있다면 아내를 위해서는 좋은 피로회복제가 될 것 같다"고 당시 어려웠던 상황을 보고했다.

레이크 오리온에 있는 친정 부모님 댁으로 돌아왔다. 남편은 치료와 회복을 계속하며 부모님 댁에서 거의 2년을 보냈다. 몇 달간의 휴식 후에 남편은 다시 일을 할 수 있었는데 현지 YMCA에서 임시 업무를 시작했다. 그는 대부분의 시간을 YMCA에 가서 일했지만 나는 친정집에 있는 것이 행복했다. 프랭크는 외할아버지가 가는 곳이면 어디든 그림자처럼 따라다녔다. 내가 손을 잡아 제지하지 않았으면 일요일 아침 교회 강단에도 올라갔을 것이다. 미국에 돌아온 지 1년이 조금 넘었을 때(1921년) 팻시가 태어났는데 몸무게가 5kg이 넘어 우리 집 역사상 가장 큰 사이즈의 아이로 기록됐다. 나를 간호해 준 사람은 내가 한국에 가기 전 첫 출산 때 아기가 죽은 적이 있었는데 그때 나를 간호해준 사람이었다.[79] 그 사람은 바로 나의 친정어머니로 나로서는 어머니와 함께 있어서 좋았고 집안일과 프랭크를 돌보는 일까지 모두 할 수 있어서 가장 이상적인 간호사였다. 팻시는 이름을 진 올리브(친하게 지낸 이화학당의 교사 지네트 월터와 올리브 파이에서 따온 것. 결혼 후에는 진 반하트 조스트)라고 지었는데 아버지가 '팻'이었기 때문에 '팻시'가 별명이 되었다.

유아시절의 팻시(본명 진 반하트 조스트)와 오빠 프랭크. ⓒ 전기

79) 이 기록을 보면 반하트 부부는 한국으로 떠나기 전 이미 미국에서 첫 아이를 사산한 경험이 있다.

팻시가 5개월쯤 되었을 때 반하트 가족은 1922년 한국으로 돌아갔는데 프랭크는 당시 4살이었다. 별다른 사고 없이 지내던 반하트 가족에게 또 커다란 시련이 다가왔는데 1924년 태어난 아들 잭(Barton Jack Barnhart)이 1925년 사망한 것이다. 또 다른 아들의 죽음에 대해 부인 번은 당시 상황을 이렇게 적었다.

"다음 봄에 잭(Barton Jack Barnhart, 1924. 2. 10~1925. 3. 18)이 태어났다. 그는 명랑한 성격의 밝은 아기로 모든 가족에게 기쁨이 되었다. 잭이 태어난 지 얼마 안 돼 팻시에게 병이 생겼는데 그때가 두 살 쯤이었다. 나는 잭도 키우면서 팻시를 간호하느라 1년 중 거의 절반을 병원에서 보냈다. 당시 병원에는 간호사가 부족해 내가 더불어서 팻시를 간호할 수밖에 없었다. 그 해 연말이 되어서야 팻시는 점차적으로 기력과 건강을 회복하는 것처럼 보였고 우리는 다시 일상적인 생활을 할 수 있었다.

가족 중 아무도 아픈 사람이 없이 몇 주가 지나갔을 때 갑자기 하루 저녁 잭에게 고열이 나더니 다음 날 정오쯤 죽는 일이 발생하였다. 잭을 위해 할 수 있는 모든 조치를 다 했는데 서울 시내에 있는 많은 수의 의사들이 진찰을 했고 마지막 몇 시간은 잭을 살리기 위해 3, 4명의 의사들이 함께 했다. 한국의 관습에 따라 나무로 만든 관 앞에 여러 명의 우리 친구들이 모여 줄을 섰다.

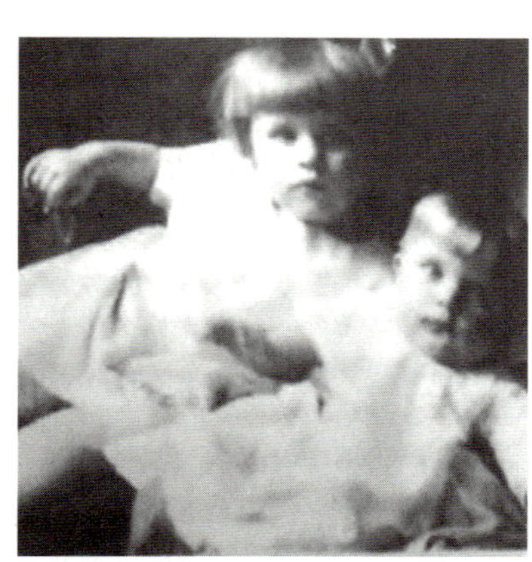

팻시(왼쪽)와 동생 잭(본명 바톤 잭 반하트) ⓒ 전기

남편과 프랭크와 나는 작은 관의 안쪽에 창백한 핑크색으로 아름답게 핀 진달래 꽃을 나란히 넣어 주었다."[80]

같은 해 반하트 부부는 팻시도 거의 잃을 뻔했는데 잭이 죽고 얼마 안 되어 팻시가 다시 아프기 시작한 것이다.

"너무 건강했던 잭을 잃었을 때 우리 가족은 그런 상황을 이해하기 어려웠고 슬픔은 너무나 컸다. 한 달쯤 지났을 때 팻시가 다시 아프기 시작했다. 이번에는 의사들이 미국에 돌아갈 것을 명령하듯이 권했다. 하지만 우리는 다시 한국에 온 지 3년밖에 안 됐기 때문에 북미 YMCA가 남편의 귀국을 원하지 않을 것이라고 생각했다. 그러나 YMCA 본부는 그의 귀국을 승인했을 뿐만 아니라 그렇게 하도록 강력히 요구했다. 지난번 안식년에 했던 것처럼 미시간 YMCA에서 임시로 대리 업무를 맡아 머물도록 해주었다."

10개월 후 1926년 팻시의 건강이 안심할 만큼 되어 보이자 반하트 가족은 한국으로 또 돌아왔다. 이번에는 평양에서 일을 하게 되었다. 부인 번은 "평양은 잘 짜진 YMCA 프로그램이 실행된 적이 없는 곳이었지만 큰 규모의 장로교 선교시설이 있었고 실제로 그 시설은 세계에서 가장 큰 장로교 선교시설이었다. 평양에는 또 감리교 선교시설도 매우 훌륭한 프로그램을 하고 있었는데 두 교파 소속의 훌륭한 학교와 많은 교회들이

---

80) 잭은 서울 양화진 외국인 공동묘지의 형 리처드 옆에 묻혀 있다.

있었다."고 회고했다. 부인 번의 평양 생활 회고록 중에서 주목되는 내용은 한국 여성과 젊은이들의 결혼관이 변화한다는 대목이다.

"한국 전체를 통해 젊은 남녀의 생활에서 큰 변화가 일어나 혼인의 관습이 바뀌기 시작했다. 전통적으로 모든 결혼은 부모에 의해 주선됐는데 점술가(사주 보는 사람)의 상담과 도움을 받아 소녀에게 알맞은 소년을 선택하게 되는 제도이다. 어떤 소녀는 매우 어린 나이에 가기도 하고 어떤 소년은 10대 중반이 될 때까지도 결혼을 못한 경우도 있었다. 한편 일반적인 관습으로 신랑 신부는 결혼일 전에는 결코 서로를 보지 못하고 모든 계획과 준비는 당사자들과 전혀 상의 없이 부모에 의해 이뤄졌다. 하지만 요즘 청소년들은 자신의 신부를 선택하기 시작했고 소녀들도 미래의 짝에 대해 자신의 뜻을 밝히려 하고 있다. 좀 더 교육을 많이 받은 집안에서는 이런 변화를 큰 불만 없이 받아들였다. 또 많은 젊은이들이 옛날 한국식으로 신부 집에서 결혼식을 하는 것보다 아름다운 교회에서 결혼식 하는 것을 좋아했다."

부인 번은 회고록에서 "과거에 한국 여자는 결혼하면 남자 집안의 하인이 되다시피 했는데 그 이유는 신혼부부가 신랑의 부모와 살아야 하고 신부는 시댁에서 누구든지 부르기만 하면 대답할 수 있도록 대기하고 있어야 했기 때문"이라고 밝혔다.

"심지어 아이를 갖기 시작한 이후에도 젊은 아내는 자신의 아이에 대해 발언권이 거의 없었다. 왜냐하면 아이들은 아내보다는 그 집안에 속해 있기 때문이었다. 한국의 여성들은 집안 살림을 지시하고 관리하는 기회를 할머니가 되어서야 얻기 때문에 그때까지는 집안에서 높은 지위를 얻을 수가 없다. 여자는 나이가 많아질수록 더 존경받고 귀하게 되는 것이다."

부인 번은 한국에서 즐거웠던 추억 중의 하나로 1928년 금강산 여행을 꼽으면서 금강산은 스위스의 알프스 산맥과 비견될 만큼 아름다우며 이색적인 사찰들이 산중에 있다고 소개했다.

"한국에서 국내 여행은 매우 어려운 일인데 남편은 자주 여행을 했고 한 번은 전 가족이 동해안으로 여행을 가자고 제안했다. 동해안을 따라 있는 금강산에는 거대한 장관의 폭포와 거울 같은 연못이 있고 우리가 여행했던 늦가을에는 나무들이 빨갛고 노란색으로 선명하게 물들어 있

반하트의 첫 새 차. ⓒ 전기

중국에서도 유명한 금강산의 가장 큰 사찰로 약 2000년의 역사와 300명의 승려가 있다. © 드루대

금강산 사찰 주변의 아름다운 많은 계곡 중의 한 곳. © 드루대

금강산의 마애불과 석등(경원선 주변) 및 길가의 장승들. © 드루대

1990년10월에 가본 金剛山

오색물든 단풍계곡

반하트 부인 번이 거대한 폭포라고 했던 금강산 구룡폭포와 단풍, 기암괴석들. 저자는 한국 기자 최초로 금강산 등정 후 촬영. ⓒ 동아일보(1990년 10월 25일 자 17면)

었다. 우리는 금강산에서 며칠 동안 하이킹을 하면서 숨이 멎을 만큼 아름다운 산의 경치를 발견했다. 밤에는 추었지만 낮에는 햇볕이 좋고 따뜻해서 스웨터도 거의 필요가 없었다.

서울로 돌아오는 길에 차에 작은 고장이 생겨 한 작은 마을에 있는 한국 여관에서 머물게 되었는데 한국식으로 바닥에서 자는 것은 나에게는 전혀 새로운 경험이었다. 하지만 그 경험은 아주 편안한 잠자리였다. 처음에는 방안으로 두꺼운 매트(요)가 들어오고 방바닥이 데워지자 따뜻한 기운이 요를 통해 올라왔으며 사람들의 등허리 통증을 없애 주었다. 한옥의 난방 방법은 매우 현명한 방법으로 음식을 요리하는 데 사용된 화력이 방바닥을 데우는 시스템이다. 부엌의 아궁이에서 연결된 연돌(flue)이 방바닥의 아래로 방 하나나 둘을 통과해 부엌 반대편의 굴뚝에서 끝나게 되어있다. 방 안에서 (아랫목은) 뜨겁고 (윗목은) 차가운 지점이 있지만 대체적으로 매우 편안한 시스템이다."

금강산 여행을 할 때 반하트는 당시 본국으로 귀국 중이던 브로크맨 총무를 대신해 평양 근무를 끝내고 서울에서 근무하고 있었는데 부인 번은 자신이 평양에서 가르쳤던 감자칩 요리가 여관집에서 제공되는 것을 보고 놀랐다는 내용을 회고록에 남겼다.

“다음 날 아침 우리는 매우 뜨거운 음식들을 주는 한국식 아침을 주문했다. 아침 식사는 방바닥에 앉아 있는 우리 앞에 작은 테이블 위에 차려져 방 안으로 들어왔다. 우리가 무척 놀란 것은 감자칩과 아주 비슷한 음식이 나온 것이다. 한국인들은 요리할 때 감자를 사용하는 일이 드물기 때문에 나는 매우 신기해서 여관 안주인에게 감자 요리하는 것을 어디에서 배웠느냐고 물어봤다. 안주인은 딸의 친구가 지난겨울 평양에서 학교를 다녔는데 그녀를 통해 자신도 방금 감자요리법을 배웠다고 말했다. 이는 마치 ‘물 위에 빵을 던진다(bread cast upon the water)’는 표현처럼 아낌없이 누구에게나 요리법을 나눠준 덕분이었다. 왜냐하면 나는 평양 여학교에서 서양 요리반 선생을 했기 때문이다. 내가 아침식사를 한 곳은 평양에서 멀리 떨어져 있는 곳이었지만 나는 내가 가르친 결과를 이 작은 마을에서 발견하고 정말 놀라지 않을 수 없었다.”

3부

한국 봉사 후반기 (1930~1940)

1. 한국 YMCA의 미국 측 책임자 활동

반하트는 평양 YMCA 책임자로서 다양한 일을 담당하고 착수했으나 서울 YMCA의 협동총무인 프랭크 M. 브로크맨이 사망[1]하자 그를 이어 서울 YMCA에서 일을 할 수밖에 없었다. 브로크맨 총무가 귀국해 치료 중이던 1928년은 평양에 새로 지은 사택도 거의 완공을 앞두고 있었고 벌여 놓은 일도 많아 서울로 옮기는 게 쉬운 일은 아니었다. 하지만 북미 YMCA 본부는 서

평양의 민가 거리 위에 있는 감리교 여선교회가 운영하는 병원의 운동장. ⓒ 드루대

1) 브로크맨은 1929년 6월 10일 사망(52세)해 모교인 프린스턴대 교회에서 장례식이 있었으나 한국에 묻히기를 원한 고인의 뜻에 따라 한국 장례식은 유해 도착을 기다린 9월 14일 서울 YMCA에서 윤치호의 주례로 다시 열렸다. 《서울 YMCA운동 100년사》(2004), p. 275.

울로 가서 브로크맨 총무가 하던 일을 인수하도록 요청해 왔다. 이에 대해 부인 번은 회고록에 "서울로 돌아가게 되면 브로크맨 씨가 살던 집으로 이사하는 것은 불가피해 보였다."면서 다시 서울에 정착하던 과정을 기록해 놨다. 반하트 가족이 서울로 왔을 때 브로크맨 총무는 미국에서 치료 중이었다.

> "브록크맨 씨의 집은 너무 오래돼서 기초를 새롭게 하고 많은 곳을 보수해야 했다. 완전히 해체했다가 그 위에 재건축하는 것이 바람직하다는 결론이 내려졌다. 우리는 그 집을 해체하기 전에 가능한 대로 많은 친구들을 초대했고 큰 파티를 열어 방명록에 이름을 쓰는 대신 벽면에 이름을 쓰도록 했다. 이 같은 일상을 보내고 있을 때 안타깝게도 브록크맨 씨가 별세했다는 슬픈 소식이 전해졌다. … 이 집은 그의 삶과 많은 부분을 함께 하고 있었다.

평양의 민가 위로 평양 성문이 보인다. 성문 주변에 감리교 남학교가 있다. © 드루대

반하트의 집 앞에서 프랭크, 팻시와 번. © 전기

주택 앞에서 겨울 옷 차림으로 외출하는 반하트 부부. © USC

새 집이 드디어 완성됐는데 석조 2층 집으로 언덕 중간쯤에 위치하고 있어 서울의 아름다운 경치와 먼 산의 모습을 볼 수 있었다. 마침내 우리 가족은 우리가 필요한 것을 충분히 충족시켜주고 많은 편의 시설을 제공해 주는 집을 갖게 되었다. 침실 4곳에는 수도시설이 돼 있고 2층에는 샤워 시설도 있는 두 개의 정식 욕실도 있었다."

서울 집 겨울 나무 위에 오른 팻시 프랭크 낸시. © USC

브로크맨 총무의 공석 중에 서울에 온 반하트는 브로크맨 총무가 열성적으로 추진했던 각종 사업을 계속 추진했다. 교육이나 체육 사업은 전부터 해온 익숙한 사업이었으나 농촌 운동은 변화가 필요한 시점이었다. 1920년대의 농촌운동이 개념과 방향을 설정하고 시험적으로 시행했던 것이라면 1930년대의 농촌운동은 지역 실정에 맞게 구체적으로 실천해야 하기 때문이었다. 이를《서울 YMCA 운동 100년사》는 '제2기 농촌운동'으로 규정했다. 당시 과정을 보면 농촌사업협동위원회를 창립하고 윤치호가 위원장, 반하트는 영문서기를 맡았다.[2]

> "그해(1929)" 9월 16일이면 브록크만(브로크맨) 장례식이 있은 지 이틀이 되는 날이었다. 그날 저녁 8시 반에 서울 피어선 성경학원에서 〈농촌사업협동위원회〉 창립 및 그 제1회 회의가 열렸다. 그날 위원장에 윤치호, 한글 서기에 전필순, 영문 서기에 반하트(B. P. Barnhart), 협동총무에 클라크(F. O. Clark), 그리고 실행위원에 윤치호, 김활란, 하리영(R. A. Hardie), 홍병선, 정인과, 전필순, 반하트가 각각 선임되었던 것이다. 그리고 1930년 1~3월에 농사강습회를 실시하기로 결의하였던 것이다.
>
> 이 강습회는 대구, 안동, 마산, 군산, 청주, 서울, 순천, 광주, 성진, 함흥, 원산, 철원, 재령, 해주, 평양, 개성, 선천, 영변에서 실시되었고 강사는 클라크, 루쯔, 반하트, 에비슨, 김상근, 조민형, 홍병선, 이대위, 이기태, 김성실, 박연서 제씨였다.
>
> 거기에서 교수된 과정은 토양학, 비료, 작물재배, 소채, 과수, 양계, 양돈, 양봉, 양우, 양양, 산양, 양잠, 작물병충해, 농가경제, 관개, 시장, 위생, 조합, 가정공업, 가사, 농사계량 농업공사, 식물배양, 가축병 치료, 목축 등이었다."

---

2) 위의 책, p.277.

평양 서점의 외부. © 드루대

평양 도심의 서점 내부. © 드루대

반하트도 실제로 농사강습회에 나갔는데 그가 가르친 과목은 돼지를 기르는 양돈법이었다. 기록[3]에 따르면 그는 망원리(현재의 서울 마포구 망원동)에서 135명을 대상으로 강의했다. 농촌사업은 농업기술을 가르칠 뿐만 아니라 협동신용조합, 부인저축조합, 야학 같은 사업으로도 확대되었다.

프랭크 팻시와 나들이에 나선 반하트 부부. © USC

한국인 지도자들과 위와 같은 사업을 하며 다시 서울에서 근무한 반하트는 1932년 세 번째 안식년 휴가를 떠났다. 이듬해 말 다시 서울로

3) 위의 책, p.281.

평양 서점 내부에서 내다 본 거리. © 드루대

올 때는 태평양을 횡단하지 않고 가족과 함께 유럽을 거쳐 인도와 홍콩을 방문하는 3개월간의 긴 여행을 하기도 했다.[4] 그는 귀임한 후 서울에서 1933년 연례보고서를 냈는데 보고서 중 주목되는 내용은 한국에서 크게 일고 있는 여러 가지 '주의(主義, ism)'에 대해 상당 부분을 할애하고 있는 점이다.

"요즘 동양인들(한, 중, 일을 포괄하는 의미)의 생각 속에는 거대한 '주의(主義, ism)'의 복합체들로 가득 차있는 것 같다. 길 가는 일반인들조차 이런 용어들을 사용하고 있다. 군국주의, 파시즘, 자본주의, 국제주의, 무신론, 유신론 같은 것들이다. 하지만 이 말을 쓰는 사람들도 그 단어의 의미를 정확히 알고 사용하는 사람은 몇 명 안 되는 것 같다. 학생들은 기독교인이 성경을 인용하듯이 자주 위에 말한 용어들을 쓰고 있는데 대개의 경우를 보면 개념도 이해하지 못한 채 사용하고 있다. 이에 대해 일본 정부는 당연히 그 같은 주의(ism)와 용어를 사용하는 젊은이들을 몹시 겁내고 있다. 또 보수적인 양반 노인들도 그들 자손이 이념에 물드는 것에 대해 두려워하고 있다."

반하트는 한국인들이 갖게 된 이념의 문제가 YMCA 프로그램에 아

4) 부인 번이 남긴 여행기는 233쪽에 소개.

주 큰 영향을 주고 있어 프로그램은 기획 단계부터 이념 문제를 생각하지 않을 수 없게 되었다고 밝혔다.

"프로그램을 지도하고 프로그램을 기획하는 사람에게 이념은 쉬운 문제가 아니다. 기획자들은 (어떤 시초에 불붙이 있는 젊은이들을 상대로) 어떤 노선으로 지도를 해야 할지, 무슨 형태의 프로그램으로 프로모션을 해야 할지 난감하게 된 것이다. 기독교인 스스로도 불안해질 뿐만 아니라 내부의 양심과 자신의 신념이 부딪치는 상황을 맞고 있는 것이다. 이들 기독교인은 확실한 자기 입장을 세우지 못하고 있는데 그 이유는 과학적, 사회적, 경제적으로 새로운 발견들이 나오면 자신의 생각이 거짓된 것으로 판명나기 때문이다. 이 때문에 확고한 신념과 믿음을 갖고 있는 사람도 새로운 이념에 맞서 그것을 지킨다는 게 쉽지 않다. 이들은 자신이 갖고 있는 생각이 거짓으로 판명나는 게 두려울 뿐만 아니라 자신의 신념과 믿음에 대해 몇 마디 말을 했을 때 다른 그룹으로부터 공격받고 조롱의 대상이 되는 것을 두려워하고 있다. 이에 따라 거친 언어와 불신하는 행동이 많아지고 형제들 간에도 얼마나 불성실해지고 신뢰가 부족해지는지 모를 지경이다."

반하트는 "YMCA가 자연스럽게 이들 다양한 그룹들의 모든 것을 받아들이고 있다."면서 "YMCA 회원들은 모든 다양한 생각을 가진 사람들로 구성돼 굽은 강물이 흘러가는 것처럼 YMCA도 흘러가고 있다."고 보고했다. 하지만 확실히 어디로 가는지 모른 채 가는 것은 문제로 "사려 깊고 이해심 있는 지도자의 필요성이 오늘날 한국에서처럼 기성세대와 젊은이들을 위해 간절한 때는 없는 것 같다."고 덧붙였다. 그는 "이런 상황에서 YMCA가 할 수 있는 일은 이 나라를 영적으로 붙잡아 주고 실제로 많은 사람들이 찾고 있는 출구로 인도하는 일"이라고 강조했다.

반하트는 1934년 보고서에서도 한국 YMCA 활동에 영향을 미치는 한국 사회분위기를 전하며 대표적인 사례로 한국인이 반일을 위해 마르크시즘과 파시즘 사상을 전파하는 것을 들었다. 그는 그 같은 사상이 맹위를 떨치고 있지만 교회가 반박하지 못하는 것이 더 문제라고 지적했다.

> "오늘날의 한국은 겉으로는 평화로운 모습이다. 몇 년 동안 꾸준히 계속되어 오던 정치적 소요는 거의 찾아보기 어렵다. 이는 희망이 없다고 생각했기 때문이 아니라 오직 강해져야 희망이 있음을 자각했기 때문이다. 한국인들은 일본에 반대하는 강대국들이 지금 일본에 하는 것처럼 대하는 방법을 알지 못했다. 자강해야 된다는 깨달음은 일본이 만주사변[5]을 일으키고 국제연맹 탈퇴와 독자적인 도발 정책을 진행하는 과정에서 한국인의 의식 속에 생긴 것이다. 거의 밤을 새워가며 젊은이들은 마르크스의 '힘의 철학'을 받아들였고 파시즘 사상을 전했다. 이런 상황은 한국뿐 아니라 전체 극동지역에서 여전히 맹위를 떨치고 있다. 이와 관련해 슬픈 사실은 위와 같은 새로운 사상들에 대해 일제나 교회가 적절하고 무게감 있는 아무런 반박도 하지 않고 있다는 사실이다. 오히려 일제와 교회가 영향을 받고 있는 게 현실이다. YMCA 업무도 영향을

---

5) 1931년 일본 관동군의 자작 사건으로 시작된 만주에서의 중일전쟁. 중국이 국제연맹에 호소해 일본은 1933년 3월 국제연맹을 탈퇴하고 파시즘 체제로 전환하고 태평양 전쟁을 일으켰다.

받고 있다. 젊은 회원들은 전부 새롭게(새로운 사상에 맞춰) 접근해 가자고 요구하고 있다."

반하트는 특히 "일본 정부가 파시즘을 추구하고 같은 생각을 가진 한국인 그룹들이 국가와 제도를 통해 군국주의적 획일화를 받아들이고 있다."면서 "YMCA도 개인 회원들의 관심에 반대하기보다는 그들의 요구에 호응해 스스로 변하고 있다."고 했다. 하지만 그는 전체적으로 "YMCA 내부의 그룹 자체가 지나치게 이념 지향적인 조직이 되지 않도록 하고 있다."고 덧붙였다.

한편 1930년대 중반기에 들어선 다음에 반하트는 1935년 보고서에서 한국인의 만주 이주와 교육받을 기회가 부족한 현실을 전하고 있다.

"한국인을 만주국으로 이주시키려는 확고한 일제의 정책이 시작됐고 현재 시행 중에 있다. 이미 약 200만 명 정도의 한국인이 만주로 이민 간 것으로 추정되고 있다. 이민 정책은 먹고살 수가 없는 어려움 때문에 현상 타파를 위해 탈출을 하려는 사람들과 맞물려 한반도의 남쪽 지역을 더욱 이질적인 곳으로 만들고 있다. 한국인들이 떠난 자리에 일본인들이 이주해와 과거와는 다른 인구 구성 분포가 된 것이다.

교육 부문에서 몇 년 전 정부는 모든 면(面)에 1개의 소학교(초등)를 설치하는 정책을 발표했고 지난해 그 정책이 완료됐다고 밝혔다. 최근 정부는 각 면에 소학교와 함께 고등보통학교(중학 과정)를 설치하겠다고 발표했다. 지방 시골보다는 대도시의 교육 여건이 더 좋기는 하지만 한국의 어느 곳에서도 교육 수요를 만족시킬 만큼 충분한 학교가 있는 것은 아니다. 수 천 명의 어린이들이 여전히 가정에서 교육을 받고 있고 서울에 있는 학교에 들어가기 위해서는 10대 1의 경쟁을 해야 한다."

반하트는 이듬해(1936년) 보고서에서 전체적인 사회상을 개관하며 일제의 강제 통치에 어쩔 수 없이 순응해가는 한국인의 모습을 자세히 전하고 있다. 그 모습은 삶이 가치가 아니라 겨우 존재하기 위한 수준이라고 보았다.

"한국은 산업의 붐이 한창이고 그와 함께 인플레이션 상황의 재정 상태로 인해 모든 물질적인 부문에서 엄청난 활동이 일어나고 있다. 이 산업 붐은 한국의 모든 영역에 영향을 주고 있지만 이곳에서 일어나고 있는 물질적인 붐은 미국의 물질적 붐과 똑같은 것은 아니다. 동양에서의 삶이란 가치가 문제가 아니라 많은 사람들의 경우, 겨우 생존하는 수준에서 살고 있을 뿐이다. 그 같은 사람들에게 산업의 붐은 빈곤의 고통을 조금 완화해줄 뿐이다.

한국은 인구가 2,200만 명으로 엄청난 비율로 인구가 증가하고 있는데 모든 도시에서 재건축과 도시가 확장하는 모습을 찾아볼 수 있다. 이 때문에 땅값은 천정부지로 뛰고 건축자재 비용도 빠르

January 8, 1936.

B.P. BARNHART - BUDGET FOR 1936.

Salary	3,897.83
Retirement fund	226.00
Medical	200.00
Vacation	58.00
Education of children	379.50
Income tax - Korea	11.60
Travel on field	435.00
Travel to or from field (pro rata)	350.00
Educational-publicity material	7.00
	5,564.93

반하트의 1936년 1월에 책정된 연봉. 총 5,564달러로 급료는 1년간 3,897달러. ⓒ 미네소타대

게 증가하고 있다. 이에 따라 YWCA 산업교육부는 전에는 몇 달 동안 같은 값을 받았던 재료가격을 인플레로 인해 매일 다르게 받고 있다. 이렇게 받는 재료 가격 중 일부는 예전 가격으로 시간이 지나면 실제 가격을 받는데 모든 식료품 가격도 올라 사람들은 매일 물가가 더 높아지는 것을 온몸으로 느끼고 있다."

2. 체육지도자 활동

- 캠핑, 씨름도 스포츠로 발전

1933년 체육 관련 보고에서 반하트는 "젊은 회원들의 수가 느는 것을 보면 서울 YMCA 활동이 그들에게 혜택이 되는 것으로 보인다."면서 "지난 10년간을 보면 체육 활동이 증가되고 있음을 알 수 있다."고 말했다. 그에 따르면 15년 전만 해도 체육부는 YMCA 활동에서 가장 약한 부서였으나 현재는 가장 강한 부서 중의 하나가 되었다. 또 1934년 보고서는 서울 YMCA는 체육부의 경우, 지도자 훈련 부문에서 대단한 성과를 거두고 있고 체육 활동과 체육프로그램에 따른 지도자의 수요에 대해서도 잘 준비가 돼 있는 것으로 보고했다.

1930년대 전반기의 보고서가 체육과 관련해 간략하게 보고했던데 반해 1935년 보고서(1934년 가을부터 1935년 여름)는 체육에 대해 별도 항목으로 자세한 보고를 하고 있다. 특히 한국에서 전통적인 숭문(崇文) 관습 때문에 운동에 대한 개념이 없고 손에 흙 묻히는 것을 싫어하던 젊은이들이 운동에 빠져드는 과정을 자세히 적어 반하트와 YMCA의 체육 활동이 큰 성과가 있었음을 밝히고 있다.

"건강에 대한 신조만큼이나 지난 수년간 한국의 젊은이들 사이에서 확산된 생각은 아마도 없을 것 같다. 수십 년간 한국의 젊은이들은 최고의 이상적인 인생 과정을 정부 시험(과거)에 합격해 관료로서 권력의 길로 나서는 것이었다. 이 권력이란 우러러 떠받들어지고 재정적으로 독립하는 것을 뜻한다. 그 결과로 한국에는 문인들이 높아졌고 존경을 받았다. 이런 사회적 풍조에 따라 전형적 한국인들의 생각 속에는 고질적으로 인간의 노동이나 운동의 경우, 문인 학자가 빠져들어서는 안 되는 분야로 여기게 되었다. YMCA가 서울에서 체육 시작했을 때 대부분의 젊은이들은 이런 관념을 갖고 있었다. 손에 흙을 묻히지 않고 긴 손톱을 갖고 있는 것이 특권이라고 생각하던 사람은 YMCA 회원 중에도 있었다. 그러나 그들은 점점 운동을 하고 자신의 몸체를 관리함으로써 '건강을 추구하는 것'이 이상적이라는 생각으로 바뀌었다. 이 같은 생각의 변화는 지난 30년 동안 엄청난 속도로 빨라졌다.

1934년에도 한국 YMCA는 여건과 마찬가지로 한국의 젊은이들이 건강을 추구하도록 인도했다. 매일 아침 해가 뜰 무렵 전국 13개 시도에서는 개인과 단체가 체력 운동하는 모습을 볼 수가 있었다. 어떤 사람들은 산위에 올라가 하기도 하고 일부는 집 뜰이나 교회와 절의 마당에서도 한다. 이런 움직임은 한국 YMCA가 시작하고 지도하고 있다.

농구는 한국의 학교나 클럽에서 중요한 스포츠가 되었다. 한국에서 최초의 농구팀은 1916년 YMCA에 의해 조직되어 현재 한반도 전체에 수 백 개의 팀이 경기를 펼치고 있다. YMCA가 여전히 농구계를 이끌어 나가고 있는데 학교대항, 지역대항, 국가대항 게임과 대회를 주관하고 있다. 코치와 심판 기구의 사람들은 모두 전적으로 YMCA가 훈련시키고 있고 운동 규칙의 번역과 해설은 YMCA 체육부에 의해 되고 있다."

반하트는 서울에 있는 동안 농구 심판을 비롯해 서양 체육의 보급뿐만 아니라 씨름을 비롯한 한국 전통 스포츠의 보급에도 기여하며 YMCA가 한국 젊은이들에게 건강과 힘을 갖도록 해주는 것에 대해 큰 자부심을 가졌다.

"(서양의) 새로운 운동이나 게임이 도입되고 교육되고 있을 뿐만 아니라 옛날 한국의 운동도 부활되고 보존되고 있다. 가장 빠르고 매력적인 게임으로 알려진 것은 한국의 레슬링(씨름)이다. 이 게임에서 우승하기 위해서는 5명의 상대방을 연이어 제압해야 한다. 이와 함께 활쏘기, 팔씨름 등 많은 다른 한국 전통 스포츠들이 점점 한국 내 적당한 곳에서 다시 자리 잡아가고 있다. 전국의 모든 곳에서 그들의 건강 보건 프로그램에 도움을 요청하는 편지들이 계속해서 들어오고 있다. 이제는 건강 보

평양의 두 남자가 팔씨름 하는 것을 그로브 목사(왼쪽 위)가 보고 있다. © 드루대

건문제를 전문으로 하는 통신학교를 만들어야 할 정도가 되고 있다.

이처럼 한국 YMCA는 건강과 힘을 갖는 한국 젊은이들의 도전에 확실히 응해주고 있다."

반하트의 1936년 보고서에서 특별히 주목되는 내용은 손기정 남승룡의 베를린 올림픽 마라톤 제패 기록이다. 이 해 8월 9일 베를린 올림픽에서 두 선수가 거둔 쾌거는 스포츠맨인 반하트로서는 20년간 한국에서 펼쳐온 스포츠 봉사에 큰 보람을 느끼게 해주는 사건이었다. 이 해의 체육 관련 보고서 내용은 이런 성과를 중심으로 썼다.

"지난해 YMCA 활동은 카멜레온처럼 변화가 심했다. 한국 사회 전체가 보여준 것 같이 급박하게 움직였다. YMCA는 체육부, 산업부, 교육부의 사업들이 아주 번성하며 잘 됐는데 역사상 그렇게 잘 된 때가 없었다. 각각의 활동 부서는 열심히 하는 참석자들로 가득 차있다. 여기에서 주목되는 사실은 2명의 한국인이 베를린 마라톤에서 1등과 3등[6]으로 골인했고 일본 농구팀에는 서울 YMCA의 멤버 3명이 참가해 대대적으로 (한국인들의) 운동 경기에 대한 관심을 자극시켰다는 점이다.[7]

또 다른 면으로 보면 한국 YMCA가 이미 한국의 젊은 아마추어들을 세계 육상계에서 상당한 위치를 확보할 만큼 발전시켰다는 점도 주목된다. 현재 한국에서는 어느 곳에서나 1940년과 1944년 올림픽뿐만 아니

---

6) 반하트는 손기정과 남승룡은 밝히지 않은 채 '1등과 3등으로 골인했다'고만 밝혔다.

7) 당시 일본 대표팀 소속으로 출전한 한국인은 손기정과 남승룡을 포함하여, 축구의 김용식, 농구의 이성구, 장이진, 염은현, 복싱 웰터급의 이규환이다(1936년 베를린 올림픽 - 나무위키)

라 그 이후를 꿈꾸며 달리는 젊은 마라톤 지망자들을 만날 수 있다. 마찬가지로 농구는 한국의 젊은 성인과 청소년들에게 한국을 대표하는 구기 종목이 되었는데 이는 필자(반하트)로 하여금 꼭 20년 전 처음으로 운동을 가르치던 때를 회상하게 한다. 심지어 요즘도 거의 모든 농구 코치는 서울 YMCA가 배출하고 있다."

반하트는 "이들 코치가 전체 한국인들의 인품에 미친 영향은 모르겠지만 한국의 운동선수들이 훌륭한 인품을 갖도록 하는데 큰 영향을 미쳤음은 분명하다"며 스포츠맨십을 통해 한국인의 품격 향상에 기여하는 게 스포츠의 또 다른 중요한 역할임을 강조했다. 반하트의 1936년 보고서에서 주목되는 사업은 서울 YMCA가 새로운 캠프장 부지를 구입했다는 사실이다. 그는 보고서에서 "4에이커(약 16,000㎡)의 캠프장 부지를 서울 가까운 곳에서 구입하는 일은 진전이 이뤄지고 있다. 이 땅은 우리가 구입했던 상태 그대로 있는데 그 이유는 개발할 기금이 아직 없기 때문이다. 그러나 이 땅은 가까운 시일 안에 우리가 개발할 곳으로 주목하고 있는 곳이다"라고 전했다.

이 보고가 주목되는 것은 반하트가 한국 젊은이들이 자연 속에서 며칠 동안 살며 자연을 배우고 참가자들의 협동심을 기르는 캠프를 YMCA의 주요 활동으로 선정하고 적극 장려했다는 사실을 밝히고 있기 때문이다. 반하트 자신도 여행, 트래킹, 등산을 좋아했고 활달한 성격을 가져 캠핑을 YMCA 활동으로 적극 장려했다. 과거 한국의 전통사회에서는 강가에서 물고기를 잡아 즉석에서 끓여먹는 천렵(川獵) 정도가 풍습으로 있었으나 캠핑은 전혀 다른 개념으로 소개됐다. 반하트는 캠핑에 대한 개념

평양에서 연놀이를 하는 소년들. 아이들이 연자세를 들고 있다. 오른쪽에 보이는 건물은 포웰 병원. © 드루대

을 알려주면서 그 보급에도 많은 노력을 기울였다. 그가 이듬해 쓴 〈캠핑을 갑시다〉라는 제목의 글에서 그 깊은 노력이 느껴진다.[8]

"몇 년 전만 해도 한국에서 성공적으로 캠프를 한다는 것은 매우 어려운 일이었다. 캠핑을 하는 어떤 그룹을 보아도 (놀러 간다는 생각뿐) 관심이 부족했고 설령 캠핑을 가고 싶어 하는 경우에도 지도자나 서로에 대한 책임감 없이 2, 3명이 가는 것을 원했다. 이런 형식의 '캠핑 가기'는 '코니 아일랜드'[9]로 여행 가는 것과 비슷한 것을 의미했다. 이런 캠핑족들은 최고의 환락이 있는 곳으로 가기를 원했고 하루나 여러 날 머물 수도

8) 반하트, 〈캠핑을 갑시다〉, KMF, 1937년 9월, pp. 17~18.

9) 뉴욕 시 브루클린 구의 남쪽해안에 있는 위락지구. 1840년대부터 피서지가 되었고 1920년 지하철이 다니면서 더욱 발전했다. 해수욕장, 공원, 요트 경마장 등이 있다.

있었지만 얼마나 머물지는 그들이 머물 수 있는 시간에 달려 있고 돈이 바닥날 때 까지였다.

그러나 5년 전부터는 새로운 그룹의 진짜 캠핑족들이 생기기 시작했다. 그러나 아직도 코니 아일랜드와 비슷한 종류의 위락지구에서 지내는 것 정도로 생각하는 캠핑족들이 많다. 예를 들면 수 천 명이 원산의 해변이나 제물포의 휴양지, 산과 같은 곳으로 몰려가고 있는 모습이 그 증거이다. 그러나 많은 한국의 소년 소녀와 일부 남녀들은 최근 몇 년간 열정적인 캠핑족이 되었으며 캠핑의 진정한 뜻이 무엇인지를 알게 되었다."

캠핑에 대해 단순히 위락으로 생각하는 당시 풍습을 비판적으로 본 반하트는 3면이 바다인데다 산도 많이 있는 한반도를 캠핑과 관련된 축복받은 땅으로 생각했다. 그러나 가까이에 캠핑할만한 장소가 너무 많아 캠핑을 쉽게 생각하는 경향이 있다고 보기도 했다.

"언뜻 생각하기에 한국은 캠핑할 장소가 차고 넘칠 정도로 축복받은 것처럼 보인다. 3면이 바다인 한국은 작은 만(灣)과 백사장, 돌로 된 벼랑 등이 있는 긴 해안선으로 둘러 싸여 있어 해안지대에서도 마음먹기에 따라 캠핑장소를 찾을 수 있고 캠핑족들의 꿈을 이룰 수 있다. 또 바다를 싫어하는 사람들을 위해서는 마찬가지로 한국의 산과 강은 캠핑할 수 있는 많은 아름다운 장소를 제공해 준다. 한국에는 바위와 자갈로 된 물 기슭과 또 강바닥에 블루 길 같은 물고기가 많으면서도 깊고 차가운 물이 가득 찬 호수는 거의 없다. 그러나 한국의 어떤 도시에서나 몇 시간이면 도달할 수 있는 아름다운 장소들이 있어 사람들은 한국에서 캠핑은 쉬운 것이라는 그릇된 인상을 갖게 된다."

반하트는 캠핑이 유행하기 시작하면서 당시 많은 학교와 교회, 기관들이 캠프장을 확보하려는 움직임이 있었음을 밝혔다. 하지만 그는 "한국에는 아름다운 장소가 풍부하다고 할 만큼 축복을 받았지만 사람들의 욕구를 만족시킬 아름다운 캠프장을 찾는 것은 매우 어려운 과제"라고 보았다. 그는 "만약 어떤 사람이 '캠프장 찾기가 어려운 과제'라는 나의 말에 의심이 간다면 아름다운 장소이면서 다음과 같은 조건을 가진 곳을 찾으려다 보면 내 말이 사실임을 알게 될 것"이라고 설명했다. 그가 꼽은 조건은 '접근성', '풍부하고 깨끗한 물', '위생', '사생활 보호'이다.

같은 글에서 반하트는 한국에서는 이번 여름에 많은 캠프가 열릴 예정이라면서 한국 YMCA는 현재 2개의 영구적인 캠프장을 갖고 있다고 소개했다. 한 곳은 골프 코스 넘어 새로운 다리 부근의 한강 가에 있고 다른 캠프장은 원산의 바닷가에 있는데 브로크맨[10]을 기념해 만든 곳이라고 소개했다.

---

10) 1929년 사망한 프랭크 브로크맨 총무 기념 캠프장.

3. 체육이외의 활동

- 농민학교 통한 양계와 가축사육 교육

1929년 협동총무가 된 반하트는 주 업무였던 체육과 청소년 프로그램의 영역을 넘어 1930년대에는 농업을 비롯해 모든 지역 프로그램에도 관여하게 된다. 그는 "수요자들의 요구가 급격하게 변화하고 있기 때문에 YMCA 프로그램도 빠르게 변하고 있다."면서 "그 같은 종류의 명백한 사례로 (농촌) 지역 사업의 지속적인 변화"를 꼽았다, 그는 특히 농업 프로그램을 추진할 수 있는 농업 지도자를 구할 수 없는 것이 문제라고 지적했다.[11] 이런 상황에서도 반하트는 이듬해 보고서[12]에서 농업 프로그램의 발전 과정을 설명하며 일정 부분 성과가 있었음을 밝혔다.

"처음에 이 사업은 마을학교조직 사업이었다. 그 후에 고지대 농업사업으로 한 단계 올라섰고 다시 농업발전과 축산으로 변화했다. 이에 협동조합이 이뤄졌고 이제는 마을 개량을 강조하는 단계에 이르렀다. 앞서 했던 사업들도 폐기된 것은 없고 현재는 새로운 트렌드에 따라 변화

11) 1933년 연례보고서.
12) 1934년 연례보고서.

가 강조되고 있다. 예를 들어 정부는 고려대 농업 발전에 매년 수십만 엔을 투입하고 있다. 우리는 다만 정부의 재원을 끌어낼 수 있는 모든 가능한 방법을 알려줘 한국의 농부들을 돕는 프로그램을 관리해 주고 있다. 현재 YMCA의 지역 프로그램은 청소년 운동과 함께 성장하고 있지만 아직 자체적으로 수행을 못하고 있어 그 결과로 이 프로그램에는 몇 가지 작은 문제점들이 드러나고 있다. 원래는 속도보다는 크게 성장하고 있으나 과학과 농업에 소양이 있으면서도 지방에서 일하겠다는 마음으로 무장한 리더를 찾는 일이 여전히 쉽지 않다.”

반하트는 “직원들은 아주 유능하고 충분히 탁월한 능력의 소유자이며 아주 많은 숫자의 일반회원들이 자신의 시간을 아끼지 않고 무료로 봉사하고 있다. 그럼에도 부족한 점은 경험 없는 청소년들을 볼 때마다 그들의 삶을 가장 행복하게 해 줄 수 있는 길로 만족할 만하게 인도할 지도자들이 그렇게 많지 않은 점”이라고 아쉬워했다.

이때의 농촌 관련 보고서로는 ‘양계를 발전시킨 이야기’가 있는데 한국 토종닭이 계란도 많이 못 낳고 성장도 늦어 서양 닭 보급에 나선 것이다. 반하트는 보고서에서 1,100개의 계란을 미국에서 가져와 농부들에게 나눠주고받은 숫자의 두 배를 연말에 갚도록 했다고 밝혔다.

“1,100개의 순종 레그혼종과 로드아일랜드 레드종 달걀을 부화시키기 위해 농부들에게 무료로 나눠줬다. 농부들은 자신들이 받았던 달걀 수보다 두 배가 되는 수의 달걀을 연말에 돌려주기로 약속했다. 돌려받은 달걀은 다시 다른 농가에 주기 위한 것이었다. 우리는 이런 방법을 통해

YMCA가 농민들에게 분양해 준 닭 레그혼을 잘 기른 사람이 자랑스러워하는 모습. © 미네소타대

작고 마른 한국의 토종닭이 크고 살이 많은 서양 닭으로 개선되기를 바라고 있다.

똑같은 아이디어로 홀스타인 종 송아지와 버크셔 종 돼지 사업도 진행되고 있다. 지역 YMCA에 순종 돼지 한 쌍과 6마리의 닭을 보내주었다. 이 지역 YMCA는 또 실험적으로 농장을 운영하고 있는데 그 농장에서는 농사와 과일 재배에 대한 최신의 방법을 시범적으로 보여주고 있다."

1935년 보고서에서는 일반적인 상황보고에 이어 '교육' '체육' '농업'에 대해 다른 해보다 구체적으로 보고하고 있다. 그는 현장 점검 후 농민학교의 목적과 실태를 다음과 같이 보고했다.

"농민학교의 목적은 농촌에서 오는 학생들에게 새로운 삶을 갖도록 해주는 것이다. 30명에서 50명 정도 되는 지원자 중 심사를 거쳐 15~16명의 작은 그룹을 선발했는데 이들의 연령은 16세에서 22세까지이다. 이들은 물론 농촌 출신이고 실제로 그들 자신이 영세 농민이어야 했다. 교육시험과 학습능력을 비롯해 추천서, 앞으로의 발전 가능성, 교육 내용에 대한 확실한 미래 사용 가능성, 외모 등을 토대로 학생들을 선발했다."

반하트는 이 농민학교가 연간 3차례 운영되며 4가지 목표가 있다고 보고했다.

"매년 학교는 대상자가 다른 3개의 다른 학교가 열리는데 11월 15일부터 2월 15일까지 농한기에는 청소년 학교가 개교된다. 봄에는 YWCA가 농민학교를 사용하는데 젊은 여성들이 농촌에서 온다. 여름에는 세 번째 그룹으로 학생 그룹인데 이들은 자신들이 살고 있는 마을을 돕는데 관심이 있다. 전체적으로 농민학교의 목표는 첫째, 불필요한 것을 버리고 대신 삶에서 필요한 것을 찾기 위해 공부한다. 둘째, 현재와 미래를 위해 확실한 희망과 기대할 만한 것을 개발한다. 셋째, 집으로 돌아가 배운 것을 실습하고 계속 공부하기 위한 부서들을 개발한다. 넷째, 예수 그리스도와 같은 사고방식과 행동양식을 스스로 개발하고 자신의 이웃들 속에서 그 같은 생각을 공개적으로 증호하며 살아간다."

보고서에는 학습 과정과 담당 강사의 이름을 밝히기도 했는데 12개 주제는 '농민학교 설립 취지 강의', '농촌경제의 문제점들', '개작된 노래 부르기', '위생', '협동과 새로운 삶', '회계장부 기장법', '채소 재배', '비료 사용법', '일반농업과 잠업', '가축 사육', '가내 산업', '덴마크식 운동'이다. 모든 과목을 한국인 교사가 가르쳤으나 가축 사육의 경우, G. W. 에비슨과 B. E. 반하트가 참여한 점이 눈에 띈다. 이와 관련해 반하트는 공주 영명실수(實修)학교에 어린 젖소 두 마리를 보낼 예정인데 서울 집에서 기르는 두 젖소와 자신의 아이들이 정이 들어 어떻게 떼어놓아야 좋을지 모르겠다는 색다른 고민을 한 편지에서

했다. 이런 상황을 미뤄 보면 당시 한국에는 목축업에 대한 개념이 없고 한국인 교사도 없었기 때문에 반하트가 직접 교육에 나섰음을 확인할 수 있다. 가축 사육을 가르친 에비슨은 광주 YMCA에서 간사로 활동했다. 학생들은 12개 주제 이외에 밤마다 모여 토론하고 YMCA는 수료자들의 활동을 수료 후에도 점검했다.

반하트의 농촌 보고서는 현지답사를 토대로 작성된 것인데 1935년 6월 북미 YMCA의 담당자인 뉴욕의 A. W. 한센(Hansen)에게 보낸 서신[13]에서 당시의 실태를 더 잘 알 수 있다.

> "나와 농업담당 고문인 클라크 씨는 최근 한국의 남부 지방을 순회했습니다. 우리는 해당 지역에서 YMCA가 하고 있는 몇 가지 프로젝트에 대하여 살펴보았습니다. 우리는 전체 일정을 자동차로 다녔는데 첫날

10일간 열리는 농민학교의 지도자들을 환영하는 마을 주민들. ⓒ 미네소타대

13) 이 편지는 미네소타 대 카우츠 패밀리 YMCA 자료 보관소에 소장돼 있다.

찾은 곳은 서울에서 3시간 정도 떨어진 곳이었습니다. 그곳에는 김 목사님이 살고 있었는데 우리가 '고구마 프로젝트'라고 부르는 것을 맡아서 했습니다. 그는 싹이 나온 고구마를 비롯해 일부는 굴속에 보관하고 일부는 밭의 땅속에 보관하고 있었습니다. 그는 고구마를 다양한 형태의 흙과 비료를 비롯해 다른 조건 아래 키워 어느 조건이 고구마 재배에 최적인지 알아보려고 하고 있습니다. 그는 함께 일하고 있는 농부들을 위해 봉사함으로써 그의 설교가 교육 가치 있게 될 것으로 생각하고 있었습니다."

반하트와 클라크는 두 번째 방문지로 공주를 갔는데 공주 영명실수학교에는 F. E. C. 윌리암스 교장이 학생들에게 농업과 축산에 대해 이미 가르치고 있는 곳이었다.[14]

"우리는 두 번째로 2시간 정도 떨어진 공주라고 부르는 작은 도시에 갔는데 그곳에는 몇 명의 북감리교 선교사들이 선교를 하고 있는 곳입니다. 그곳에서 선교사들이 하고 있는 일 중의 하나는 고등학교 1, 2학년에 해당하는 남자학교를 운영하는 것이었습니다. 학교는 자체적으로 커다란 농장을 갖고 있었고 그들은 두 번째 프로젝트로 동물 사육을 하고 있었습니다. 학교에 오는 농부 소년들은 어떻게 동물들을 보살피는지

14) 이 방문에 앞서 반하트는 협동총무가 된 직후 1929년 공주를 방문했던 것으로 보인다. 윌리암스의 연회(평양 남산현교회, 6월 19~25일) 보고서(Minutes of Korea Annual Conference 1929)에 따르면 "Y.M.C.A.가 두 사람을 보냈는데 한 사람은 공주 이남 지역의 돼지와 닭 사육 실태에 대해 묻고 다른 한 사람은 양봉 관리에 대해 실무적인 강의를 해줬다. 또 오후에는 한 사람은 이곳의 교도소에 가서 산업기계 시설을 둘러보고 다른 한 사람은 모범 농장을 조사했다."고 밝히고 있다.

배우고 있었습니다. 현재 이 학교는 겨우 암소 한 마리와 몇 마리의 염소를 키우고 있는데 가까운 시일 내에 두 마리의 암소가 더 들어 올 예정으로 있습니다. 우리는 이 같은 종류의 프로젝트에 대해 큰 기대를 갖고 있습니다. 나는 두 달 안에 공주 프로젝트용으로 보낼 계획인 순종의 어린 젖소 사진을 동봉합니다. 젖소는 우리 집에서 직접 기르고 있는 것으로 걱정은 우리 집 아이 둘이서 이 어린 젖소를 너무 사랑해 떼어 놓는데 어려움이 있지 않을까 하는 겁니다."

두 사람은 다시 공주에서 다섯 시간 정도 떨어진 광주로 가서 남쪽 지역에서 중심적인 사업장이 될 5에이커(2만㎡)의 땅을 둘러보았는데 이곳은 농민학교에서 반하트와 함께 가축 사육을 가르치고 있는 G. W. 에비슨이 관리하는 곳이었다.

> "이곳에서는 다양한 종류의 곡식들이 다른 상황에서 자라고 동물 사육이 부근 지역의 발전에 중요한 역할을 하게 될 전망입니다. 우리 YMCA의 외국인 간사 중 한 사람인 에비슨(Avison) 씨가 이 나라의 미래를 계획하는 모든 젊은이들에 정말 공헌하는 곳이 되도록 하기 위해 공부하며 준비하고 있는 것을 확인했습니다."

반하트는 1935년 당시 보충학교, 산업학교, 영어학교, 실습학교 등 여러 학교가 시작된 이래 많은 시간이 흘러 "그 결과 이제는 한국의 모든 부문에서 우리의 졸업생들을 만날 수 있다."고 보람을 이야기했다. 그는 "졸업생이 수천 명을 헤아리는데 그들은 말과 행동으로 한국의 YMCA가 그들을 더 나은 삶으로 인도했음을 증언하고 있다."고 밝혔다.

반하트는 1936년의 교육 활동에 대해 한국에는 초등학교 졸업생 수에 비해 중학교 정원이 너무 적어 중학교 진학을 못하는 학생들의 경우, 마지막 희망이 YMCA 학교에 들어오는 것이라고 당시 사정을 전했다.

> "한국 젊은이들의 교육 여건은 매우 어려운 환경에 놓여있다. 한국에는 수천 명도 넘는 초등학교 졸업생들이 있는데 이 숫자는 들어갈 수 있는 고등보통학교(중학교) 정원보다 훨씬 많은 것이다. 이에 따라 우리 YMCA가 운영하는 학교에 들어오는 것이 그들에게는 마지막 기회임을 알면서도 수백 명의 입학을 거절한다는 게 얼마나 안타까운 일인지 모른다. 많은 수의 입학 지원자들은 고등보통학교에 들어가기 위해 경쟁적인 입학시험을 치러야 하고 이중 떨어진 수백 명이 YMCA 학교에 입학하는 기회를 얻음으로써 (공립학교 입학하는데 실패했으나) 위안을 받을 수 있었다. 지난 1년 동안 이렇게 뽑은 학생들이 졸업하면서 졸업생 전원이 경쟁력이 높은 상급학교에 입학할 수 있었다. 현재 YMCA 학교에는 매일 1,500명 이상의 학생들이 출석하고 있다. YMCA 학교는 정부의 규칙으로 규정된 교과과정은 같지만 다른 공립학교들과는 다른 교과과정도 있다. 그 이유는 모든 청소년들에 지식뿐만 아니라 신체적, 정신적으로 발전하도록 하는 게 목표이기 때문이다. 수백 명의 학생들이 YMCA 학교에서 그리스도가 누구인지 배우고 있고 다른 이들을 도울 수 있는 방안을 찾으면서 은혜받은 정신으로 졸업해 나가고 있다."

1940년 11월 미국인 철수령에 따라 귀국하게 된 반하트는 1939년

뉴(New) 박사 부부(왼쪽)와 반하트(왼쪽에서 두번째), 아펜젤러(맨 오른 쪽) 가족들. 1935년 자택.
ⓒ 전기

3월호 KMF[15]에 귀국 전 마지막 한국에서의 활동에 대한 보고를 하고 있다. 5개 항목으로 나눠 체계가 잡힌 이 보고서를 끝으로 반하트는 자신이 '제2의 조국'으로 여겼던 한국을 하직하게 된다. 말년의 보고서에서 그는 "이제 YMCA의 활동은 소녀 프로그램도 있고 모든 연령대를 아우르고 있다."고 소개했다.

> "YMCA 사업은 자기 자신의 발전과 동시에 타인의 발전을 위한 활동을 목적으로 사람 간의 유대를 견고하게 하는 것들이다. 그에 따라 YMCA 활동은 좀 더 여유가 있는 사람들이 그보다 부족한 사람들의 발전을 위해 돕고 북돋는 일을 하게 된다. 그 결과 YMCA 활동을 하게 되

15) KMF, 1939, Mar., pp.60~61.

면 좀 더 여유 있는 그룹의 경우, 계속 발전하도록 하고 동시에 여유나 능력이 부족한 그룹은 더 많이 발전하도록 독려하게 되며 이 과정을 통해 모두가 평준화된 목표에 도달하도록 돼 있다.

YMCA 지부는 자체적으로 조직된 단위이며 자율적으로 관리, 유지, 감독되고 있다. YMCA가 전에는 남성 성인과 소년만 대상으로 했지만 이제는 가족과 소년·소녀 프로그램도 하고 많은 지부에서는 모든 연령대의 사람을 대상으로 운영되고 있다. 기독교 정신으로 관리되는 것은 확실하지만 피부색이나 민족, 계급에 따른 차별과 같은 개념은 전혀 존재하지 않는다. 각 YMCA 조직은 주어진 영역과 지역 내에 있기 때문에 YMCA 조직은 언제나 그 같은 한도 내에서 움직이고 있다."

반하트는 분야별 발표에서 YMCA의 주력 사업인 교육활동을 가장 먼저 보고 했다.

"교육은 젊은이들이 현시점에서 잡을 수 있는 가장 열망하는 YMCA의 사업으로 그들의 길잡이가 되고 있다. 서울의 두 곳 YMCA를 비롯해 지방 여러 지역 YMCA에는 전체 학년을 가르치는 완전한 과정의 보충학교들이 있다. 이들 학교의 형태는 초등학교부터 전문적인 산업, 상업, 농업학교 같은 중학교 등 다양하다. 이들 학교에는 대략 1,800명의 학생이 매년 등록하고 있고 연령대는 10세부터 25세까지 분포되어 있다. 이들 학교에 다니는 학생들은 집안이 가난한 사람도 있고 부자도 있으며 일일 노동자, 농부, 자영업, 전문가 등 다양한 사람들로 구성돼 있다. 학생들 각자의 목표는 사회에 적응하는 것을 비롯해 삶을 풍요롭게 하기

평양 어린이들의 율동. © 드루대

세브란스 의전 학생들의 준비 체조. S. R. 빈턴 촬영. © 드루대

위한 것 등 다양한데 교육받는 것 자체만을 위해 출석하지는 않는 것으로 조사됐다."

반하트는 '특별 그룹들'이라는 제목으로 두 번째 분야 보고를 하는데 다양한 체육 활동을 비롯한 취미 활동에 대한 내용이다.

"같은 활동을 하는 젊은 동호인들의 그룹 형성을 위해 개인적인 기호와 취미를 맞춰주면서 YMCA는 다양한 모임을 제공해 주고 있다. 성경공부, 연주, 노래 부르기, 오케스트라, 사진, 스케이트, 농구, 체조, 주짓수, 레슬링, 수집취미(우표, 동전 등), 계절특수모임, 시합(장기 등), 무용, 재봉과 같은 그룹이 있으며 이밖에도 몇 가지 흥미 있는 활동을 하는 그룹들이 있다. 모든 연령대와 모든 분야가 망라돼 있다. 의심의 여지없이 이런 모임들에 대한 사회적 평가는 높은 편인데 그 이유는 참가자들이

스케이트를 타는 소년들 © 드루대

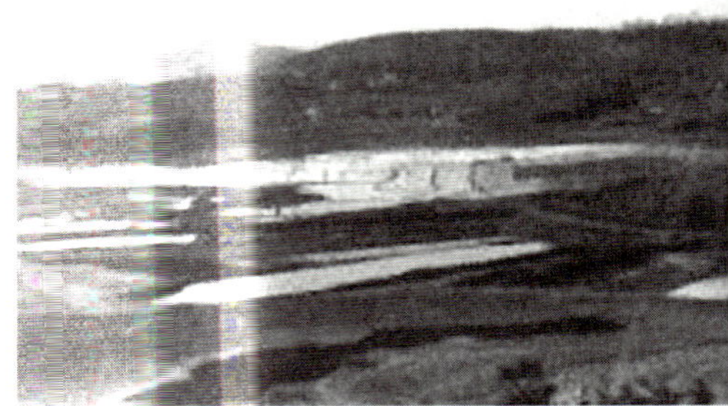

겨울 논바닥에서 스케이트를 하는 모습. 산 기슭에는 초가집들이 있다. © 드루대

자기 자신을 개발하는 최고의 클럽이고 동시에 그룹 활동과 개인적 기량을 증대시키는 지름길이기 때문이다.”

반하트가 제출한 세 번째 보고는 짧은 기간에 몇 회로 나눠 행해진 특별한 모임들에 대한 것이다.

“타고난 재능이 있거나 영감을 통해 어떤 형태의 능력을 갖게 된 사람들이 몇 명의 지도 아래 그 같은 경험이나 능력을 공유하기 위해 다양한 방법으로 함께 모이고 있다. 이런 모임들은 일반적으로 짧은 기간 동안 모이는데 통상 한 회기 이상 계속되지는 않는다. 어떤 모임은 1주일 단위로 몇 회기를 계속하는 경우도 있다. 이런 모임들은 YMCA 회원의 한계를 뛰어넘어 여러 가지 인간 삶의 형태를 논의의 주제로 하고 있다. 이 같은 모임의 훌륭한 사례가 대학과 고등학교에 있는 학생 YMCA이다. 학생 YMCA는 그리스도 안에서 사랑과 소망과 개인 구원의 메시지를 전하는 전도 팀을 만들고 수많은 사람들에게 파견하고 있다. 또 많은 가족 그룹들이 참여하는 촛불예배와 크리스마스 축하 행사들도 참석자들에게는 잊을 수 없는 모임이 되고 있다."

네 번째는 왕성한 스포츠맨으로 야외 활동을 좋아한 반하트가 역점적으로 펼쳤던 수양회와 캠프에 대한 보고이다.

"지난 2년간 여러 가지 사회적인 노력들이 있었지만 한국사회에서는 전반적으로 활동을 적게 하려는 경향이 눈에 띄었다. 하지만 우리가 하는 활동들은 시간이 지나면서 더욱 활성화되었으며 수양회와 캠프는 적당한 장소를 찾아 정착했다. 중앙 YMCA를 중심으로 한 노력의 결과로 생성된 고도화된 리더십과 소통에 힘입어 수양회와 캠프 행사는 헤아릴 수 없을 만큼 큰 가치를 갖게 되었다. 필자는 한 가난한 소년들이 캠프에서 식사하던 모습을 결코 잊을 수 없다. 그날 캠프 참가 소년들은 하루 한 끼를 소금물에 삶은 감자와 보리차로 해결했다. 대부분의 캠프는 언제나 개인 참가자들의 재정적 상태와 맞물려 진행됐다. 캠프가 재정적인 어려움으로 빈약하게 진행되고 있음에도 참가자들은 자신들의 자존심을 중요시했다."

반하트는 끝으로 YMCA가 새롭게 주력한 상담과 지도 사업에 대한 성과를 보고했다.

"개인적인 일을 비롯해, 개별적인 상담, 직업 알선 등 모든 종류의 조정행위는 사회적으로 중시되고 계속해서 해야 되는 분야이다. 이렇게 함으로써 주는 사람이나 받는 사람이나 서로 커다란 만족과 혜택을 받을 수 있게 된다. 이렇게 하는 동안 그 안에서 커다란 가능성이 생겼고 최소한 더 생산적이고 조직적 방안을 추구할 수 있었다. 우리가 상담을 하면서 받았던 한 편지의 내용 중에는 이런 부분이 있었다. '나는 나를 상담해 주셨던 분을 항상 고맙게 여기고 있다.… 내가 그때 그분의 충고를 받아들이지 않았다면 나는 그 천한 과거에 머물러 있었을 것이다. 그리고 나의 나머지 인생은 바보 같은 것이 되었을 것이다. 현재 일하고 있는 이 회사에서는 책임 있는 위치에 있으며 나는 최선을 다해 일하기로 결심하고 있고 훌륭한 사업가가 되려고 노력하고 있다.… 앞으로도 많은 지도를 기대한다…' 이 처럼 개인에 대해 지도 상담을 하는 일은 현 시점에서 우리에게 가장 큰 과제가 되고 있다."

한편 반하트는 이 해에 자신보다 10년 앞서 한국에서 YMCA 간사로 공업 분야에서 탁월한 업적을 남긴 조지 A. 그레그의 부음을 듣고 KMF 1939년 10월호에 추모사[16]를 남겼다. 그레그는 한국 YMCA와 공업교육사에서 잊을 수 없는 인물로 대장간 정도 수준이었던 한국의 전통적 공업사회에 근대적 공업을 최초로 소개하고 가르친 인물이다. 반하트는 그가 중풍이 심해져 더 이상 봉사를 못하고 1928년 캐나다로 돌아갈 때까지 12년을 동료로 지냈다. 반하트는 추모사에서 그레그의 내한 과정과 서울 YMCA의 건축 참여, 기계 및 목공 교육을 통해 한국 전역으로 퍼져나간

16) KMF, 1939년 10월, pp.259~260.

그의 제자들이 이룬 공업 발전에 대해 밝히고 있다.

"그레그 선교사는 1906년 한국에 와서 몇 달 동안의 휴가 때를 제외하고는 1928년까지 이 땅에서 보냈다. 심지어 고인은 중풍으로 힘들었음에도 불구하고 60세가 될 때까지 한국에 머물렀으며 그 후 은퇴 해 여동생이 살고 있는 토론토로 갔다.

한국에는 조지 그레그처럼 다양한 재능을 갖고 도움을 주기 위해 부름 받은 선교사가 그렇게 많지는 않았다. 그가 한국에 체류하는 동안 많은 사람들이 그런 사실을 알고 도움을 요청하러 그를 찾아 왔다. 그의 기발한 재주는 최상의 것이었다. 그는 자신의 손과 몇 개의 도구만 가지고 재봉침에서 오르간까지 어떤 것이든 만들 수 있었다. 그는 언제나 새로운 궁리를 하며 도전했고 묘안을 찾느라 스스로 강박관념에 시달렸다. 또 항상 어떤 라인이나 핀, 어떻게 해결해야 할지 모르는 문제들을 고민 끝에 해결하면서도 짜증을 내는 법이 없었다. 그는 나에게 구두에서 찍찍거리는 소리가 나는 것을 제거하기 위해 몇 시간 동안 작업을 했다고 말한 적도 있었다.

그는 날렵한 손재주를 갖고 있었고 연단 위에서 시범도 잘 보였으며 동료와 친하게 지내는 훌륭한 엔터테이너였다. 많은 사람들이 그의 환대를 오랫동안 기억할 것이다. 그는 어떤 이야기를 말하는 능력이나 그의 정돈된 삶을 볼 때 뼛속까지 스코틀랜드 사람이었다. 그가 정리한 회계업무는 언제나 정확했다.

한편 고인은 선교사 사회에서 사심 없이 또 인색하지 않은 모습으로 늘 봉사했다. 어떤 사람을 위해 늘 무엇인가 고쳐주는 일을 하는 것 말

그레그(왼쪽)선교사의 지도로 선반 기계공업교육을 받는 학생들 ⓒ 미네소타대

YMCA 목공교실. ⓒ 미네소타대

고로 그는 오랫동안 서울 외국인 교회의 주일학교 관리자와 오르간 반주자로 일했다. 그는 첼로 연주자로서 약속한 날에 시간만 있다면 늘 거절하지 않고 봉사했다. 그는 독신자였기 때문에 자신의 첼로를 '아내'라고 부르곤 했다.17

한국을 위한 고인의 가장 훌륭한 공헌은 공업교육 부분이었다. YMCA 국제위원회 산업 담당 간사로 있을 때 고인은 존 R. 모트18로부터 한국에 가서 공업교육이라는 특수 업무를 해보라는 요청을 받았다. 고인은 모트의 요청에 당시 40에 가까운 나이에도 불구하고 1906년 한국에 왔다. 한국에 오자마자 그는 바로 서울의 한국 YMCA 회관 건립 업무에 즉시 투입됐고 이어서 현재와 같은 공업교육설비 설치 업무를 전적으로 도맡아 했다. 몇 년 뒤 나는 그에게 YMCA 체육관

17) 안익태는 평양 숭실중학교 재학 시 E. M. 모우리(Mowry) 선교사의 주선으로 여름방학 중 서울의 그레그를 찾아 첼로의 전문 지도를 받았다. 〈안익태기념재단 ahneaktai.or.kr 홈페이지〉

18) John R. Mott(1865~1955). 1946년 노벨평화상 수상자. YMCA와 세계기독학생연맹 지도자.

의 좌석을 수 백 개 설치하는 문제에 대해 서류를 건넨 적이 있는데 그의 대답은 언제나 "걱정할 것 없다."는 것이었다. 그것은 그가 가능성을 미리 생각하고 한 말이었다.

미시간의 그랜드 래피즈(Grand Rapids)에 사는 고인의 친구는 그를 도와 YMCA에 현재의 공업교육설비 시설을 만들어 주었다. 이런 실습공장 내에 공업학교가 들어서도록 함으로써 고인은 노동을 영예롭게 생각하는 운동을 시작했고 그 결과로 그의 '소년들(제자)'을 한국의 모든 곳에서 찾을 수 있을 정도가 되었다. 그가 세운 공업학교는 처음부터 잘 세웠기 때문에 현재 150명의 학생이 있을 만큼 어느 때보다 더 커졌는데 더욱 놀라운 것은 그 학생 수를 두 배나 늘리려고 계획하고 있는 점이다. 현재의 교사들은 과거 그가 키운 제자들이다.

독신이었던 나이 든 오랜 친구의 죽음을 즐겁게 받아들일 수 있는 것은 쉬운 일이 아니다. 그러나 슬픔이 우리 가슴을 꽉 움켜쥐고 있는 한편

그레그의 지도로 기계공업 실습을 하는 YMCA 학생들. ⓒ 미국 장로교 문서보관소(PHS)

왼쪽부터그레그 이상재(흰수염) 질레트 브로크만 ⓒYMCA

으로 (중풍으로 고생하던) 고인의 마지막 육체적 삶을 생각하면 다행이라고 생각하지 않을 수도 없다. 우리는 그가 그의 삶을 행복하게 놓았을 것이라고 확신한다. 한국을 떠나기 몇 년 전부터 나타나 서서히 진행된 중풍으로 인해 그는 마지막 몇 달 간은 말도 할 수 없었다. 그의 정신은 언제나 명료했지만 중풍으로 인해 그가 말하고 싶은 것을 알리는 것은 거의 불가능했다. 필자는 한국 YMCA에서 동양의 위대한 인물을 알게 된 것에 대해 크게 만족하고 있다. 필립 질레트(Phillip L. Gillette), 프랭크 브로크맨(Frank Brockman), 조지 그레그(George Gregg) 세 사람은 하늘나라의 집에서 행복한 시간을 보낼 것으로 확신한다. 따라서 그에게 '굿 바이' 라고 말하는 것이 그렇게 어려운 일은 아니다. 그 이유는 그들 세 사람과 같은 그룹에 합류하라는 하늘의 소환장이 언제 나에게도 올지 모르기 때문이다."

4. 부인 번의 회고와 가족 세계여행

원산의 비치 하우스. 반하트 가족은 매년 여름을 원산에서 피서했다. ⓒ 전기

1930년대 초 반하트에게 가정적으로 있었던 중요한 일은 막내딸 낸시의 출생이었다. 1931년 여름 반하트는 프랭크와 팻시(조스트)를 데리고 여름휴가를 원산에서 보내고 있었는데 부인 번은 임신 중이었다. 그녀는 회고록에서 서울이 아닌 원산에서 있었던 어려웠던 출산 과정을 이렇게 기록했다.

"8월 6일 자정을 몇 분쯤 지나 낸시를 원산의 병원에서 낳았다. 나는 며칠 전부터 곧 출산할 것 같은 증상이 왔는데 8월 5일 저녁 9시쯤 되었을 때는 정말로 출산이 가까워 왔음을 느꼈다. 우리의 담당의사로 몇 집 떨어진 메리뉴 박사의 집으로 사람을 보내 알렸고 우리 셋(팻, 번, 의사)은

반하트의 막내딸을 출산(1931년)한 원산병원.

4마일 가량 떨어진 원산의 병원으로 출발했다. 병원에 도착하더라도 준비할 시간이 필요했으므로 서둘러야 했다. 하지만 길은 좁고 더러웠으며 앞서 몇 주 동안 비가 내려 진흙창이 되어 있었다. 어떤 곳은 바퀴자국이 30센티 깊이나 되었다. 그 길은 날씨 상태가 좋더라도 가기 어려운 길이었다. 이런 상황에서도 우리는 중요한 지점을 지나갔고 포드 차는 윙윙거리며 움직여 30분 이상의 여유를 두고 안전하게 병원에 도착했다. 나는 출산 후 병원에서 6일간 즐겁고 불편한 날을 보냈다. 나를 담당한 작은 한국인 간호사는 아기 목욕물을 들여 적당한 온도인지 먼저 알기 위해 (입으로) 맛봐야 한다고 고집을 피워 나를 실망시켰다. 우리는 해변으로 다시 돌아와 가족과 다시 만나게 되어 너무 즐거웠다. 낸시는 너무 작아서 팻이 손바닥에 아기를 올려놓을 수 있을 정도였다. 9월 중순 서울로 돌아갈 즈음에는 낸시도 상당히 커졌다.

부인 번은 서울에서 살면서 외국인 여성클럽 회원으로 활동하면서 회장이 되기도 했다.[19] 그녀는 1932년 3월 반하트의 안식년을 몇 달 앞두고 어머니가 위독하다는 소식을 듣고 3자녀와 먼저 귀국했는데 번은 당시를 이렇게 회상했다.[20]

1932년 서울에서 거주한 낸시, 프랭크, 팻시. © 전기

"몇 년 동안 나도 참가하는 여성클럽이 서울에 조직돼 있었다. 내가 (집안일에서 벗어나) 자유롭게 활동할 수 있을 때 여러 번 그 모임에 대해 관심을 갖고 활동했었다. 회장이 되기도 했는데 그 모임이 매우 기쁘고 흐뭇한 사업을 하는 곳임을 알게 되었다. 나와 함께 일하는 여성들은 대단히 훌륭한 봉사를 했고 그 과정에서 서로 잘 알게 되고 긴밀하게 연결되는 매우 큰 영광스러운 기회를 갖게 되었다.

---

19) 동아일보 1935년 11월 6일 자 2면 기사는 "구세군 육여자(育女子)홈에서는 8일 정동 구세군사관학교 강당에서 경성 부인회장 빤하트 부인의 사회 아래 작품 전람회를 열고…."로 부인 번이 여성클럽 회장임을 밝히고 있다. 딸 조스트는 어머니 번의 활동에 대해 "어머니가 한국 여성들과 함께 했던 일은 전설이 되었다. 어머니는 요리뿐만 아니라 영어회화, 자신의 신체 건강 돌보기, 영양을 비롯한 스포츠와 운동의 중요성을 강조했다."고 전했다. p.130의 표 중 59번 기사.

20) 번의 회상록은 장녀 진 반하트 조스트가 쓴 부모의 전기 《사랑의 눈을 통하여(*Through Love's Eyes*)》(1995, 자가 출판) pp.55~91에 수록.

다시 안식년이 다가왔는데 실제로 우리가 미국으로 돌아가는 것은 거의 8년 만의 일이었다. 친정어머니의 건강은 지난해 아주 안 좋았기 때문에 크게 걱정하고 있었다. 우리 가족은 원래 1932년 6월 중 미국으로 떠나 미국에서는 몇 달만 머물고 나머지 4, 5개월은 유럽을 거쳐 한국으로 가는 계획을 세웠었다. 그런데 3월 1일 전보를 받았는데 어머니가 매우 아프니 가급적 빨리 집으로 오라는 내용이었다. 전보를 받고 나는 사흘 만에 짐을 꾸리고 일본으로 떠나는 배를 탔다.

서울을 출발할 때 나는 지치고 슬펐다. 남편을 서울에 남겨두고 가야 했기 때문이었다. 또 어머니의 상태가 매우 걱정스러운 것도 이유였다. 약 12일 후 빅토리아 항(캐나다 태평양 연안의 남단 도시로 브리티시 컬럼비아의 주도)에 도착했을 때 우편이 배로 왔는데 어머니는 내가 서울을 떠난 다음 날 돌아가셨다는 내용이었다. 나에게는 너무나도 비극적인 일로 어머니를 다시는 볼 수 없게 된 것이다. 어머니는 내 평생을 통해 너무나 큰 의미를 가진 분이어서 슬픔은 너무나 컸다. 하지만 내가 미국으로 돌아왔고 아버지와 6개월 동안 미시간에서 함께 보낼 수 있어서 행복하기도 했다.”

1932년 하반기 미국에서 안식년을 갖고 쉬었던 반하트에게 최대의 이벤트는 그 해 연말 뉴욕을 출발해 대서양과 인도양을 건너 다시 홍콩 등 태평양 서쪽 바다를 거쳐 한국으로 귀임한 길이었다. 부인과 세 아이를 동반해 몇 달 동안 계속된 여행기를 읽다 보면 스포츠맨으로서 진취적 도전 정신을 보여준 반하트의 진면목이 드러난다. 영국에 도착한 후 프랑스 독일 스위스 이탈리아 세일론 싱가포르 상하이를 거치는 3개월에

걸친 항해와 여정을 부인 번은 자세한 여행기로 남겼다.[21]

"우리(가족)는 한국으로 돌아온 지 한 주일이 됐는데 집은 아직도 어지러운 상태로 있지만 (미국에 있는) 친구와 가족에게 편지를 쓰려고 한다. 지금 편지를 쓰는 이유는 우리가 한국으로 오는 여행 중 받은 인상을 생생하게 기억하고 있기 때문이다. …

지난 (1932년) 12월 하순 뉴욕을 떠나면서 우리는 대서양을 건널 때 배가 위아래로 흔들리는 험난한 항해를 할지도 모른다고 생각했다. 항해는 우리가 예상했던 것을 채우고도 넘칠 정도로 험악했는데 우리는 위아래로 흔들렸을 뿐만 아니라 구르고 위태롭게 달리기도 했다. 뱃머리 쪽에서는 서 있을 수도 없을 정도였다. 선장의 항해 기록에는 우리가 봤던 것과 똑같이 '산 같은 파도'라고 돼 있었다. 우리가 탄 배에서는 12명이 다칠 정도였는데 우리 가족들은 아무도 다치지 않고 뱃멀미도 안 해 매우 다행으로 생각했다.

7일째 되는 아침(1933년)에 나는 누군가가 바로 내 선창 밖에서 '어머니 매크리(Mother MaChree)'[22]를 연주하는 것을 듣고 일어났다. 선창으로 내려다보니 작은 배에 탄 한 남자가 코넷(작은 트럼펫)으로 연주하는 것이었다. 아일랜드의 코브(Cobb) 항구에 들어온 것을 알고 정말 기뻤다. 나는 초록색 언덕과 푸른 하늘을 보고 아름다운 아일랜드 노래를 들으

---

21) 반하트는 1933년 4월 10일 뉴욕의 Lacy 부부에게 여행을 마치고 귀임했다는 안부 편지를 한다. 부인 번은 1933년 4월 11일 타이프로 6페이지 분량의 여행기를 썼다. 이 여행기는 미네소타대 카우츠 패밀리 YMCA 자료 보관소에 소장돼 있다.

22) 1910년대 리다 영 작사, 천시 올코트 & 언스트 볼 작곡. MaChree는 'My Heart'를 의미.

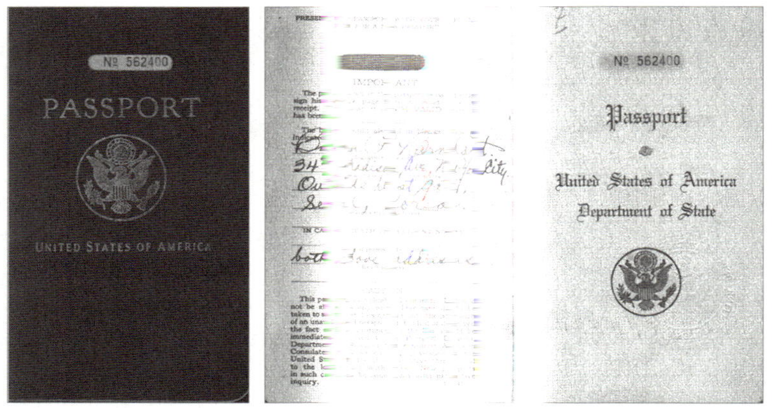

1932년 발급된 반하트의 미국 여권. 1933년 두 딸을 데려 한국에 오기 위해 가족여권을 받았다.
여권 주소에 '서대문 밖(Outside West Gate, Seoul)'으로 간략히 써넣고 있다. ⓒ USC

며 아일랜드 전체가 이렇게 아름다울까 생각했다. 그날 저녁(7일째 저녁) 10시에 우리는 영국(England)의 플리머스(Plymouth) 항구에 닻을 내렸다. 비가 오는 가운데 배를 내려 거룻배를 탔다. 세관 수속을 밟느라 두 시간 넘게 따분한 시간을 보냈다. 이제 한 살 난 아기 낸시는 내가 밤 12시 반에 침대에 밀어 넣을 때 말할 수 없이 지쳐 있었다. 나와 남편은 약간 축축한 방에 오리털 이불이 있는 높은 침대로 올라가 잠에 곯아떨어졌다.

다음 날 12시경 모든 필요한 업무를 끝내고 우리 가족은 차로 출발했다. 우리가 어떤 모습으로 여행을 했는지 못 본 사람들을 위해 설명하면 다음과 같다. 낸시의 유모차는 앞 범퍼에 매달았고 더플 백(자루 모양의 백)과 여행가방은 앞바퀴 위 덮개에 놓았다. 아기 침대와 여행가방은 발판 위에 실었다. 차의 내부는 흔들리는 아기 요람 같아 보였는데 낮에 사용할 아기 음식 바구니와 매트리스, 여러 가지 작은 가방들이 있었다. 여행

객임에 틀림없어 보이는 모습이었다.

영국은 우리가 도착했을 때는 황량해 보였는데 여행이 시작되자 아름다운 날을 우리에게 보여주었다. 며칠 동안 영국 남부를 자동차로 여행하며 나는 황홀감에 빠졌다. 여러분들도 매력적인 낡은 초가지붕과 담쟁이가 덮인 벽이 있는 집, 오래된 생울타리로 된 긴 담, 푸른 들판, 훌륭하게 만들어져 있는 길을 보게 되면 옛 것과 새 것이 잘 조화돼 있음을 느낄 것이다. 대부분의 영국 차들은 매우 작았는데 다양한 미국 차들과 다른 모습이어서 우리는 매우 흥미롭게 생각하며 보았다. 셰익스피어의 생가도 보았고 런던으로 가는 도중에 옛 로마시대의 목욕탕을 비롯해 옥스퍼드 대학교와 워릭성(城), 많은 옛날 교회도 찾아 관광했다.

우리는 런던에서 거의 1주일간을 머물며 관광객으로서 모든 흥미 있는 곳과 들려야 할 곳들을 보았다. 내가 생각하기에 의회 건물은 매우 예술적이었으나 성 바오로 성당[23]과 런던탑은 내 기대에 미치지 못했다. 웨스트민스터 애비[24]는 매우 인상적이었고 우리 모두는 그곳에서 시간이 부족한 것을 아쉬워했다. 대영박물관(British Museum)은 아주 훌륭했는데 그에 비춰 우리가 본 다른 박물관은 작아 보였고 흥미롭지도 않았다. 우리는 또 한껏 폼을 잡으며 실시되는 버킹엄 궁의 경비병 교대식을 보고 유명한 윈저궁도 방문했다. 런던은 잘 알려진 대로 건물 안은 추웠으나 밖은 비가 오는데도 불구하고 그렇게 불편하지는 않았다. 우리가 떠나는 날 아침, 런던 시내의 안개가 너무 짙어 심지어 차의 앞 유리창 와이퍼를 움직여도 볼 수가 없었다. 나는 계속 (안갯속의 런던에) 있을까 봐

23) AD 604년 건축됐으며 현재 성공회 소속.

24) 웨스트민스터 사원. 영국 왕실행사가 열리고 유명인 묘소 있는 곳.

걱정했는데 런던 시외로 몇 마을을 지나 마침내 포크스톤(Folkstone)에 안전하게 도착했다. 그곳은 프랑스로 가기 위해 (도버) 해협을 건널 때 통과해야 하는 지점이다. 아이들은 영국에 대해 한 가지 싫어하는 게 있었는데 삶은 감자와 방울다다기 양배추로 우리는 두 가지를 도착한 날부터 떠나는 날까지 하루에 두 번씩 먹었다. 식습관은 깨질 수 없는 나라마다의 관습인 것처럼 보였다.

프랑스에서 처음 몇 시간은 안개로 인해 아주 천천히 움직일 수밖에 없었다. 우리는 곧 도로 표지판들을 볼 수 있게 되었고 길을 따라가는데 큰 어려움은 없었다. 저녁 7시 15분에 파리에 도착해 얼마 후 예약했던 펜션(기숙사)을 찾았다.

파리는 역시 모든 것을 품고 있었다. 상상력이 허락하는 대로 휘황찬란한 모습을 그려보지만 실제 거기서는 그보다는 훨씬 못 미치는 곳도 많았다. 루브르 박물관은 원작 회화작품과 조각이 많아 참으로 훌륭했다. 시내 한가운데 있는 큰 공원은 야간에 샘솟는 샘물이 주위를 둘러싸고 조명이 오벨리스크(네모 기둥에 끝이 뾰족한 방첨탑)를 비춰 찬란해 보였다. 멀리 있는 개선문은 사람들에게 애국심을 불러일으켰는데 그 이유는 그곳에 있는 무명용사의 묘에서 계속 불꽃이 타오르고 있었기 때문이다. 노트르담 성당은 인간이 상상할 수 있는 한계에서 최고로 아름다운 창문이 달려있었다. 창문의 문양은 가지런한 잎사귀들 사이에 활짝 핀 장미꽃의 형상이었다. 창문 중 일부는 전쟁 중에 파괴되어 새로 끼워 놓았는데 옛날 것의 아름다움을 따라가지 못했다.[25] 나는 아들 프랭크와 함

---

25) 2019년 4월 15일 오후 대형 화재로 많은 부분이 소실돼 복구 중.

께 나폴레옹의 무덤을 보러 갔는데 무덤의 크기와 웅장함에 큰 인상을 받았다. 파리의 도로는 매우 독특했다. 교통 규칙이 없는 듯 모든 방향에서 차가 모여드는 것 같았다. 그럼에도 교통사고는 거의 일어나지 않는다고 한다. 파리를 떠날 때쯤 우리는 완전히 하루를 역사적으로 유명한 전쟁터를 보러 다녔다. 수많은 공동묘지들이 우리를 슬프게 했다. 또 크고 아름다운 성조기가 조기 형태로 걸려있는 묘지에서 우리는 삶이 사악하게 버려진 것과 무엇을 위해 죽어야 했는지를 어느 때보다 예민하게 느꼈다.

다음 날 우리는 독일의 일부를 자동차로 통과했다. 독일 사람들은 확실히 우리의 감탄을 자아내게 했는데 그들의 절약과 회복 능력은 대단한 것이었다.

우리는 다음 날 스위스에 도착했다. 스위스는 말로는 표현할 수가 없을 만큼 아름다웠다. 기대했던 어떤 것보다 더 순수하고 아름다웠다. 우리는 눈이 덮여있고 거대한 소나무들이 들어차 있는 산 고개를 올라갔다. 몇 마일을 가도 사람이나 어떤 것도 만나지 않은 채 운전해 갈 때도 있었다. 그 후 우리 모두가 그 기술을 배우고 싶어 했던 한 무리의 스키어들을 만나기도 했다. 우리는 루체른, 인터라켄, 베른, 로잔을 지나는 여행로를 달렸다. 융프라우(젊은 부인이라는 뜻)를 지날 때 나는 그녀(융프라우)가 다른 수많은 '여동생 산'들보다 조금 더 웅장해 보일 뿐이라고 생각했다.

이른 저녁 제네바에 도착했는데 이 도시 중앙에 있는 아름다운 호수에서 보면 한쪽에는 경호원처럼 샬레브(Saleve)산이 서 있고 멀리에는 몽블랑이 보였다. 이런 모습을 보며 우리는 만약 자연이 평화를 불러올 수 있고 인간에게 그 평화의 영감을 불어넣어 줄 수 있다면 국제연맹[26]이야말로 위치를 잘 선택했다고 생각했다. 우리는 제네바에서 2주를 머물렀는데 그 동안에 남편은 농촌 지방 프로그램 연구를 위해 덴마크를 갔다왔다.

이어서 우리는 국경을 가로질러 이탈리아로 넘어갔다. 그날 우리가 달린 길은 마치 코르크 마개를 따는 스크루 같았는데 바다가 보였다 안 보였다 하는 것이 마치 스크루를 돌리는 것 같았다. 그날 저녁 어두워질 때쯤 라 스페지아에 도착했다.

어렸을 때 추억으로 나는 어머니가 갖고 있던 피사의 사탑 사진을 보고 매우 흥미롭게 생각했다. 그런 연유가 있어 로마로 가는 길에 보기 위해 잠시 멈춰서 본 피사의 사탑은 마치 옛 친구를 보는 것 같았다. 현대의 탑들과 비교할 때 크진 않았지만 기울어져 있었고 보기만 해도 아주 흥미로웠다. 나는 아직도 그 탑에 매료되어 있다.

다음 날 우리는 로마로 갔는데 그곳에서 닷새를 머물렀다. 우리는 다섯 달이라도 머물 수 있기를 원했는데 로마에는 볼 것이 너무 많았기 때문이다. 성 베드로 성당은 우리가 어느 곳에서 봤던 것보다 컸고 내부도 아주 인상적이었다. 성 베드로의 발은 몇 세기 동안 입으로 키스하고 손으로 만져 발가락 부분이 닳아 있었다. 사람들이 줄을 서서 그 발에 키스하는 것을 보면서 얼마나 많은 사람들이 오랫동안 관습에 묶여 사는지를 알게 되었다 우리는 콜로세움의 폐허 안에 서서 순교자들이 그곳에서 사자와 마주쳤을 때 느낌이 어떠했을지 생각했다

26) The League of Nation, UN이전의 국제기구.

우리가 마지막으로 운전한 것은 로마와 나폴리 사이였다. 세일론(현 스리랑카)으로 항해를 떠나기 전에 5일 간 나폴리에서 머물렀다. 그곳에 있으면서 가장 큰 흥미를 끈 것은 폼페이였다. 베수비우스(Vesuvius 화산)를 놀라움 속에 봤는데 왜냐하면 그곳에서 몇 천 년 된 현장의 전시물들이 완전한 당시 상태로 보전돼 있음을 처음 알게 되었기 때문이다.[27]

나폴리에서 세일론의 콜롬보까지는 하쿠산마루(白山丸)라는 일본 배로 2주일이 걸렸는데 다양한 날씨를 만났다. 출발할 때는 매우 추웠으나 도착할 때는 더웠다. 특히 수에즈 운하가 인상적이었다. 거대한 배들이 통과할 수 있도록 육지를 직선으로 파냈다는 게 엄청난 일로 보였다. 운하를 통과하는데 1500달러가 들었다고 한다. 나는 운하와 가까이에 있는 육지들을 통과하는 동안 최대한 즐겁게 바라보았다. 프랭크는 포트 사이드(Fort Said)에서 배를 내려 피라미드를 보았고 다시 운하의 끝에 있는 수에즈에서 합류했다.[28]

나(Verne)와 세 아이는 콜롬보항에서 머물고 남편(반하트)은 인도의 남부 지방으로 올라갔다. 우리 가족은 콜롬보의 벌레와 뜨거운 날씨에 어느 정도 익숙한 이후에야 즐겁게 생활할 수 있었다.

콜롬보를 떠나 중국 상하이로 가기 위해 2주간 하루나마루(丸)를 타고 항해했다. 가는 도중에 이 배는 싱가포르와 홍콩을 들렀다. 싱가포르는 콜롬보와 비슷했다. 한 가지 다른 점은 인구의 90퍼센트가 중국인이었다는 점이다. 그곳에는 중국인들이 소유하고 있는 멋진 집들을 볼 수 있었는데 중국인들은 고무관련 사업으로 부자가 되었다. 홍콩에는 저녁에

27) AD 79년 화산 폭발로 산 밑의 폼페이가 순식간에 묻혀 있다 18세기 발굴된 것.

28) 포트 사이드는 지중해, 수에즈는 홍해에 있으며 수에즈 운하의 양쪽 끝 도시임.

도착했다. 언덕 위에 세워진 드리의 불빛이 매우 아름다웠고 마치 거대한 어둠(바다) 속에서 빛(항구) 속으로 미끄러져 들어가는 것 같았다.

상하이에 도착할 때는 부두에서 우리를 마중 나온 (YMCA) 친구들과 만났다. 겨우 3일 간 머물렀는데 친구들은 티파티, 점심, 저녁을 돌아가며 대접해줘 꽉 찬 스케줄을 즐겼다. 어느 날 아침에는 몇 달 전 일본군과 중국군이 교전했던 자베이(閘北) 지구를 차를 타고 둘러보기도 했다. 수 마일에 걸쳐 주택들을 비롯해 멋있어 보였을 대학과 상업 신문사 등이 파괴돼 있었다. 폐허 속에는 또 많은 중요한 서류와 수천 권의 책이 보여 가슴을 아프게 했다. 억울하게 생명을 잃었던 사람들을 생각하며 파괴된 모습 구경을 끝냈다.

상하이에서 일본 고베로 가는 배는 작은 선박이었다. 고베에서는 하루 동안 머물렀는데 여행 짐들에 대한 세관 통과를 했고 약간의 쇼핑도 했다. 한창 벚꽃이 피는 계절이었지만 길거리에는 사람들이 많지 않았

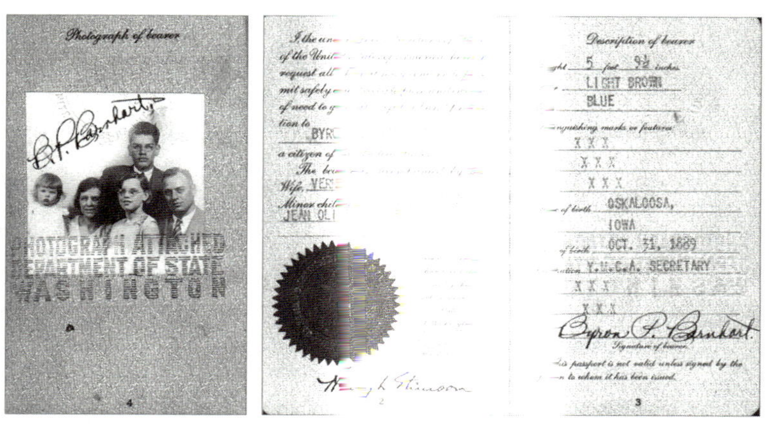

여권에 있는 가족사진. 왼쪽부터 낸시, 번, 진(뒤), 프랭크, 반하트가 함께 찍었다. 1932년 발행된 반하트의 여권. 반하트와 가족은 안식년 후 유럽, 인도, 중국, 일본을 경유해 서울에 왔다. © 컴파트

는데 이유는 날씨가 보통 때와는 다르게 춥기 때문이었다. 그 후 이틀 동안 기차를 타고 하룻밤 배를 탄 후 서울에 도착했다. 우리가 서울의 기차역에 도착했을 때 우리를 마중 나온 수많은 외국인과 한국인 친구들을 볼 수 있었다. 우리가 얼마나 기뻤는지는 말할 필요도 없을 것이다. 어떤 경우도 사랑과 우정과 같이 큰 것은 없기 때문일 것이다."

조스트는 긴 여행기를 마친 후 서울에 다시 온 소감을 "지난 17년간 일했던 곳으로 돌아올 기회를 갖게 된 것은 매우 큰 행운이라고 생각한다. 창문을 통해 먼 산을 내다보면서 변하지 않는 그 산들의 장엄함을 느끼게 된다. 또 창문에서 내려다보면 초가집과 좁은 골목길이 보이고 왔다 갔다 하는 사람들도 보인다. 내려다본 모습은 아름답지는 않은데 그 이유는 집들은 어쩔 수 없이 헐벗어 보이고 사람들의 얼굴에는 생존을 위해 경쟁해야 하는 모습들이 가득해 아름답게 보이지 않기 때문이다. 한국에 있으면서 산들의 아름다움보다 그리스도가 주는 훨씬 더 아름다운 영원한 삶을 만약 우리가 한국인들에게 알도록 한다면 그것이야말로 다시 한국에 온 충분한 가치가 있는 일로 생각한다."고 말했다.

반하트는 서울로 귀임한 후에 밀린 일에 바빠 여행기를 쓰지 못했지만 미국에 있는 레이시(Lacy) 부부에게 도착 안부를 전하면서 간단한 여행 소감과 함께 당시 한국 상황이 얼마나 어려운지를 밝히고 있다. 또 그 어려움을 헤쳐 나가기 위해 한국인들이 반하트 자신에게 거는 기대가 얼마나 큰지도 알리고 있다.

"우리는 한국에 돌아와 열심히 일하고 있다. 지난 몇 달 동안 떠나 있다가 다시 옛날 책상에 앉아 편지를 쓰니 기분이 아주 좋다. 지난해 한국을 떠날 때 책상 위에 있는 오래된 흠집이 나에게는 깊은 상처처럼 보였는데 돌아와 다시 책상 위의 흠집을 보니 지금은 그렇게 나빠 보이진 않는다. 사실은 그 흠집들이 잘 돌아오셨다고 환영하는 것 같았다. 나는 친구 관계를 다시 새롭게 하고 이곳에서 새로 일하는 동안 마음을 굳게 먹어야 한다고 생각하고 있다.

한국의 YMCA 연맹은 내가 없는 동안에도 제대로 움직이고 있었다. 능수능란하게 운영하지 못해 많은 문제에 직면하고 있지만 우리는 한국 사회가 YMCA를 더 필요하게 될 것으로 확신하고 있다. 왜냐하면 역사상 어느 때보다도 한국 기독교는 높은 엄청난 문제들과 직면해 있기 때문이다. 나는 미국에도 많은 문제점이 있는 것을 알지만 이곳에는 그 같은 문제점 말고도 고도로 복합적인 문제들이 있다. 미국과 마찬가지로 사회, 경제적 환경은 이곳에서도 아주 나쁘다. 그래서 한국인들은 나에게 이렇게 말하고 있다. '우리는 당신(반하트)이 다시 한국에 와줘서 너무나 반갑다. 왜냐하면 우리를 도와줄 수 있기 때문이다. 우리가 약해지고 지쳤을 때 당신은 우리의 손을 단단히 잡아줄 수 있고 또 아프거나 넘어져 있을 때도 우리의 손을 단단히 잡아 줄 수 있기 때문이다.' 나는 그들의 말이 진실이라고 생각한다. 그 이유는 나를 믿고 이곳에서 나와 함께 있는 기독교인들에게는 나의 귀임은 친구의 귀환이었기 때문이다. 나는 당신(레이시)들과 같은 친구들의 도움에 힘입어 젊은 한국의 기독교인들의 삶 속에 들어갈 수 있다."

반하트는 안식년에서 돌아와 다시금 한국에서 일하는 소감을 레이시 부부에게 시를 써서 밝혔는데 그의 굳은 의지가 느껴진다.

> "우리는 목표를 달성할 때까지 진력을 다한다.
> 그리고 아직도 갖지 못한 것을 찾는다.
> 우리의 과거 경험은 우리가 만들 수 있는
> 더 훌륭한 기록을 달성하기 위한 길을 가르쳐 준다.
> 희망은 우리가 해 온 것에서 샘솟지 않고
> 이제 막 시작한 일에서 샘솟고 있다.
> - B. P. 반하트 드림"

5. 반하트 장녀 조스트의 한국 회상

한편 반하트의 장녀인 진 반하트 조스트(진시)는 1921년 안식년 휴가 중 미국에서 태어난 이후 이듬해 부모님 품에 안겨 한국에 와 자신이 10대 후반까지 보낸 서울과 한국에 대한 기억을 전기 이곳저곳에서 다루고 있다. 그녀가 기록한 가족 관련 글들은 반하트의 이해에 큰 도움을 주는 것들이기도 하다. 본인은 어렸을 때 일이라 기억을 못 해 부모로부터 들은 것이겠지만 자신의 아기 시절을 이렇게 기록했다.[29]

부인 번(왼쪽 끝) 팻시([illegible]세) 낸시(4세) (1935년). © 전기

"나의 갓난아기 시절(1920년대 초)은 (20세기 후반 아프리카의 최빈국) 비아프라에서 태어난 아기나 공산주의자 가정에서 태어

29) 진 반하트 조스트, 앞의 책, p.10.

난 유아와 아주 똑같았다. 나의 경우는 한국 서울에 사는 선교사의 딸이었다. 사람들은 자신들이 보고 경험하는 것에 따라 다양한 발전 단계를 거쳐 가족과 주변에 대해 알게 되고 점점 국가에 대해서도 아는 과정을 밟게 된다. 나는 일찍 그런 것을 알게 되었는데 그것도 빠르고 고통스럽게 알게 된 것이었다. 그것도 너무 심한 고통이어서 그때 이래로 단 하루도 잊은 적이 없을 정도였다. 나는 내가 살고 있는 나라가 어떤 나라이고 주변에 살고 있는 사람들이 어떤 사람들인지는 한참 후에 알게 되었다. 그때 알게 된 것은 한국인은 남녀노소 할 것 없이 공포 속에서 살고 있다는 것이었다. 나는 그 공포가 무엇인지 처음 느꼈을 때의 모든 것을 기억하고 있는데 그렇게 된 이유는 내가 현관에 서서 당시 13세였던 오빠 프랭크가 일본군 헌병에 의해 구타당하고 쓰러지는 것을 우연히 보았고 그날 본 모습이 내 마음속에 영원히 (트라우마로) 각인돼 있기 때문이다."

조스트는 오빠가 잘못을 저질러서 일본군 헌병에게 맞은 것이 아니고 헌병이 당시 한국인에게 일상적으로 하던 행패가 미국인인 오빠에게 우연히 일어난 것을 보게 된 것일 뿐이라고 설명했다.

"오빠 프랭크가 죄를 저질렀을 것으로 생각하겠지만 그것은 단순한 행동이었을 뿐이다. 많은 학생들처럼 그는 하교 길에 멈춰 서서 한 한국인 엿장수(candy merchant)와 이야기를 나누고 있었다. 그때 헌병이 길 건너편으로 지나가는 것을 보고 프랭크 오빠는 그에게 거수경례를 했을 뿐이었다. 이를 자신을 모욕한 행동이라고 오해한 헌병이 길을 건너와 프랭크를 세 차례나 쓰러뜨리고 밀어붙인 후 그 지역의 경찰서로 끌고

간 것이다. 이런 일이 발생하자 꽤 많은 사람들이 구경하러 모여들었는데 그중에는 우리 집에서 음식을 만드는 사람(cook)도 있었다. 그러나 그는 우리 가족과 연관이 있는 것이 알려질까 두려워 도망가 숨어 버렸다. 한 시간쯤 지나 엄마가 프랭크 오빠를 집으로 데려왔는데 심하게 구타를 당한 모습이었다. 오빠가 왜 때리느냐고 물을 때마다 머리를 땅바닥에 내동댕이쳤다는 것이다. 오빠는 당시 한국을 다스리던 일본 군국주의 지도자들이 한국인에게 가했던 것과 똑같은 취급을 받은 것이다.

그런 상황에서 어머니는 재빨리 그 헌병의 이름을 확보했고 우리는 미국인이었기 때문에 그 후 헌병은 처벌을 받았다. 일본 정부도 사과를 했을 뿐 아니라 아버지의 명예를 존중해 식사까지 대접했다. 만약 우리가 한국 사람이었다면 오빠는 살아남지 못했음은 물론 사과도 받지 못했을 것이다. 그 사건을 생각할 때마다 미국인이라는 것이 나에게 좀 더 의미 있게 다가왔다. 하지만 대부분의 한국인들이 압제와 공포 속에서 살고 있다는 사실이 내 머릿속에 각인돼 잊혀지지 않는다."

딸 조스트는 자신이 서울에서 성장해 가며 알게 된 일제강점기 초기의 한국 상황에 대해 비교적 길게 부모님 전기(1995년 출판)를 쓰며 앞부분에서 설명했다. 일제의 모든 통제 상황을 비롯해 중국 침략을 위한 전진기지로서 이용된 한반도의 모습과 윌슨 대통령의 민족자결주의에 힘입은 독립운동까지 그녀의 현실 인식은 10대 소녀에 불과했음에도 꽤 정확하다. 아버지 반하트와의 대화 과정에서 갖게 된 인식으로 보아 그녀의 인식은 반하트의 인식이었을 것으로 보인다.

"한국은 몇 년 동안 전쟁의 와중에서 비극적인 결과로 (부모님이 도착하기 전) 1910년 일본에 의해 강제로 합병되었다. 첫 점령 10년 동안 일본은 정치, 경제, 교육의 측면에서 자국의 제도를 모든 한국 기관에 적용하려고 했다. 일본은 모든 표현의 자유를 억눌렀고 생각의 자유도 억압하려고 했다. 일본은 또 사립학교도 엄격하게 관리했고 모든 다른 형태의 교육도 통제했다. 학교에서 한국어나 한국 역사에 대해 언급하는 것도 금지했다. 일제는 자신들의 통제를 위반하지 않도록 늘 알리는 방법으로 일본인 교사들의 허리에 대검을 차도록 했다. 일본 헌병은 정규 경찰의 업무를 빼앗았는데 이는 일본 정책의 기초가 되었다.

1919년 3.1운동으로 약간의 개선이 이뤄지기도 했지만 만주사변의 발생으로 곧 잊혀졌다. 이제 한국은 중국 침공을 위한 일본군의 전방기지가 되었고 한국인의 의견을 수용하는 체했던 모든 조치들은 잊혀졌다. 일제는 값싼 한국인의 노동력을 이용해 한국의 산업을 개발했다. 또 일본어만 사용하도록 해 한국인들은 심지어 자기 집에서도 모국어 사용을 금지당했다. 한국인들에게 일본 이름(창씨개명)이 주어지고 일본 신사를 참배하도록 했다. 징병제가 실시되고 사립학교의 모든 교장은 일본인이 맡았으며 제국대학의 경우, 한국인 교수는 한 명 밖에 없었다. 수많은 정부의 일자리는 일본인들의 차지였고 나머지 대부분의 일자리는 한국인 중 친일부역자가 차지했다.

윌슨 대통령의 민족자결주의는 한국인들의 저항운동을 점화시키는 연료가 되었다. 그 불꽃은 전국으로 퍼져 나갔으며 수 천 명의 값비싼 희생 끝에 꺼졌다. 모든 저항의 시도는 죽음과 고통을 마주해야 했다. 한 무리의 한국인들(민족지도자 33인)이 '만세'를 부르며 공개적으로 일본에 반항했는데 그 후 그들은 ([illegible]에서) 체포돼 감옥에 투옥되었다. 그 후에는 아무도 그들에 대해 다시는 보거나 듣지 못했다. 사람들은 만약 저항하면 대신 또 수백 명이 희생당할 것이라는 점을 알았다."

조스트의 전기 중에서 주목되는 또 다른 내용은 자신이 살던 집을 소개하며 토굴 생활을 하는 이웃 한국인과 겨울이면 수없이 죽는 동사자들에 대한 기록이다. 초등학생 시절과 10대의 눈으로 본 한국인 생활의 비참한 모습이 그대로 담겨 있다.

"우리 집은 YMCA가 건축한 벽있는 평면 연립주택이었다. 이런 형식의 주택은 하나의 벽 양쪽에 집이 있는 형태이다. 우리 집 옆의 이웃은 중국에서 온 미국인 가족[30]이었고 또 다른 이웃은 너무나 가난한 한국인 가족이 살았는데 그들의 집은 땅을 파서 만든 토굴로 집안에 머물 때는 기어서 들어갔다. 그 집은 지붕을 넝마 같은 것으로 만들어 덮었고 겨우 먹는 음식물이라고는 우리 집 쓰레기통에 남은 음식들이었다. 그 집의 아이들은 내가 알기에는 옷은 물론 가릴 것도 없었으며 땅 위에서 동물처럼 살았다. 부모님은 여러 번 그들을 도울 수 있는 기관으로 데려갔으나 그 집 사람은 정중했지만 단호하게 제안을 거절하고 우리 집 옆에 살기를 선호하면서 우리가 내어 줄 수 있는 것들을 얻어먹으며 살았다. 결국 어머니는 더 이상 그 같은 상황이 계속되는 것을 참지 못하고 시에 부

30) 조스트에 따르면 이웃은 홀리스 월버 부부로 월버 씨는 일본과 중국에서 YMCA 일을 오래 했다. 그의 부인은 명랑한 이웃으로 한국의 회화와 예술작품에 매우 깊은 관심을 갖고 있었다.

YMCA 앞의 거지 모녀. 걸인들은 겨울에 동사하는 경우가 빈번했다. S. R. 빈턴이 촬영. ⓒ 드루대

탁해 그들을 다른 곳으로 가도록 했다. 어머니는 부엌 창문에서 바로 내다보이는 곳에 있는 굶주린 이웃의 얼굴을 보면서 더 이상 식사를 할 수 없었던 것이다. 그런 가난한 사람을 만난 경우는 한 두 번이 아니었다. 가난한 사람은 도처에 있었고 굶주리고 죽는 사람들이 잇따랐다. 일본 군부는 가능한 모든 농산물을 가져갔고 한국 사람들이 먹도록 아주 조금만 남겨 놨다. 길옆에서 거지들은 조용히 앉아서 구걸을 하거나 죽어갔다. 아침이 됐을 때 그들은 그곳에 더 이상 있지 않았다. 내가 알기로는 아마도 얼어 죽어 트럭에 시신으로 실려 갔을 것이다. 어느 날 아침 내가 학교를 결석했을 때였는데 아직 트럭이 도착하지 않은 상태여서 전 가족이 얼어 죽은 것을 보고 얼마나 놀랐는지 모른다. 길옆에 서 있는 불상들 같았다."

조스트는 20년대의 서울 시장 풍경도 부모님 전기를 쓰면서 전했다. 작은 점포에서 파는 온갖 일용품들이 신기하고 흥미로웠음을 기록했다.

"길가를 따라 있는 가게들은 밖으로 튀어나온 선반을 포함해도 4평방미터(약 1.2평)보다 크지 않았다. 이런 작은 오두막에서 짚으로 싼 달걀 10개 한 꾸러미 같은 물건이 팔렸다. 잘린 고기 덩어리가 갈고리에 걸려

팻시(왼쪽)와 친구 진의 서울 시장 구경. 두 외국인을 구경하는 지게꾼과 사람들. © 전기

있었는데 보는 것조차 꺼려졌다. 보리로 만든 사탕이 가끔 진열됐고 미국에서는 전혀 볼 수 없었던 다양한 종류의 채소도 살 수 있었다. 미국의 허니듀와 오이의 중간쯤 되는 '참외'라고 부르는 한국 멜론도 있었다. 많은 음식물 상점과 함께 놋그릇과 옷가게들도 있었는데, 옷가게는 특히 흥미로웠다. 직물의 폭이 한 뼘 자국밖에 안 될 정도로 좁았기 때문에 옷을 만들면 디자인된 무늬가 서로 어긋날 수밖에 없었다. 미국과 영국의 어린이들은 약간 귀한 대접을 받았지만 언제나 큰 호기심의 대상이 되었다. 나의 경우, 아침에 학교를 가기 위해 걸어가면 한 무리의 사람들이 나를 가리키며 웃는 경우가 자주 있었다. 그들의 웃음소리는 불친절한 것은 아니었지만 (놀란 것처럼 눈을 크게 뜨고 나의 금발머리와 금속 테로 만든 안경을 드러내 놓고 손짓으로 가리켰다.”

조스트는 1937년 아버지 반하트의 안식년에 미국에 머물며 부모와 특별한 인연이 있는 지네트 월터 이화학당 5대 학당장을 찾아가 만나는 이야기도 전기에 적고 있다.[31]

"콜로라도로 가는 기차를 탔는데 잘못된 방향의 기차를 타는 바람에 다시 기차를 타는 소동 끝에 콜로라도의 볼더에 도착했다. 볼더에서는 시골 분위기의 아름다운 산이 있는 방향으로 향했다. 그곳에 간 이유는 부모님의 선배이자 친구였던 지네트 월터(이화학당 5대 학당장)를 방문해 쉬기 위해서였다. 말을 빌리는 것이 쉬웠는데 그곳에 머무는 동안 매일 말을 빌려 산속으로 높이 타고 갔다. 나는 사과를 아삭아삭 먹고 말은 풀을 우적우적 씹으면서 나무 아래에서 오랫동안 쉬기도 했다. 밤에는 읍내로 내려가 스퀘어 댄싱을 하기도 했지만 대부분의 시간을 '진 아주머니(Aunt Jean)' 옆에 앉아 그녀가 오랫동안 가르쳤던 이화여전과 옛 한국에 대한 이야기들을 들었다."

조스트는 미국에서 몇 달 더 지낸 끝에 한국에 왔다. 그는 자신이 미국에서 하고 온 파마 머리를 보고 많은 사람들이 놀라워했다면서 당시는 아무도 파마에 대해서 알지 못하던 때였다고 소개했다. 이어 자신이 고등학교 고학년의 10대로 커가면서 주변에서 훌륭한 한국인들 중 곤경에 처한 사람들이 많이 있고, 또 그들의 나라를 향한 사랑이 엄청나다는 것을 알았다. 또한 미일 관계가 30년대 후반부터 악화되고 있음을 인식했

---

31) 진 반하트 조스트, 앞의 책, p.115. 당시 지네트 월터는 한국에서 귀국해 캔자스주 위치타 시에서 가정방문 교사로 근무하고 있었다. 월터는 여름방학 동안에는 콜로라도의 여름집에서 보냈다.

다고 밝혔다.

"한국인들의 저항이 있는 곳에는 죽음과 고문이 있었다. 아무 상황이 벌어지지 않는 곳에는 굶주림과 가난이 있었다. 한국인에게 있어서 삶이란 생존을 위한 끊임없는 전투였지만 그들의 정신은 언제나 강했다. 한국인들은 그들의 나라 사랑을 멈추지 않았으며 실제로 해가 갈수록 그들의 충성심은 강화됐다. 이 같은 시기에 미국과 일본 사이의 긴장감은 높아만 갔다. 미국인들도 일본에 대해 적개심이 생기는 것을 느끼기 시작했다. 우리는 미국 정부의 관리(외교관)들이 한국에 있는 미국인을 보호하는 힘이 약화되는 것을 느꼈다. 미국인들에 대한 시위가 점점 빈번해졌고 길을 걸을 때 갑자기 적개심을 보이는 경우도 보게 되었다. 일본인 중심 구역에서 쇼핑을 할 때 성난 목소리로 외치는 소리를 자주 들었는데 얼마 후에 그게 바로 나를 향해 하는 것이라는 사실을 알고 충격을 받았다."

조스트는 10대 후반으로 성장하면서 대학 입학을 위해 1930년대 말 미국으로 떠날 때는 자신의 몸에 '제2의 조국'이 된 한국의 김치 냄새가 배어 있음을 느꼈다고 밝혔다. 조스트는 한국을 떠난 이후에도 부모가 일하는 한국에 대해 계속 관심을 가졌다. 그녀는 "일제가 군사적인 압제를 계속하느라 한 번도 한국인의 마음을 사로잡은 적이 없었다. 태평양전쟁이 시작된 후 한국인들은 어떤 때보다도 더 애국적으로 되었다."면서 자신이 대학 입학을 위해 '제2의 조국'이 된 한국을 떠날 때(1939년)를 회상했다.

"이같이 몇 년을 지내면서 나는 한국인들이 자신들의 안락함을 포기하고 나라의 영광을 위해 목숨마저 포기하는 경우를 보았다. 이후 나는 충격 속에 나에게 국가란 무엇이며 국가를 위해 무엇을 할 수 있는지와 같은 물음이 생기기 시작했다. 내가 생각하기에 (미-일)전쟁이 일어난다면 아버지와 오빠는 군대에 갈 것이라고 생각하고 나도 가고 싶다고 생각했다. 그러나 당시 나는 어렸고 해야 할 공부도 많은 상황이었다. 또 (여자라서) 군대에 갈 기회도 없을 것이라는 사실도 알고 있었다. (한국을 떠

팻시가 다닌 서울 외국인 학교의 학생과 교사들(1935년). ⓒ 전기

나기 전) 나는 '제2의 조국'이 된 내가 사랑하는 한국과 용감한 한국인들의 얼굴을 둘러보았다. 또 일본 신사의 반짝이는 불빛을 둘러보았다. 깊숙이 숨을 쉬면 잠시 내 몸속에 배어 있는 김치 냄새를 언뜻 맡을 수 있었다. 나는 기도를 하면서 미국으로 향했다."

4부

퇴거 귀국과 방콕 포로 생활

1. 태평양 발발 이전의 활동… 퇴거 귀국

반하트의 장녀 조스트는 1930년대 말을 회상한 글[1]에서 부모님들이 1939년 대학에 입학해 미국에 와 있던 자신에게 보낸 편지에서 미국과 일본 간에 전쟁이 일어날지도 모른다는 불길한 이야기들을 써서 보냈다고 했다.

> "부모님의 편지는 불길한 이야기들로 가득 차 있었고 미국으로 급히 돌아올지도 모른다는 강한 암시가 쓰여 있었다. 오빠 프랑크와 나는 부모님들이 (검열 때문에) 편지에 많은 것을 말할 수 없었겠지만 두 분이 한국인들에 대한 많은 책임을 져야 하고 극히 장기도 두 분에게 너무 위험해지고 있다는 사실을 알았다. 두 분이 한국을 떠날 때가 된 것이다."

이 같은 서신을 주고받은 지 얼마 안 돼 미국인 철수령이 내려지자 1940년 11월 4일 반하트는 사임을 하고 귀국길에 오르게 된다.[2] 안식년

---

1) 진 반하트 조스트, 앞의 책, p.119.

2) YMCA 기관지 〈청년〉 1940년 12월호 소식(消息)란. 주한 미국 총영사 마쉬(O. G. Marsh)는 자국민의 철수를 권고했고, 미국인 선교사와 자녀들 219명은 40년 11월 16일에는 미국 정부가 보낸 마리포사(S S

왼쪽부터 팻시, 번, 낸시. 1940년 서울에서 철수한 후 팻시가 수학 중인 아이오와대 캠퍼스에서 촬영. ⓒ 전기

귀국이 아니고 철수에 따른 귀국을 하면서 황망 중에 있던 반하트 부부는 당시 아무런 기록도 남기지 못했다. 귀국 후에도 반하트는 이듬해 방콕 YMCA 총무로 발령받아 그 준비에 여념이 없기도 했다. 하지만 다행스럽게도 당시 11살이던 막내딸 낸시가 부모님과 자신의 귀국길에 대해 후에 (60대가 되어) 기억나는 대로 언니 조스트에게 자세히 말함으로써 조스트는 부모님 전기[3]에 그 과정을 자세히 써 놓을 수 있었다. '낸시가 말해준 귀국 중에 있었던 일'이란 글에서 서울에 있는 미국 영사로부터 3일 내에 출국하라는 통지를 받고 급하게 준비하는 상황이 그대로 보이는 듯하다.

"지난 3일간은 모든 일이 꽤 혼란스럽게 지나갔다. 우리는 한국의 수도인 서울에 있는 집에서 살았는데 나는 그곳에서 11살이 될 때까지 대부분을 살았다. 그런데 며칠 전 미국 정부가 모든 미국 시민은 즉시 본국으로 귀환하도록 명령을 내렸다. 보통 때 같으면 미국으로 귀국한다

Mariposa)호로 한국을 떠났다. 그러나 교단 소속이 아닌 반하트와 그 가족은 이보다 앞서 일본 배로 귀국했다. 끝까지 남아 있던 선교사들은 일제에 의해 추방되기도 했고 '적성 국민'이라는 이름으로 가택 연금되었다가 42년 6월 이후 추방형식으로 귀국했다.

3) 진 반하트 조스트, 앞의 책, pp.119~122.

는 것은 흥분되는 일이었는데 이는 우리 가족이 통상적으로 5년에 한 번 (안식년에) 방문할 수 있었기 때문이다. 하지만 이번 여행은 달랐다. 서울의 우리 집에 다시는 돌아오지 못할 것임을 알고 있었기 때문이었다. 1940년 11월 세계 각 곳은 엄청나게 많은 문제들이 엉켜 있었다. 극동에서는 미국과 일본이 전쟁 직전에 있었고 수년간 부모님이 살았던 한국은 당시 일본이 다스리고 있었다.

(미국 영사관의 철수 통고를 받고) 지난 3일 중 이틀은 집안의 물건들을 짐으로 싸거나 팔고 접시는 깨지지 않도록 포장했다. 내가 좋아했던 장난감들과 작별인사를 했으며 책과 가구는 남겨 놨다. 흐릿한 해가 떠있는 가운데 고드름 물이 떨어지는 슬픈 마당의 이곳저곳을 둘러보았는데 개나리 군락이 피어 있던 곳은 잎사귀 하나 없이 헐벗어 있었고 라일락 나무에는 싹 하나도 보이지 않았다. 느티나무에 걸려있는 폐타이어로 된 그네를 너무나 그리워할 것 같아 몇 번 타보니 녹은 눈의 물방울들이 튀었다. 나는 옷이 젖어서 뿐만 아니라 동시에 슬프기도 했다.

마지막 세 번째 날 새벽은 더 추워졌다. 그 날은 내가 한국에 있는 마지막 날로 내 (한국인) 친구들에게 작별인사를 했다. 내 친구의 부모님들은 우리가 짐 싸는 것을 도와주었는데 그들은 내 친구와 함께 우리 집에서 살게 될 분들이었다. 아무도 뭐라고 말을 해야 할지를 몰랐다."

낸시의 글에는 배를 탔을 때 일제가 한국에서 귀국하는 미국인들이 금지 품목을 반출하는 것은 아닌지 꼼꼼히 뒤지는 상황도 그대로 기록돼 있다.

"이 날 오후 늦게 배를 탔는데 이 배는 도쿄까지 가는 일본 배로 도쿄에서 샌프란시스코까지 우리는 다른 일본 배로 가야 했다. 아버지는 우리의 여행에 필요한 모든 수속을 하느라 바빴다. 특히 어머니에게는 '미국에 있는 친척들에게 전해달라고 하는 어떤 다른 사람의 편지도 받지 말라'는 경고를 했다. 아버지가 그렇게 경고한 이유는 한국 밖으로 어떤 것이든 보내는 게 불법이기 때문이었다. 만약 불법 편지 같은 것이 걸리면 과징금이 매우 무거울 수 있었다. 우리가 가져온 큰 트렁크와 상자들을 세관에 통과시키기 위해서 점검할 때 아버지는 어머니에게 다시 한번 주의를 주었다. 그러나 우리의 친구들과 이웃들이 작은 선실로 몰려와 작별인사를 할 때 그들은 이 어려운 시절에도 이국에서 여전히 생존해있다는 사실을 미국의 친척들이 알 수 있도록 급한 간청들이 담긴 편지들을 어머니의 손에 쥐어주었다. 어머니는 안 된다는 말을 하지 못했다.

막내 딸 낸시가 10세 때 반하트는 미일관계 악화로 한국에서 철수했다. ⓒ 전기

배에서 모든 환송객들이 내린 후 갑자기 두 번째의 기습적인 세관검사가 실시됐다. 어머니는 재빨리 나를 위층 침상에 올려 보냈는데 그 후에 보니 침상에는 어머니가 숨겨야만 했던 10여 통의 편지가 있었다. 잠시 후 어머니는 그 편지를 내 매트리스의 아래에 감추려고 했는데 그렇게 되면 내가 연루될 수밖에 없었다. 어머니는 내가 더 이상 위험에 빠지는 것을 원치 않아 객실 벽 옷걸이에 코트와 재킷을 걸고 주머니 속에 편지들을 쑤셔 넣었다. 내가 걸터앉아 있는데서 봐도 편지의 모서리들이 주머니 밖으로 삐져나와 있었다. 어떤 편지는 5cm나 7cm가량 보이는

1940년 주한 미국인 철수령에 따라 선교사, 사업가 등을 철수 시킨 마리포사호. 반하트 가족은 앞서 다른 일본 배로 떠났다. © 구글

것도 있었다. 어머니가 마지막 포켓에 편지를 넣고 돌아섰을 때 화난 표정의 일본인 관리가 선실 안으로 쳐들어 왔다. 그는 그가 밀수품이나 다른 불법소지물이 있는지 검사할 수 있도록 모든 가방을 열라고 어머니에게 지시했다. 나는 편지를 안 보려고 노력했는데 그 일본 관리는 어떻게 못 볼 수 있었는지 모르겠다. 편지는 아무 곳에서나 보였다. 여행가방을 계속해서 수색해도 아무 소득이 없자 일본 세관 관리는 점점 자신에게 화를 냈다. 어머니가 조용히 일본 관리의 명령에 따르면서 방안의 긴장은 점점 더해졌다. 어머니는 나를 한두 번 쳐다보면서 내가 모든 행동을 잘하고 있다고 확인해 주는 듯했다. 그때 마지막 여행 가방에서 일본 관리는 어떤 물건 하나를 지적했다. 그것은 가죽 커버 속에 들어있는 옷솔이었는데 여행 가방의 맨 밑에 놓여 있었다. 그는 재빨리 가죽 커버 속의 옷솔을 잡으면서 '총이다'라고 외쳤다. 그러자 어머니는 관리로부터 커버를 뺏더니 의기양양하게 커버를 벗기고 '네, 총이네요'라고 하면서 그에게 옷솔을 건네주었다. 방안에는 순간 정적이 흘렀고 아무도

움직이지 않았다. 나는 어머니가 관리에게 '총'이라고 할 때 안도의 한숨을 내리쉬었는데, 숨을 들이마셨는지 내쉬었는지 기억에 없다. 그 관리는 자신이 쥐고 있는 목제 옷솔을 노려보면서 얼굴이 벌겋게 달아올랐다. 갑자기 돌아서더니 솔을 바닥에 떨어뜨리고는 선실 밖으로 나갔다. 어머니는 손을 깍지 낀 채 반항하듯이 서서 관리들이 재빨리 철수하는 모습을 바라봤다. 그 관리는 다른 세관원들에게 배에서 떠나도록 큰 소리로 명령했으며 마침내 출항할 수 있었다. 당분간 그 편지들은 안전하게 되었는데 어머니는 배가 부두에서 빠져나와 대해로 나아갈 때까지 그곳에 서 있었다. 그때 아버지가 복도에서 나타나 우리를 부르며 '별일 없느냐'고 물었다. 어머니는 천천히 아버지에게 안도의 미소를 지었는데 나는 그것이 무엇을 의미하는지를 알았다."

언제나 혈기왕성하게 일했던 반하트는 귀국 직후부터 자신의 다음 일자리에 신경을 썼던 것으로 보인다. 장녀 조스트에 따르면 반하트 부부는 방콕 YMCA 총무 근무를 제안받고 반하트가 홀로 가는 문제를 놓고 상당한 시간을 고민했던 것으로 나타났다.

"두 분은 자신들의 생활과 의지에 영향을 미치는 어려운 결정을 놓고 고심하고 있었다. 두 사람은 (방콕) 생활과 (부부가 함께 살아야 한다는) 의지를 놓고 어느 것을 택할지 갈등하기도 했지만 생활과 의지의 문제가 아니라 무엇이 좋은 선택인지를 놓고 고민했다. 아버지는 태국에 있는 YMCA의 총무 자리를 맡도록 제안받고 있었다. 당시 그 자리에 있었던 총무의 스트레스가 너무 심해 신경 쇠약에 걸릴 지경이었다. 아버지는 가기를 원했는데 문제는 어머니도 따라가겠다고 하는 것이었다. 그에 대해 아버지는 절대 안 된다는 생각을 갖고 있었다. 사실 그곳은 두 사람 모두에게 위험한 곳이었다. 하지만 어머니는 몇 주 동안 따라가겠다고 주장했고 아버지는 요지부동이었다. 그 결과 마침내 어머니는 가지 않기로 동의하고 말았다. 어머니는 아버지와 떨어져야 한다는 생각에 너무 가슴 아프고 슬퍼했다."

반하트는 태국의 전임자가 신경 쇠약에 걸릴 만큼 스트레스가 심하고 군사적 정세가 심상치 않음을 잘 알고 있었다. 그러나 50대 초반으로 한참 일할 나이에 열정과 카리스마를 갖고 있던 그는 가족을 떠나 임지로 갔다. 가장과 떨어져 있게 된 가족들의 상황을 호스트는 "갓 태어난 병아리들처럼 보였다."고 회고했다.

"아버지가 출발하기 전에 우리는 이야기를 나눌 시간이 있었다. 그는 여전히 50대 초반의 젊은 청년으로 열정과 카리스마를 갖고 있었다. 아버지는 나에게 자신이 시키는 대로 할 것을 요구했지만 나는 아버지를 두려워하지 않았다. 아버지의 속마음을 느낄 수 있을 만큼 충분히 성장해 있었던 것이다. 아버지는 힘이 넘치는 사람이었을 뿐만 아니라 사람들이 보지 못하던 예민함까지 갖고 있었다. 아버지는 마치 좁은 터널 속에서 보는 것처럼 좁은 시야를 갖고 목표에 빨리 도달하려고 노력했다. 그 결과 분명해진 것은 목표를 정한 후에는 다른 사람에게 동기 부여를 해주고 그들이 목표를 달성하도록 마법으로 걸어매었으며 성공하도록 응원해 결과를 얻도록 해주는 것이었다. 아버지는 그의 언어능력을 자랑스러워했는데 어떤 외국인보다 일본어를 잘했고 한국어를 유창하게 했으며 모국어는 달인의 수준이었다. 그 때문에 아버지는 쓰거나 말하는 사람이 단어를 잘못 사용하거나 발음하면 참지를 못했다. 그런 아버지였지만 우리를 떠나야 할 때는 얼마나 슬펐는지 모른다. 우리 나머지 가족들은 아버지와 떨어져 세상에 순응하며 노를 저어가야 하는 갓 태어난 병아리들처럼 보였다."

2. 전운 속의 방콕 YMCA 총무 활동

＼

북미 YMCA 관련 모든 문서를 체계적으로 보관하고 있는 미국 미네소타 대의 카우츠 패밀리 YMCA 자료 보관소의 한 문서는 방콕 YMCA 총무였던 월터 짐머맨이 안식년 휴가를 떠나게 됨에 따라 반하트가 방콕에 부임했으며 12월 초 일제가 태국에서 공격을 시작하기 전까지 YMCA 프로그램을 현지 실정에 맞게 잘 전개했다고 밝혔다. 작성자 이름이 없는 이 문서는 반하트의 보고서를 토대로 작성한 듯 그가 방콕에서 했던 프로그램을 소개하고 전쟁이 일어날지도 모르는 상황에서 활발하게 펼쳤던 청소년 운동을 소개했다.

“반하트는 1941년 3월 방콕에 부임하자마자 즉시 YMCA가 태국 국경에 근무하는 태국 병사들을 위한 응급사업을 돕도록 했고 또 유럽에서 온 피난민 구제사업도 펼쳤다. 그는 방콕에 거주하는 유명인사를 참여시켜 전국 학생 프로그램을 YMCA에서 시작했고 YMCA의 정규 활동 지도를 이어갔다. 방콕 중앙 YMCA는 두 개의 건물을 가지고 있었는데 하나는 청소년 활동과 체육활동용이었고 다른 하나는 일반인과 남성들의 활동을 위해 사용됐다. 더 큰 건물은 매우 활동적인 교육용 교실로 사용됐는데 300여 명의 학생들이 회계를 비롯해 상업과 영어과정을 공부했다. YMCA는 그 자체가 여러 나라의 작은 연맹 같았는데 중앙 YMCA의 방문자들 중에서 언제나 많은 인종들을 찾아볼 수 있었다. 소풍을 갔을 때 반하트가 세어보니 16개 나라에서 온 사람들이 있었다고 한다."

같은 문서에는 방콕이 일본군에 점령당하는 과정을 직접 목격한 것처럼 기록하고 있는데 역시 반하트의 보고서를 토대로 작성됐을 것으로 추정된다.

"태국에서 안 좋은 징조로 나타난 첫 번째 사건은 12월 초부터 해안을 따라 일어난 대규모 호송대의 출현이었다. 소문이 급격히 퍼지고 곧 일본의 최후통첩이 왔으며 태국은 그 같은 우세한 병력에 항복했다. 일본인들은 방콕의 모든 곳에 승리의 깃발을 올렸다. 일본군은 미국 성조기가 오랫동안 걸려있던 미국대사관으로 먼저 가서 총검을 꽂은 채 국기게양대를 에워쌌다. 대사관 직원들은 무리를 지은 채 무언의 고통 속에서 과정을 지켜봤다. 국기가 내려졌는데 어느 곳에서 나왔는지 늙은 인도인 종업원이 달려 나와 일본 군인으로부터 성조기를 낚아채 대사관 내의 안전구역으로 옮겼다. 인도인 종업원은 30년 넘게 국기게양대를 담당해 온 사람이었다."

반하트가 1941년 부임할 당시 방콕은 이미 일본군이 사실상 점령한 상태로 전시 분위기였다. 방콕 도착 이후 몇 가지 현지에 맞는 사업을 펼

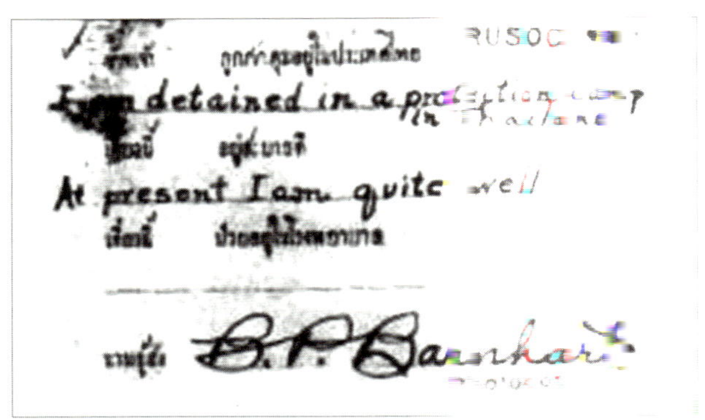
RUSOC
ถูกกักคุมอยู่ในประเทศไทย
I am detained in a protection camp in Thailand
เดี๋ยวนี้ อยู่สบายดี
At present I am quite well
B. P. Barnhart

태국의 보호 수용소에 구금됐었으며 현재 건강 상태는 괜찮다는 반하트의 태국 서류
ⓒ 전기

쳤으나 일본군의 방콕 점령과 함께 비상 체제로 전환해 겨우 사무실 유지만 할 수 있는 정도였다. 일본군의 점령 이후에도 반하트는 적성 국민 수용소에 수용되기를 거부하고 YMCA 건물 내 사무실과 사택에 머물면서 수용된 미국 영국 네덜란드인들을 여러 방법으로 도왔다. 이는 현명한 선택이었으나 그도 결국 수용될 수밖에 없었다. 이런 와중에서도 그의 활동은 특히 빛이 났는데 그의 뛰어난 일본어 실력이 뒷받침되었다.

반하트는 부임 6개월여 만에 수용돼 방콕 활동에 대해서는 연례보고서를 작성할 틈도 없었다. 그의 사후에 나온 몇 편의 추모사에 전하는 내용이 전부였다. 관련 자료를 찾던 중 미네소타대 카우츠 패밀리 YMCA 아카이브가 미공개로 보관해 오던 자료 중 장녀 즈스트가 1942년 석방된 아버지로부터 듣고 작성한 수기4를 입수할 수 있었다. 5페이지 분량의 수

---

4) 미네소타대 카우츠 패밀리(Kautz Family) YMCA 자료 보관소 소장번호 An essay 310-378-4914.

기는 〈분노를 넘어, 사랑(*Love, Beyond Rage*)〉이라는 제목이다.[5] 조스트도 선친이 수용소 생활 중 얼마나 훌륭하게 행동했는지 알았기 때문에 홀로 간직하기에는 아까워 글을 쓴다고 밝혔다.

분노를 넘어, 사랑

진 반하트 조스트 씀

나(진 반하트 조스트)는 아버지로부터 이 이야기를 듣고 홀로 간직하고 있었다. 이 이야기를 외부에 자유롭게 풀어놓기에는 너무 값진 보석 같아서 감춰놓고 누구와도 이야기를 나누지 않았다. 아직도 이 이야기를 외부에 들려주기에는 두려움이 있는데, 내가 가면 누구도 이 사랑의 기적을 알지 못할 것 같아 이 글을 쓴다.

이야기는 악명 높은 히로시마와 나가사키에 원폭이 투하(1945년)되기 이전으로 1941년 12월 7일 진주만(하와이) 공격 직후에 시작된다.

1940년 11월 나의 아버지(B. P. 반하트)는 YMCA 총무로 일하던 중 한국에서 쫓겨 나왔다. 아버지는 어머니와 여동생 낸시와 함께 나왔는데 내가 대학을 다니던 오하이오에서 우리 가족은 다시 만났다. 우리 가족들은 한국에서 일제로부터 당한 적대적 긴장감 때문에 지쳐서 탈진한 상태로 도착했다. 당시 나는 부모님의 마음속에 계속 남아있는 다른 트라우마와 목숨을 걸고 감행해야 했던 귀국 과정에서의 긴장 같은 것을 두

5) 제목 아래에는 장녀 조스트가 1950년대 이후 살았던 로스앤젤레스 근교 레돈도 비치(Redondo Beach)의 주소가 적혀있다.

Jean B. Jost
423 Via Mesa Grande
Redondo Beach, Ca. 90277

An Essay
310-378-4914

LOVE, BEYOND THE RAGE

By Jean Barnhart Jost

I, alone, am the keeper of this story, told to me by my father. I do not share it freel... it close like a treasure too precious to set free. Still, I am driven to pass it on, afra... when I go, nobody will know about this miracle of love.

It began during World War II, at the time of Pearl Harbor, before the infam... explosions of Hiroshima and Nagasaki, and before the final death rattle of a strug... too heavy for this planet.

In early 1940, my dad was driven from Korea, where he served as General S... for the YMCA. He fled with my mother and younger sister, Nancy, and met me in ... where I attended college. They arrived worn and exhausted from the tension of the... in Korea. Even as I met them, I could sense another trauma brewing, a battle betw... mother and father, one that would challenge their lives.

Dad had been asked to go to Bangkok, Thailand as General Secretary to the ... there.

"I am going with you, Pat," I could hear my mother say as I listened from my bedroom.

"They will never let you go, Verne, you and Nancy. The officials from the St...

장녀 조스트가 쓴 반하트의 태국 수용소 체험담 〈분노를 넘어, 사랑〉의 첫 부분. © 미네소타대

눈으로부터 느낄 수 있었다.

아버지는 태국 YMCA의 총무로 방콕에서 근무하도록 발령을 받았다. 당시 어머니가 '당신과 함께 가겠다.'고 말하는 것을 나는 내 침실에서 들었다. "그들(국무부)은 당신과 낸시를 가도록 하지 않을 거야. 국무부 관리가 우리에게 이미 말을 했어요." 아버지의 목소리는 점점 작아졌다. 이에 대해 어머니는 "나는 국무부에서 뭐라고 하든지, 당신이 뭐라고 하든지 신경 쓰지 않아요. 우리와 같이 가지 않고 당신 혼자만 가도록 하는 것은 너무나 고통스러운 일이에요." 어머니의 목소리는 다급한 감정이 느껴지는 가운데 긴장돼 있었다. 더 이상 듣는 것을 피했지만 두 분의 성격을 아는 나는 얼마나 완고하게 자기의 주장을 말할지 잘 알고 있었다. 어머니는 우아한 매너의 여성으로 다정하고 사랑하는 마음을 갖고 있었다. 한편 아버지는 에너지가 넘치고 모험심이 넘쳤다. 나는 두 분의 사랑이 그들을 지탱해 줄 것으로 믿고 있었지만 이별해야 하는 슬픔 때문에 두 분 사이에는 아주 큰 긴장 관계가 조성되기도 했다.

한국에서 25년간 봉사했던 아버지는 이제 새롭지만 위험한 임무를

하도록 요청받고 있었다. 위험투성이의 세계가 아버지를 오라고 손짓한 것이다. 한편으로는 위험한 임무에 도전한다는 사실이 아버지를 흥분시켰지만, 다른 한편으로는 가족과 헤어져야 한다는 사실 때문에 견디기를 힘들어하시기도 했다. 이럴 수도 저럴 수도 없는 망설임 속에 괴로워하며 아버지는 마룻바닥을 서성거렸다. 어떤 식으로든 자신이 결정을 쉽게 하도록 해주기를 희망하면서 어머니를 애타게 바라보았다. 그러나 어머니는 침묵을 했고 그 침묵은 비극의 불길한 예감 같은 것이었다.

결국 아버지는 가기로 했고 (어머니가 가기에는 위험한 곳이라는) 국무부의 판단은 나중에 옳았음이 밝혀졌다. 방콕은 어머니와 낸시가 함께 가기에는 너무 위험한 곳이었다. 아무 곳에서나 전쟁은 곧 터질 것 같았고 아무도 어느 곳에서 누구에게 그 전쟁이 닥칠지 알 수 없었다.

아버지는 1941년 9월 초 몇 주일이 걸리는 긴 여행 끝에 방콕에 도착했다. 그곳은 '열기의 파도'가 끓어오르고 황금사원과 진한 색깔의 부처상들이 도심에 서 있었으며 열대의 꽃과 야자수가 도시를 수놓고 있는 곳이었다. 사람들은 시원한 차를 마시고 얼굴에 흐르는 땀을 씻으며 거리에서 오랜 시간을 보냈다. YMCA가 제공한 주택은 단순했지만 적당한 크기로 아버지는 도착하자마자 그곳 젊은이들과 일을 시작할 수 있었다.

아버지는 태국 사람들이 (전쟁이 일어나는데 대해) 두려움을 갖고 있는 것을 느꼈다. 세계 대부분의 지역에서 이미 전쟁은 일어났고 태국 어느 곳에서도 전쟁은 터질 수 있었다. 겉보기에는 염려하는 분위기가 거의 없었지만 보이지 않는 긴장감은 높아지고 있었던 것이다. 아버지는 위험스러운 가운데서도 업무를 잘 수행했고 불같은 그의 열정은 지칠 줄을 몰랐다. 동기를 부여하고 영감을 불러일으키며 얼굴에는 만면에 웃음을 지은 채 일을 했다.

아버지가 도착한 후 3개월이 됐을 때 일본은 하와이 진주만을 폭격하면서 동시에 방콕도 폭격했다. 화염과 건물들이 연기를 내뿜고 사람들은 대대적인 파괴의 소용돌이 속에 내던져졌다. 도시는 거대한 혼란과 혼동 속으로 빠져 들어갔다. 사람들은 다치고 죽어갔으며 수천 명이 집을 잃었다. 도시 내부에서 나오는 비통한 소리는 처음에는 낮은 신음소리에서 커지기 시작하며 분노와 절망의 커다란 울부짖음으로 변했다.

태국은 일본의 적수가 될 수 없었으며 결국 항복했다. 일본군은 방콕을 통제하기 위해 시내로 쏟아져 들어왔다. 아버지는 방콕에 도착한 이래 언제나 전쟁을 대비해 왔다. 거리에서 움직이는 일본군의 호송대를 보았으며 긴장감이 일어나는 것을 느꼈다. 아버지는 만약 자신이 수용될 경우를 가정해서 현지인들이 해야 할 일을 훈련시켰다. 어느 날 미국인과 영국인들은 위기가 닥쳐오는 것을 확실히 느끼고 그들이 안전하다고 찾을 수 있는 유일한 장소인 미국대사관으로 달려 들어갔다. 수백 명의 두 나라 국민이 정문을 통해 쏟아져 들어갔다. 그들은 음식과 물이 떨어질 것을 알면서도 급히 들어갔는데 그 후 일본군은 문을 잠가 더 이상의 어떤 물질적 도움도 외부에서 들지 못하도록 폐쇄했다.

대사관 내부에서 아사의 두려움으로 방[illegible]자실에 있을 때 아버지는 그 안에 있는 사람들을 구조할 생각으로 가능한 한 밖에서 머물기로 마음을 먹었다. 아버지는 보호받기 위해 대사관 안으로 몰려 들어간 사람

6) 진주만을 폭격한 1941년 12월 7일 태국은 일본과 전쟁을 시작했으나 두 달 후 동맹을 맺었다.

들이 머지않아 수용될 것을 알았다. 일본군은 대사관 주변을 통제하고 있었다.

이때 아버지는 두 바퀴의 수레를 구해 YMCA 간사 메이 유안(Mei Yuan)과 시장에서 음식과 물을 산 후 최대한 가득 싣고 봉쇄돼 있는 대사관의 정문으로 밀고 올라갔다. 두 사람은 대사관 내에 있는 사람들에게 음식이 절대적으로 필요하고 그렇지 않으면 죽을 것임을 알고 있었다. 일본군 경비대는 무기를 뽑아 든 채 그 지역에 무리 지어 있었는데 아버지는 일본인 상사에게 걸어가 머리를 깊게 숙여 인사하고 유창한 일본말로 애원했다. "이 음식들을 꼭 대사관 안에 넣어 주십시오. 그렇지 않으면 굶어 죽습니다." 이에 일본군들은 음식물이 있는 수레 쪽으로 걸어가면서 아버지를 흉내 내며 웃고 허벅지를 손으로 치기도 했다. 그들은 물을 쏟아붓고 수레를 그들 쪽으로 넘어뜨렸다. 물은 사막에서처럼 땅속으로 빨려 들어갔고 채소는 여기저기 굴러다니다 마지막에는 하수구에 들어가기도 했다. 아버지는 음식물을 줍기 위해 하수구 쪽으로 뛰어 내려갔는데 그의 발 앞에는 긴 칼이 가로막고 있었다. 아버지는 하수구의 높은 곳에 서서 욕을 하는 군인을 올려다보다 칼을 옆으로 밀고 다시 그의 팔을 움켜잡고 하수구에서 올라왔다. YMCA 간사는 수레를 바로 세우고 조심스럽게 음식을 다시 수레에 담았다. 수레 가까이에 있는 한 군인이 다시 수레를 엎으려고 하자 그때 아버지는 상사가 큰 소리로 (대사관에 들어갈 수 있도록 하라고) 명령하는 것을 들었다. 그러자 그 군인은 펄쩍 뛰어 뒤로 물러났다. 천천히 대사관의 정문이 열리고 아버지와 YMCA 간사는 음식 수레를 대사관 현관 앞까지 밀고 갈 수 있었다.

다음 날 아침에도 일본군은 수레와 음식들을 함께 하수구 안으로 버렸는데 두 사람이 할 수 있는 것이라고는 열심히 주워 담는 것밖에 없었다. 그때 상사가 다시 큰 소리로 다른 명령을 내렸는데 음식물을 같이 주워 담으라는 명령이었다. 그러자 병사들이 모두 나와 할 수 있는 한 재빨리 하수구에서 수레와 음식물을 꺼냈다. 마술처럼 음식물들이 모아졌고 수레는 바로 세워져 음식물로 다시 찼다. 이번에도 두 사람은 대사관으로 들어가 음식물을 전달했다.

아버지와 YMCA 간사가 셋째 날 아침 도착했을 때 정문은 이미 열려 있었고 군인들은 수레를 잡고 들며 수용된 사람들한테 직접 전해주었다. 두 사람은 매일같이 그들이 구할 수 있는 것은 무엇이든지 구해 식료품과 생필품을 조달했다. 물과 음식물도 구했고 채소는 거의 없었다. 두 사람은 일본군 상사가 두 사람을 주의 깊게 주시하는 것을 알아챘다. 군인들이 두 사람에게 행패를 부리는 분위기가 있을 때마다 부하들에게 큰 소리로 외치며 진압하는 것을 보였다. 몇 주 동안 두 사람은 구입할 수 있는 것들을 찾아내 재빨리 대사관에 갖다 주었다. 하지만 아버지는 일본군이 언젠가는 자신을 수용소에 수용시킬 것을 알고 YMCA 간사들이 같은 일을 할 수 있도록 계속 훈련을 시켰다. 그들에게 생활용품을 운반하는데 필요한 것들을 가르치면서 지칠 줄 모르고 일했다. 아버지는 YMCA 간사들이 두려워하면서도 용기 내는 것을 보고 박수로 격려했다. 가끔은 아버지 자신도 두려움이 엄습해 오는 것을 느꼈다.

그런 일을 하는 동안 하루는 YMCA의 젊은 회원들이 건물 내에 있는 아버지의 주거 공간을 보고 싶어 해 저녁에 아버지와 회원들이 피아노 둘레에 서서 몇 가지 좋아하는 노래를 부르고 있었다. 그때 갑자기 현관

문 앞에서 노크 소리가 크게 들렸고 총성도 났으며 화가 난 목소리가 들렸다. 노래 부르는 것이 갑자기 중단되고 사람들은 침묵 속에 문을 응시했다. 충격과 공포가 뒤섞여 있는 순간에 아버지는 서서 짧은 기도를 드렸고 돌아서서 일본군 쪽으로 몸을 돌렸을 때였다. 그들은 문을 열기 위해 다시 문고리를 쳤고 또 총을 쐈으며 그 후 한 무리의 일본군들이 거실 안으로 쏟아져 들어왔다.

아버지는 조용히 일본군에 둘러싸여 피아노 옆에 서서 주의 깊게 그들을 관찰했다. 몇 명의 얼굴은 낯이 익다고 생각했는데 그들을 뚫어지게 보던 중 대사관 정문 앞에 서있던 상사가 있음을 알고 아버지는 당황했다. 상사는 이성을 잃은 채 화가 나있어 얼굴은 벌겋게 달아오르고 눈은 검게 독이 서려 있었다. 그는 아버지를 가리키며 '당신, 당신은 배반자이다. 이 집 어딘가에 단파 라디오가 있다. 당신은 미국에 메시지를 보내고 있다' 고 소리를 질렀다. 군인들이 아버지를 잡으려고 움직이자 상사는 '내가 그를 붙잡겠다. 너희들은 이곳에 있는 모든 것을 부수라.' 고 명령했다. 그는 부하들을 쳐다보고 명령한 후 아버지가 앉아 있던 의자 쪽으로 걸어가 '왜 당신은 다른 사람처럼 수용소에 가지 않느냐' 고 말하며 아버지를 계단 쪽으로 밀쳤다. '당신은 미국에 메시지를 보내는 스파이' 라고 비난하며 '우리의 적' 이라고 했다.

아버지는 처음에 그 상사가 아버지를 심하게 밀치기 시작했을 때 분노가 치밀어 올랐다. 또 마음속에는 만화경 같은 여러 가지 상상이 교차돼 떠오르기도 했다. 군인들은 거실을 파괴했고 YMCA 간사들도 같은 위험한 상황 속에 있었다. 아버지는 램프가 박살나는 소리를 들을 수 있었고 그가 돌아봤을 때 긴 의자(카우치)속의 물건들이 (찢어진 껍질 사이로)

솟아나 있는 것이 보였다. 아버지는 또 다른 군인이 피아노의 건반을 손가락으로 치다 심하게 강타하는가 하면 또 군인이 의자를 난도질하는 것을 보았다. 피아노의 한 음이 다른 음보다 길게 울렸고 방안의 마지막 슬픈 소리는 공포의 소리로 가득 찼다.

그 같은 공포 분위기 속에 있을 때 갑자기 아버지는 그곳에 마치 아내인 번이 사랑스러운 눈과 따뜻한 미소, 안심시키는 표정, 열정을 가진 채로 함께 있는 것 같은 생각이 들었다고 회상했다. 아버지가 얼마나 그 같은 현실을 그리워하고 아내를 보고 싶어 했으면 그런 환상이 보였을까 싶다. 그러나 그 같은 환상은 갈색군 상사가 아버지를 더 빠르게 밀치고 그의 칼을 휘두르면서 깨졌다. 하지만 그 환상은 아버지에게 용기를 주었다.

아버지는 분노를 억제하고 어떤 저항도 하지 않았다. 반항하게 되면 분노만 증폭시킨다는 사실을 알고 있었고 모든 것이 절대적으로 파탄날 것이라고 생각했기 때문이다. 아버지는 애써 숨을 가다듬고 '나는 당신의 적이 아니다.'라고 말했다. 그러나 상사는 노려보면서 아버지를 마지막 2층 쪽 몇 계단까지 세게 밀치고 올라갔다. 결국 아버지의 침실까지 이르렀는데 그 방은 회색의 벽과 두 개의 창문이 있고 더위를 밖으로 내보낼 수도 없는 보잘것없는 방이었다. 습기가 가득 차고 납작한 베개와 후줄근한 시트가 있을 뿐이었다. 몇 명이 그것들도 다 부쉈다. 그 후 아버지는 쓸 수 있는 물건이 있으면 찾아내려고 둘러보았으나 아무것도 남아있지 않았다. 아버지는 YMCA 재산을 파괴하도록 명령한 사람(상사)을 축복하는 것은 상상할 수 없었으나 마음 깊은 곳에서 그가 왜 그렇게 하는지 알고 있었다. 그처럼 가구를 파괴하는 것만이 그 상사가

아버지를 보호할 수 있는 방법이었던 것이다.[7]

방콕의 무더위 열기는 전쟁만큼이나 숨이 막힐 지경이었다. 심지어 저녁에도 기온은 솟구쳤고 두려움과 공포가 거리를 뒤덮었다. 모든 곳에 군인들이 있었고 사람들은 어둡고 조용한 곳에서 적군의 경계하는 눈초리를 피해 숨었다. 으스스한 정적 같은 것이 닥치는 대로 분출되는 폭력과 함께 과거 아름답고 즐거움으로 가득 차 있던 방콕 시내를 숨 막히게 했다. 이 같은 분위기는 이웃과 친구에게까지 퍼져 누가 적인지 아무도 모르게 되었다. 이런 상황에서 아버지와 연락을 하는 것은 누구든지 즉각 위험해지는 것을 감수하지 않을 수 없었다.

그런 일을 당하고도 아버지는 계속해서 생필품을 (대사관에 수용되어 있는 사람들에게) 보급할 수 있도록 가급적 오랫동안 밖에 머물기를 희망했다. 하지만 어느 순간에 갑자기 일본군이 그를 수용시켜 보급이 중단될 것임도 알고 있었다. 불필요하게 주변의 관심을 끌지 않도록 해야 하는 것도 알았기 때문에 혼자 자신의 주거구역(YMCA 건물)에 머물러 있었다. 전기불도 끄고 문도 잠갔으며 커튼도 내렸다. 하지만 이런 조치들과 상관없이 일본군은 아버지가 그곳에 있다는 것을 알고 있었다. 아버지는 체포되도록 되어 있었다.

아버지의 체포는 조용히 이뤄졌다. 어느 날 아침 밖으로 걸어 나갔는

---

7) 일본군 상사가 반하트에게 포학한 행동을 한 것은 사실은 부하 일본군에게 의심을 받지 않고 반하트를 돕기 위해서였다. 같은 보고서 내용을 보면 12월 23일 반하트가 수용된 후 한 일본인 병사가 YMCA 문 앞에 나타났는데 그는 안으로 초대됐고 함께 찬송가를 부르기도 했다. 음료수를 마시며 머물렀던 그는 떠날 때쯤 다음과 같은 말을 남겼다. "나는 한국 서울에 있을 때 반하트를 알게 되었다. 현재 반하트 씨는 어떤 상태인가? 누구든 그를 만나면 나의 안부(Hello)를 전해 주기 바란다. 언젠가 나는 그를 하늘나라에서 만날 것이다." 이 일본 군인은 반하트가 한국에 있을 때 영어와 성경을 서울 Y에서 배운 사람으로, 반하트는 방콕 Y가 수색을 받을 때 이 병사의 도움을 받은 것으로 기술하고 있다.

데 일본군들이 기다리고 있었다. 한 무리의 군인들이 문을 둘러싸고 있었고 그들 중 한 사람이 아버지에게 담배를 내밀었고 다른 사람은 대기하고 있던 군용차 쪽으로 아버지를 밀어 넣었다. 아버지는 대사관으로 달려가는 차 안에서 붙잡혀 있는 사람들을 위한 통역자로 자신을 활용해 달라고 요청했다. 자신의 유창한 일본어를 이용해 갇혀있는 사람과 가둔 '승자' 사이에서 강력한 연락책으로 역할하고 싶었던 것이다. 하지만 일본 군인들은 크게 폭소를 터뜨렸고 일제히 아버지를 바라보며 화를 냈다. 아버지는 그들이 증오하고 있다는 것을 느낄 수 있었고 침묵할 수밖에 없었다.

다시 한번 아버지는 아내 번의 모습이 떠올랐다. 그 모습은 아버지가 가까이서 어머니의 팔을 잡자 어머니가 아버지에게 힘내라고 격려하는 장면이었다고 한다. 아버지는 또 어머니와 결혼하던 장면을 떠올렸고 이어 아이들 중 하나를 기르던 모습도 생각이 났다. 그 순간에 아버지는 또 한국의 젊은 여성들에게 미국식 감사 절 만드는 법을 가르치고 자신과 자식들을 위협하는 일본 헌병에 대해 길 위에서 항의하던 아내 번의 모습을 기억하기도 했다. 그는 또 촛불 아래에서 했던 첫 키스와, 마치 누구도 두 사람 사이를 갈라놓을 수 없을 것처럼 팔로 꽉 껴안았던 순간들을 회상했다. 당시는 모든 것이 잘되고 있었고 사랑하는 여인 번은 그의 팔 안에 있었다. 실제로 아버지는 어머니가 그의 가슴속에 아주 가까이 있다고 느낄 수 있을 때는 언제나 어떤 것이든 해낼 수 있었다.

아버지를 태운 차는 경적을 울리며 길거리를 질주해 사람들이 급히 흩어지곤 했다. 아버지는 대사관 지역으로 들어서는 코너를 돌 때 차창을 통해 보았다. 그곳에서 그는 호기심과 함께 깜짝 놀라는 많은 사람들

가운데 아버지가 탄 차가 급정거하는 것을 보면서 슬픔 속에 긴장한 표정으로 있는 (자신을 잘 대해 줬던) 일본군 상사의 얼굴을 보았다. 몇 초가 더 지난 후, 길가에는 사람도 없었고 아버지를 실어 나른 군용차도 멀어져 갔다. 아버지는 뒤에서 대사관 정문이 쾅 닫히는 소리를 들을 수 있었다.(이로써 반하트도 미 대사관에 수용되었다)

장녀 조스트는 방콕 YMCA 총무로 임명돼 부임하는 과정과 짧은 방콕에서의 활동을 비교적 자세히 기록으로 남겼다. 특히 대사관에 갇힌 미국인과 영국인 등 일본의 적성 국민들을 살리기 위해 음식물을 비롯한 생필품 보급 '작전'에 나선 일은 전쟁 중 생각도 못할 일로 주목된다. 아버지로부터 방콕 생활과 수용소 생활에 대해 여러 차례 자세히 들었던 조스트는 자신의 글에 다음과 같은 '맺는말'을 덧붙였다.

> 아버지는 170일 동안 수용소에 갇혀 있었고 그 후 미국대사 드루(Drew)와 수백 명이 넘는 수용인들과 함께 스웨덴 국적의 그립스홀름(Gripsholm) 호[8]로 송환됐다.
>
> 아버지는 믿을 수 없을 만큼 몸무게가 줄었고 뉴욕 시에 도착할 때쯤 얼굴과 몸이 아주 수척해졌다. 자유의 여신상 옆을 지날 때 아버지는 여전히 그의 정신이 강인하고 삶에 대한 염원으로 가득 차 있음을 느꼈다. 어머니 번과의 재회는 부드럽고 가슴 아프면서도 열정으로 가득 찬 것이었다. 아버지가 어머니의 손을 잡기 위해 손을 뻗을 때와 똑같이, 아버지

8) 1924년 건조된 디젤 엔진 여객선으로 2차 대전 중 독일과 일본군의 포로로 잡혔던 군인과 민간인이 교환 석방될 때(1942~1946) 사용됐다.

반하트가 송환될 때 탄 여객선 그립스홀름 호.

는 얼마 후 "너무 어지럽다."면서 어머니에게 손을 뻗친 후 바로 뇌일혈(사실은 심장마비)로 돌아가셨다.

뉴욕타임스는 전면에 아버지의 사망에 대해 보도했고 전 세계로부터 조문하는 편지가 쏟아져 들어왔다. 그중 가장 감동적인 것은 아버지와 함께 수용소에 갇혀 있었던 미국인 하사(David C. Robertson)로부터 온 편지였다.[9]

9) 편지 내용은 4장(p.400)에서 소개.

3. 수용소 포로 생활

- 일본어 통역이어서 겪은 고초

조스트는 에세이의 〈맺는말〉에서 아버지 반하트가 뇌일혈로 사망했다[10]는 사실까지 밝혔으나 그녀는 자신이 쓴 부모님 전기[11]에서 수용소 생활 중 반하트가 유창한 일본어 때문에 유리했던 일과 어려웠던 순간을 별도로 소개했다. 그녀는 이 이야기 역시 아버지로부터 직접 들은 것이라고 밝혔다.

"아버지는 수용인 중 일본어를 유창하게 할 수 있는 유일한 사람이었다. 이에 따라 아버지는 일본군과 수용인 사이의 연락관이 되었다. 길고 지루한 수용소 기간에 진짜 적은 따분함이었다고 말했다. 이를 위해 아버지는 따분함을 벗어나는 효과적인 방법을 찾아내는 것이 마치 그의 사명인 양 생각하고 일본군을 설득했다. 아버지는 카드를 만들 수 있는

10) 장녀 조스트는 반하트의 사망이 뇌일혈(Cerebral Hemorrhage)이라고 밝혔으나 뉴욕타임스는 부음 기사에서 심장마비(Heart Attack)가 사망원인임을 밝히고 있다. 태국에서 귀환 이후 심장박동 등과 관련해 심장 전문의의 검진을 자세히 받은 경과로 봤을 때 사인은 심장마비로 보인다.

11) 진 반하트 조스트, 앞의 책, p.125.

충분한 종이를 얻어냈고 가능한 곳에서 스포츠 게임과 육상 운동을 할 수 있도록 했다. 심지어 사람들이 노래와 춤을 할 수 있도록 음악그룹도 만들도록 했다. 아버지는 계속해서 모든 사람이 추가적으로 좋아할 만한 일을 하기 위해 일본군과 타협을 했고, 어떤 어려움이 있어도 그 자신과 수용소 사람들이 삶을 영위해 나가도록 하는 방법을 꾸준히 찾아 나섰다.

하지만 일본군은 아버지를 상대로 수시로 잔인하고 무서운 고문행위를 하기도 했다. 아버지가 일본어를 잘해 다른 수용인들을 편리하게 관리할 수 있었는데 반대로 일본 군인들은 다른 수용인들을 겁주기 위해 아버지를 이용했다. 그들은 자주 아버지를 모든 사람이 볼 수 있는 밖으로 끌어내 처형할 것처럼 총을 든 군인들이 아버지를 겨냥해 대오를 형성해 섰다고 한다. 그들은 또 아버지에게 항복한다면 눈가리개를 하겠느냐고 물었는데 아버지는 항상 거절했다고 한다. 군인들은 총을 들고 사격 자세를 취했는데 긴 침묵이 흐른 후 카운트다운을 하다가 군인들이 발사하기 직전 상사(上士)가 '정지'를 명령하곤 했다. 음식과 물이 부족해 수용인들은 굶주렸고 생활은 거칠어졌으며 수용자들 사이에 쉽게 화가 폭발해 다투기도 했다. 아버지는 생존뿐 아니라 그 자신과 동료 수용자들을 위해 계속 일본군과 투쟁을 하느라고 분주했다."

한편 반하트의 방콕 YMCA와 수용소 생활에 대해서는 장녀의 기록 말고도 다른 북미 YMCA 동료들의 증언 몇 개가 남아있다. 미국 미네소타대 카우츠 패밀리 자료 보관소가 갖고 있는 'B. P. 반하트의 용기'가 대표적이다. 한국에 있을 때부터 그를 잘 아는 동료가 작성한 것으로 보이는 글에서 작성자는 전쟁이 임박한 방콕의 분위기를 알면서도 그는 용감하게 임지로 향했다고 밝혔다.

B. P. 반하트의 용기(courage)

일본의 점령에도 불구하고 태국에서 YMCA는 여전히 기능을 유지하고 있는 것으로 보고되고 있었다. 만약 이런 일이 사실이라면 미국인 간사로 명성 높은 B. P. 반하트를 YMCA 국제위원회가 방콕 YMCA에 파견했기 때문이다. 그러나 태국에서 YMCA 운동을 계속되게 하고 일본의 굴레 속에 갇힌 많은 미국인들의 고통을 덜어주려는 그의 노력은 반하트로 하여금 목숨을 잃게 만들었다. 170일간의 수용소 생활 후에 미국으로 돌아왔지만 (약해진 건강 탓에) 갑작스레 사망한 것이다.

한국의 애국자들은 반하트가 방콕으로 가기 훨씬 전부터 그를 '친구'라고 불렀다. 20여 년 동안 이 건장한 남자는 일본의 통치 아래 있는 한국을 잘 되도록 하기 위해 아슬아슬한 상황에 여러 번 처했다. 청소년부 담당 간사를 비롯해 후에는 협동총무로서 반하트는 정통적인 YMCA 프로그램과 함께 농촌 협력사업과 수많은 마을과 동네의 위생 관련 일들을 추진해 나갔다. 너무나 많은 위태로운 상황이 일본 정부에 의해 만들어지고 YMCA는 여러 번 적대적인 정부로부터 수색을 당하기도 했다. 하지만 반하트는 중압감에 시달리면서도 용기와 침착함으로 YMCA 운동을 계속해 나갔다.

반하트가 1941년 방콕에 갔을 때는 일제의 침략이 임박한 상태였다. 일본군이 방콕으로 다가오자 시내의 외국인들은 신변보호를 위해 자국의 대사관으로 몰려 들어갔다. 하지만 반하트는 대사관으로 가지 않고 대사관 밖에서 더 유용한 일을 할 수 있으리라 생각했고 결과적으로 그가 옳았다. 미국 대사관이 식료품이 부족하게 되자 방콕 시내에서 유일하게 일본어를 할 줄 아는 사람이었던 반하트는 일본군 책임자를 만나 문제를 솔직히 말하고 해결했다. 그는 음식물을 갖다 주고 영국과 미국 민간인의 안전 보호를 위해 기회가 있을 때마다 노력했다. 일본군 당국자는 마지못해 몇 가지 양보를 했지만 얼마 안가 반하트도 수용소에 가뒀다.

수용을 당하고도 반하트는 노력을 멈추지 않았다. 그는 자신이 갇힐 것에 대비해 태국인 YMCA 간사들이 YMCA 운동을 계속하도록 훈련시켰다. 여러 달이 지나자 수용자들 가운데 많은 사망자가 나왔는데 반하트는 용기를 잃지 않고 다시 한번 모국으로 생환되기를 원했고 결국 그렇게 되었다. 냉철한 투지 덕분에 그는 살아서 모국에 돌아올 수 있었다.

4. 석방 귀국 후 활동과 심장마비 사망

반하트는 1942년 7월 경 170일간의 수용소 생활을 마치고 포로 교환선인 스웨덴 국적의 그립스홀름 호로 귀국길에 올랐다. 이 소식을 듣던 당시를 조스트는 이렇게 회고했다.

"이곳저곳에서 환호성이 들렸고 흥분된 상태에서 해야 할 일들이 많았고 어머니는 낸시와 함께 아버지의 귀환을 준비하기 위해 뉴욕으로 떠났다. 프랭크 오빠는 군대에 소환돼 있었고 나는 아이오와의 더위 속에서 서머스쿨이 끝날 때까지 아르바이트와 공부를 하면서 시간을 보내고 있었다. 그리고 나 역시 뉴욕으로 가는 기차를 탔다."

배로 귀환하는 중에 반하트는 아들과 딸인 프랭크와 조스트에게 안부 편지를 보냈는데 기력이 빠진 자신의 모습을 보고 놀라지 말도록 미리 주의를 주고 있다. 장기간의 수용소 생활을 했음에도 유머를 잃지 않는 문투였다. 편지는 1942년 8월 9일(일요일)에 썼다.

사랑하는 프랭크와 팻시에게

속담에도 나오는 ‘불쾌한 사람’[12]이 다시 나타난다. 나는 내일이면 리오에 도착하게 될 것 같다. … 후에는 너희를 볼 수 있을 텐데 그때 다시 모든 이야기를 하자. 로디스에서 받은 너희 엄마의 편지는 너희 둘이 잘 지내고 있다고 말했더니 내가 너희를 만날 수 있을 때까지 내가 바라는 것도 그뿐이다.

나는 너희들에게 18개월 전 너희를 떠날 때의 말쑥한 젊은이가 아니라 기력이 빠진 늙은 모습을 기대하라고 말해주는 게 좋을 것 같다. 하지만 내 눈은 여전히 번쩍이고 있다 …

반하트는 1942년 8월 25일 뉴욕항으로 귀국했다. 자신이 편지에 썼던 대로 ‘기력이 빠진 늙은 모습’이었다. 조스트는 전기에서 220파운드(99kg)의 건장했던 아버지가 87파운드(39kg)의 말라빠진 모습으로 나타났다며 당시의 충격은 믿을 수 없는 것이라고 했다.[13]

“나는 아직도 아버지가 타고 오는 배를 만나기 위해 갔던 날을 생생히 기억하고 있다. 어머니는 너무 흥분돼 있었다. 어머니는 항구까지 가는 차내에서 나와 낸시가 잡담하는 것을 못하게 했다. 푸른색의 예쁜 모자를 쓰고 가장 아름다운 정장을 입고 있었으며 어머니 안에서 뿜어져 나오는 들뜬 기대감을 느낄 수 있었다. 배가 부두에 닿을 때까지 기다리는 시간은 짜증이 날 만큼 오래 걸렸다. 승객들이 배에서 내릴 수 있도록 건

12) bad penny, 반하트가 자신을 익살스럽게 한 표현

13) 진 반하트 조스트, 앞의 책, pp.128~129.

널 판자를 내리기 전까지 몇 시간은 바다 위에 그냥 서 있는 것처럼 보였다. 우리는 눈을 부릅뜨고 아버지를 찾았는데 아버지라고 생각하고 자세히 보면 다른 사람이었다. 불과 몇 년 전 우리 곁을 떠났던 이 '거인 남자'는 어디에 있는지 보이지 않았다.

우리가 마침내 아버지를 찾았을 때 받은 충격은 믿을 수 없는 것이었다! 창백한 작은 남자, 초췌한 몸무게 87파운드(39kg)의 사람이 그곳에 있었다. 우리를 떠나 태국으로 갈 때 몸무게 220파운드(99kg)에 왕성하고 의연했던 아버지에게 어떤 일이 일어났던 것인가? 마침내 우리는 함께 웃고 미소 지으며 눈물을 참았다. 아무튼 아버지가 집으로 돌아온 것이었다. 어머니와 아버지 간의 열정은 여전히 그대로였다. 두 분을 둘러싼 에너지에서 나는 그 열정을 느낄 수 있었다. 나는 두 분이 서로를 쓰다듬는 것을 보고 또 눈이 마주치면서 둘 사이에 아무것도 존재하지 않는 것처럼 보일 때 그 열정을 느낄 수 있었다.

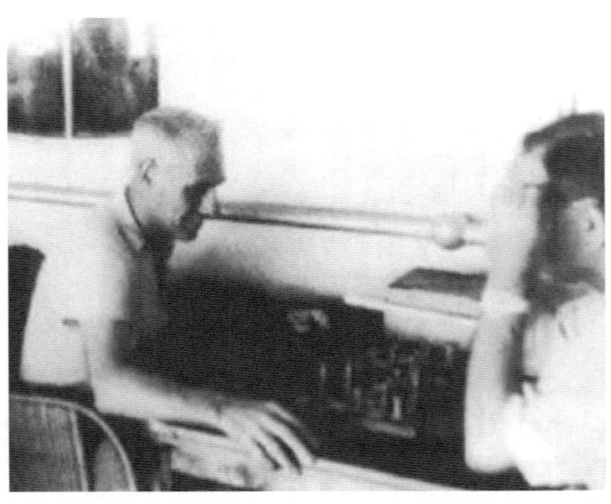

키 180cm, 체중 99kg의 거구였던 반하트는 수용소 생활에서 39kg으로 야위였다. 귀국선 내의 반하트. ⓒ 전기

그 후 며칠간 아버지는 자신의 경험을 우리에게 들려주었다. 매일 아버지는 방콕에서 있었던 비극과 스트레스를 어떤 때는 유머를 섞어가며 쏟아내셨다. 나는 그 이야기들이 무서웠다. 계속해서 아버지는 용기와 용감함에 대해 말씀하면서 또한 그곳에서 있었던 잔인성, 굶주림, 질병, 결과적으로 많은 사람들이 죽어갔던 일에 대해 말했다. 나는 아버지가 내뿜는 격렬한 분노를 느끼면서 동시에 희망에 대한 기대도 느낄 수 있었다. 반복해서 아버지는 나에게 말했다. "우리는 이 적들과의 전쟁에서 패해서는 안 된다. 세계를 적들이 생각하는 철학 속에 놓아두어서는 안 된다. 우리가 패배해서는 절대 안 된다." 아버지는 군대에 간 프랭크에 대해 걱정하며 우리가 그를 잃을지도 모른다고 생각했다. 하지만 아버지는 생존을 위해 싸웠던 사람들의 용기에 대해 말씀했다. 아버지의 열정은 몸무게가 줄었음에도 불구하고 더 강해진 것 같았다. 건강은 쇠약해졌어도 그의 열정을 막지는 못했다. 전쟁은 아버지에게는 성전(聖戰)이었다.

나는 당시 19세의 처녀로 나에게 있어서 성전은 삶에 도전하는 것이라고 생각했다. 너무나 열정적인 아버지를 보면서 나 자신도 삶에 도전하는 성전에 나서야 하겠다는 자극을 받았다. 나는 나 자신의 상상 속의 칼을 높이 들고 반짝이는 칼날 위로 부서지는 햇빛을 보면서 잘못을 바로 잡고 영광을 향해 행진해 나가고 싶다고 생각했다."

그러나 조스트는 그 같은 행진 대신 아이오와의 학교로 바로 돌아갔다. 반하트는 그동안 그가 경험한 전 인생에서 가장 훌륭한 일이 될 것이라고 믿는 일을 준비하기 시작했다. 전 세계적으로 영향력이 있는 직

위인 국제 YMCA의 총무로 지명된 것이었다. 그의 지명은 뉴욕타임스에 발표될 정도였다. 조스트는 당시 상황을 "(아버지의 임명을 알리는) 안내책자(브로셔)가 전 세계에 보내졌고 외국의 신문들도 모든 국가에 있는 YMCA 지부에 이제 새로운 에너지를 가져올 돌아온 영웅에 대해 이야기했을 만큼 아버지 인생에서 최고의 시기였다(Life was good)."고 회상했다.[14]

조스트는 아버지 반하트가 새 직책을 뉴욕에서 시작할 때까지 피폐해진 몸을 추스르기 위해 어머니와 함께 휴식하며, 장녀가 어떻게 생활하는지 보기 위해 아이오와에 왔을 때를 아버지 생전의 마지막으로 기억했다. 만능 스포츠맨이었던 반하트에게 미식축구 관람은 삶에서 여러 즐거움 중의 하나였다.

> "아버지는 아이오와 미식축구팀의 경기 관람을 절대 놓치고 싶지 않아 새 직책을 시작하기 전에 어머니와 함께 나에게 왔다. 우리 셋이 관람석에 앉아 있었을 때 나는 아버지의 핏줄을 보면서 그 속을 통해 분명히 흐르는 살아있는 아버지의 모습을 보았다. 나는 훌륭한 플레이가 벌어질 때마다 일어났다 앉았다 하고 감탄하며 손뼉 치는 아버지의 모습을 보면서 흥분을 느꼈다. 어머니는 그런 아버지를 정신없이 바라보셨다. 얼마나 멋진 날이었는지 우리는 축구보다 그날을 더 즐거워했다. 우리는 아버지가 현재 우리와 함께 있음을 자축했고 우리의 삶과 서로에 대해 축하했다.
>
> 두 분이 나와 함께 있었던 1주일은 빨리 지나갔다. 어머니와 아버지

---

14) 위의 책, p.129.

의 관계는 두 분이 오랜만에 다시 만남에 따라 당황하고 오해했던 순간들도 있었던 것 같다. 그러나 두 분은 많은 시간을 열정과 따뜻한 마음을 가지고 보냈다. 두 분은 떨어져 있었던 동안 너무나 다르게 살았기 때문에 서로가 경험해 보지 못했던 것에 대해 이야기할 때는 헷갈릴 때도 있었다. 그래도 여전히 두 사람에게 그들의 목표는 너무나 같았고 중요해서 아무것도 그 목표에 초점을 두고 노력하는 두 사람을 방해할 수는 없었다. 두 분은 결혼할 당시에 가졌던 실제적이고도 확고한 관계를 다시 찾는데 몰두하셨다.

나와 함께 아이오와 시티[15]에 있는 1주일 동안 두 분은 나에게 마음과 감정을 열어 주었었다. 우리 셋은 아버지의 수용소 생활 이후 결혼생활을 주제로 여러 시간을 함께 이야기했다. 아버지는 앉아서 이야기했고 어머니는 그의 경험을 공유했다. 아버지의 말 중에는 분노와 함께 유머도 있었고 좌절의 순간과 연민의 감정도 있었다. 그 같이 말하는 과정에서 잠시 불편한 모습을 보이기도 했으나 나는 두 분의 삶이 삐걱거리는 속에서도 자신들의 사랑을 판 위에 제대로 수놓는 모습을 볼 수 있었다.

나는 또 전에는 전혀 경험하지 못했던 새로운 어떤 관계를 아버지와 시작하게 되었다. 그 경험은 처음 해 보는 진기한 것으로 이를 통해 아버지는 그의 기쁨과 슬픔을 나와 나눴으며 나는 내 의견을 말하고 나와 아버지가 같음을 느꼈다. 이런 경험은 내가 과거 느꼈던 것보다 더 감성적으로 나를 강해지도록 했다. 어떤 의미에서는 말하지 않는 가운데 아버

15) 아이오와주 동남부의 도시.

지는 나에게 손을 내미셨고 나를 과거의 나로 받아주셨다. 그 같은 갑작스러운 아버지와의 유대 관계 성립은 설명할 수 없을 만큼 중요한 것으로, 나는 아버지에게 절대적으로 받아들여졌고 그것은 동시에 내가 자유롭게 되는 것이기도 했다."

조스트는 아버지 반하트와 1주일을 같이 보내면서 많은 이야기를 했다. 그는 부모님의 방문이 끝나고 차를 몰고 떠나는 것을 보면서 "마음속에는 알 수 없는 깊은 슬픔이 차올랐다."면서 자신이 분명히 기억하는 것은 시야에서 차가 사라질 때까지 세 번의 키스를 보낸 것이라고 회상했다. 조스트는 또 아버지가 떠나면서 두 가지를 이야기했는데 하나는 "확실히 대학을 졸업하라."는 것이었고, 다른 하나는 웃으면서 한 말로 "언젠가 결혼하게 되면 항상 피임용 격막(diaphragm)을 사용하라."는 것이었다고 기억했다. 조스트는 아버지의 말을 " '좋은 남편은 섹스를 즐길 자격이 있고 아내는 준비하고 있어야 한다.' 는 뜻 정도로 받아들였다."고 밝혔다.

조스트는 부모와 헤어진 지 얼마 안 된 1942년 10월의 한 아침(10일)에 "내 세계는 산산이 부서졌고 다시는 똑같은 세상을 볼 수 없게 되었다."고 회상했다. 전보 한 통을 받고서였다. 어머니로부터 온 전보였다.

"이런 소식을 전하게 되어 미안하다. 너의 아버지는 지난밤에 돌아가셨다. 너의 슬픔에 나도 함께 할 수 있기를 바란다."

조스트는 당시의 심정을 "거인이 쓰러졌는데 그것은 마치 구름을 뚫고 우리를 인도하고 산꼭대기를 넘도록 북돋았던 어마어마한 크기의 거대한 독수리가 갑자기 날개를 접고 한 순간에 숨을 멈춘 채 우리가 더 이상 볼 수 없을 때까지 추락한 것 같았다. 충격은 너무나 컸다. 우리는 아무도 아버지의 죽음을 준비하지 못했다. 6개월간의 수용소 생활과 몸무게의 심한 감소에도 불구하고 우리 모두는 아버지가 건강을 회복하고 다시 대단히 왕성하게 새로운 도전에 나설 것으로 믿었다. 우리는 모두 망연자실했다."고 썼다.

조스트는 갑작스러운 아버지의 부음에 황급히 뉴욕으로 향했다. 뉴욕 정거장에는 갑작스레 남편과 아버지를 잃은 어머니와 오빠, 여동생이 마중 나와 있었다. 조스트는 기차에서 내리며 마주한 세 사람의 모습을 영원히 잊을 수 없었다. 그것은 슬픔을 토로하면서도 애써 감추고 담담히 대하려는 자세였다고 회상했다.

"학교를 다니던 아이오와에서 뉴욕까지 가는 길은 길고도 슬픈 여행이었다. 나는 주위 사람들과 떨어져 혼자 있기로 하고 여행 중 아무와도 이야기하지 않았다. 기차가 정거하려고 할 때 내가 가족 중 처음 본 것은 오빠였다. 그는 쾌활하게 손을 흔들었다. 어머니도 같이 있었는데 역시 점잖고 용감한 모습이었다. 그러나 낸시는 조용했지만 자신의 감정을 숨김없이 표출했다. 아버지가 돌아가셨을 때 어머니는 낸시를 도와주는 사람에게 보냈는데 당시 낸시는 겨우 열 살로 좌절과 두려움으로 울부짖었다.…이런 상황에서도 프랭크 오빠는 슬픈 분위기를 유머와 밝고 활발한 분위기로 바꿨다. 어머니는 자신과 아버지가 오랫동안 세운 모든 규칙들을 따랐다. 어머니는 용감하고 강인하셨다. 일체의 눈물도 불

반하트의 아들 프랭크(1954년) 연극 배우 겸 기획자로 일했다. ⓒ 전기

평도 하지 않았다. 대신 어머니는 신체적으로 약해졌다. 두통이 다시 시작됐고 나는 어머니가 겪는 고통을 보고 느낄 수 있었다. 어머니가 얼마나 아버지를 사랑하셨는지 또 아버지의 사망이 어머니에게는 얼마나 큰 상실감을 안겨주었을지 알 수 있었다. 우리는 어머니에 대해 아주 큰 연민을 느끼지 않을 수 없었다. 낸시는 나이가 어려 어머니와 있을 수밖에 없었고, 프랭크 오빠는 이미 군에 입대해 있어 곧 전쟁에 가게 돼 있었다. 삶이란 그렇게 지속될 수밖에 없었다."

반하트의 급서는 누구도 상상할 수 없는 돌발적인 일이었으나 수용소 생활 반년 동안 몸무게가 반 이상 줄어들 만큼 몸이 쇠약해질 대로 쇠약해진 그에게 두 달 만에 맡는 중책은 무리였다. 항상 적극적인 삶의 자세를 가졌기에 마음만은 건강할 때와 같았지만 그의 신체는 그 마음을 감당할 수가 없었다. 사망 4일 후 보낸 부음을 알리는 편지[16]에서 부인 번은 수용소에서 송환될 당시의 상황과 사망 당일의 모습에 이어 진행된 장례 절차를 담담히 전했다.

친구 여러분에게,

나는 지난 며칠간 여러분의 기도와 사랑을 너무나 깊게 느껴 왔습니

16) 1942년 10월 13일자 편지로 주소는 '295 Washington Ave. Brooklyn, New York'으로 돼 있다.

다. 그동안 일어났던 모든 일을 자세히 모르는 여러분이 그 상황을 이해하기란 쉽지 않을 것입니다. 팻(남편)이 죽기 전에 있었던 상황과 장례 예배에 대해 여러분이 알고 싶어 할 것이라고 생각하면서 이렇게 글을 쓰고 있습니다.

나는 지난 8월 25일 남편 팻이 그립스홀름호를 타고 도착했을 때 그의 모습을 보고 큰 충격을 받았습니다. 내가 보기에 남편은 나이가 너무 들어보였지만 아이들과 친구들은 2년 전 한국에서 도착했을 때보다 조금밖에 차이가 나지 않는다고 말해 줘 안도를 했었습니다. 그때는 남편과 계속 함께 있으면서 나는 그가 그렇게 많이 쇠약한 몸으로 변해 있으리라고는 실감하지 못했습니다. 그는 극도로 쇠약해져 있어서 처음 2주 동안은 하루에 몇 차례 잠깐씩 누워서 쉬었습니다. 2주 동안 남편은 철저한 신체검사를 받았고 의사는 심장 박동이 약간 불규칙하다고 진단을 했습니다. 하지만 의사는 조금도 심각한 것은 아니라고 말했습니다. 또 그는 남편이 너무 쇠약해져 있거나 [illegible]에서 생긴 감염 때문에 그럴지도 모른다고 설명했습니다. 그래서 남편과 나는 9월 마지막 2주간 그의 부모를 만나러 아이오와에 가기로 계획을 세웠고 그전에 심장 전문의의 진단을 받기도 했습니다. 그 전문의도 먼저 의사와 대략 같은 진단을 내려 나는 아주 안심했고 만족했습니다.

아이오와를 방문하는 동안 남편은 몸무게도 힘도 늘고 그렇게 되는 것을 스스로 좋아하는 것처럼 보였습니다. 하지만 그는 매우 조심스럽게 휴식을 취해야 하고 너무 무리하지 말라는 의사의 지시를 따랐습니다. 9월 30일부터 10월 9일까지 우리는 가구를 샀고 (뉴욕에서) 임대한 아파트를 우리가 살기 편안하도록 하기 위해 이런저런 일을 했습니다. 그는 집안 꾸미는 일을 좋아해 며칠 동안 가구를 배치하고 여기 브루클린으로 이사해 오는 동안 부서진 것을 고치면서 아주 만족 해 했습니다. 그때 가끔 가슴 주위에 압박을 느끼기도 했으나 소화가 안 돼 그런 증상이 있는 것으로 생각했습니다. 금요일(10월 9일)의 경우, 남편은 점심 회의에 참석하고 사무실에서 편지를 구술하는 등 매우 바쁜 하루를 보냈습니다. 저녁 식사 후에는 소화가 잘 안된다고 생각하며 꽤 불편해했고 계획했던 대로 글을 쓰려고 했으나 편안히 앉지도 못했습니다. 나는 염려할 만한 어떤 일도 있는 것처럼 보이지 않아 크게 신경 쓰지 않았고 내가 아는 한 그도 신경 쓰지 않았습니다. 9시 조금 지나 남편은 몸 상태가 조금 나아진 것을 느끼고 글 쓰는 것을 시작했습니다. 9시 반쯤 됐을 때 남편은 나를 보고 "번(Verne), 너무 어지럽게 느껴진다."고 말했는데 내가 그를 살피러 테이블을 돌아가기도 전에 그는 가버렸습니다. (막내딸) 낸시는 자기 방에 있었는데 급히 불러 의사를 모셔오도록 보냈습니다. 그러나 나는 그 상황에서 (의사가 와도) 아무것도 할 수 있는 일이 없음을 알았습니다. 얼마 안 돼 의사가 왔고 곧이어 한국에서 알고 지냈던 언더우드 박사와 두 아들도 달려왔습니다. 한 시간쯤 후에는 USO에서 일하던 아들 프랭크도 왔습니다. 나는 이런 일이 일어나리라고는 생각조차 못했기 때문에 그의 죽음에 대해서는 아무런 준비도 하지 않았었습니다.

다음 이틀 동안 많은 계획들이 세워지고 한국과 태국, 북미 YMCA의 많은 (남편을 사랑하는) 친구들이 끊임없이 가까이에 있어 주었습니다. 우리는 살고 있던 아파트에서 두 블록도 안 떨어진 언더우드 박사의 집에서 머물렀습니다. 우리 가족은 그의 부모님이 상심하지 않도록 크게 신경을 썼고 장례를 치르는 동안 두 분을 위로하기 위해 노력하고 도우며 함께 하기를 간절히 바랐습니다. 우리들은 그 딸 젯시(조스트)가 공부하고 있던 아이오와에서 일요일 저녁 급거 뉴욕으로 온 일에 대해 가슴이 아팠습니다.

우리는 시내에서 25마일(40km)쯤 떨어진 아름답고 조용한 지역에 있는 공동묘지를 찾았고 월요일[17] 오후 묘원 안에 있는 작고 아름다운 예배실에서 장례 예배를 드렸습니다. 80명에서 100명쯤 되는 친지들이 모인 가운데 언더우드 박사는 인상적이고 조용한 방법으로 승리자였던 남편의 생애에 대해 이야기를 했습니다. 언더우드 박사는 자신이 개인적으로 알고 있고 예수님이 좋아하는 남편의 용감한 행동들에 대해 말했습니다. 성경 봉독과 기도, 찬송을 하는 동안, 우리의 외로운 마음은 그를 우리에게 보내 준 하나님과의 아주 가까운 교감으로 드높여졌고 예배드리는 순간은 성화되었습니다. 미국 국내총 YMCA의 수석대표인 유진 E. 바네트 씨는 엄청나게 큰 어려움 속에서 하나님의 사업을 수행하면서 거둔 남편의 훌륭한 성과와 그의 삶에 대해 짧게 이야기했습니다. 한국에서 온 젠센 박사는 감사의 기도를 올렸고, 역시 한국에서 온 앨리스 아펜젤러는 '주여, 우리의 눈을 뜨게 하소서(Open Our Eyes, Lord)'를 아름답게 노래했습니다. 이 찬송은 남편이 한국에 있을 때 자주 부른 것이었습니다.

"우리의 눈을 열어주소서. 오, 사랑 많고 동정심 많은 예수님
우리의 슬픔 속에서 우리와 동행하셔서 주님을 볼 수 있도록 해 주소서.

---

17) 장례예배는 1942년 10월 12일 오후3시 30분 뉴욕 화이트플레인즈 펀클리프 묘원 예배실(Ferncliff Cemetery, White Plains, New York)에서 거행.

주님은 죽음을 이기고 영광과 승리를 하신 분
주님의 집 입구에 있는 우리가 살아있는 하나님 앞으로 들어가도록 해주소서.
우리의 눈을 열어주소서. 오, 사랑 많고 동정심 많은 예수님
주님을 따르는 것을 보도록 해 주소서. 예수님, 아멘"

노래를 부르는 동안 내가 들은 것은 남편의 음성이었습니다. 또 예배가 진행되는 동안 그의 팔이 나를 감싸고 서 있는 것 같았습니다. 잠시 후 여러 가지 나무와 아름답게 펼쳐진 잔디밭, 고운 가을꽃이 한창인 가운데 팻은 마지막 처소에 놓였습니다. 하관 예배를 마친 후 우리는 바네트 부부의 집에서 함께 차를 마시면서 많은 친구들과 특별히 대화를 나눴습니다. 남편의 탁월했던 삶에 대해 함께 이야기할 수 있었던 것이 즐거웠습니다. 여러 차례 나는 그와 함께 사는 영광을 가진데 대해 가슴이 감동으로 떨림을 느꼈습니다.

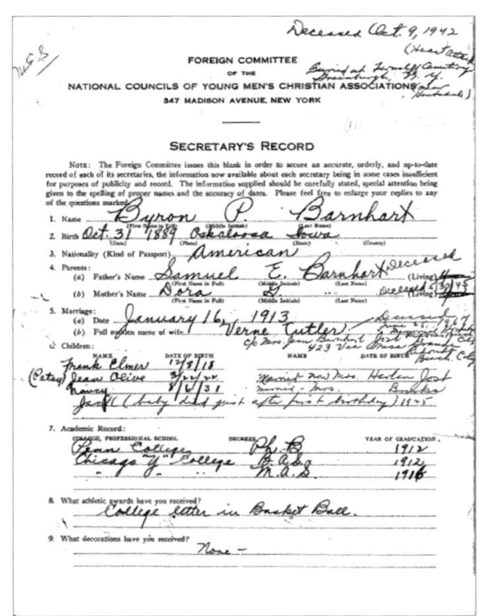

Deceased Oct. 9, 1942 (Heart attack)

FOREIGN COMMITTEE
OF THE
NATIONAL COUNCILS OF YOUNG MEN'S CHRISTIAN ASSOCIATIONS
347 MADISON AVENUE, NEW YORK

SECRETARY'S RECORD

NOTE: The Foreign Committee issues this blank in order to secure an accurate, orderly, and up-to-date record of each of its secretaries, the information now available about each secretary being in some cases insufficient for purposes of publicity and record. The information supplied should be carefully stated, special attention being given to the spelling of proper names and the accuracy of dates. Please feel free to enlarge your replies to any of the questions marked.

1. Name Byron P. Barnhart (First Name in Full) (Middle Initials) (Last Name)
2. Birth Oct. 31 1889 Oskaloosa Iowa (Date) (Place) (State) (County)
3. Nationality (Kind of Passport) American
4. Parents:
   (a) Father's Name Samuel E. Barnhart (First Name in Full) (Middle Initials) (Last Name) (Living) Deceased
   (b) Mother's Name Dora (First Name in Full) (Middle Initials) (Last Name) (Living) Deceased
5. Marriage:
   (a) Date January 16, 1913
   (b) Full maiden name of wife Verne Cutler
6. Children:

NAME	DATE OF BIRTH	NAME	DATE OF BIRTH
Frank Elmer	12/8/18		
(Patsy) Jean Olive	3/22/22	Married now Mrs. Harlan Jost	
Nancy	8/6/31		

7. Academic Record:

COLLEGE, PROFESSIONAL SCHOOL	DEGREES	YEAR OF GRADUATION
Penn College	Ph. B	1912
Chicago "Y" College	B.A.S.	1912
" " "	M.A.S.	1916

8. What athletic awards have you received? College letter in Basket Ball.
9. What decorations have you received? None -

반하트의 1927년 인사서류. 오른쪽 상단에 심장마비, 펀클리프 묘지 등이 별도로 기입돼 있다. © 컴파트

지난 며칠 동안 나의 아이들은 나를 잠시도 떠난 적이 없었습니다. 그들의 용기와 도움과 신뢰는 최고였

습니다. 프랭크는 현재 군에 복무 중인데 휴가 중이고 10월 20일에 다시 군으로 돌아갑니다. 팻시는 아이오와에서 왔는데 당분간 나와 낸시와 함께 이곳 뉴욕에서 머물기로 결정했습니다. 팻시는 뉴욕에 오기 1주일 전 병원에 있었기 때문에 지금은 휴식이 필요한데 1월쯤 학교에 돌아갈 예정입니다. 낸시는 물론 나와 함께 있을 것입니다. 현재로서는 앞으로 어떻게 지내야 할지 정해진 계획은 없습니다. 그러나 매일 하나님의 손길이 나를 인도하는 것으로 보이고 나는 그 인도에 만족하고 있습니다.

여러분의 사랑과 기도에 깊은 감사를 드립니다. 하나님의 축복이 함께 하시기를 빕니다.

사랑하는 번(Verne) 드림

딸 조스트는 부모님 전기에 어머니의 부음 편지를 소개하며 자신이 참석했던 장례식 모습을 간략히 기록했다.

"장례식은 금방이라도 비가 올 것 같은 날 거행됐다. 구름은 낮게 깔려있고 우리의 뒤를 따르는 여러 대의 차와 영구차의 차창에도 박무가 끼었다. 무덤가에서 앨리스 아펜젤러[18]가 '주여, 우리의 눈을 뜨게 하소서(Open Our Eyes, Lord)'를 부른 후 일꾼들이 아버지의 시신을 땅 속으로 내릴 때 눈물이 내 볼을 타고 내렸다. 그때 어머니의 (분위기에 맞지 않는) 빨간 모자에 검정 깃털이 달려있는 것을 보았다. 아버지는 항상 어머니에게 말했다. '만약에 내가 죽는 일이 생긴다면, 아름다운 빨간 모자 쓰

18) 이화학당 6대 학당장, 1940년 강제추방 당하자 이화여전 총장을 김활란에게 인계.

는 것을 잊지 말아 줘.' 마지막까지 아버지는 가까이에 있었고 그는 그의 영혼으로 우리를 감싸주었다."

반하트는 방콕의 수용소에 억류돼 있는 동안 그의 영웅적 행동이 잘 알려져 있었던 때문에 뉴욕타임스에는 사망기사가 실렸고 많은 유명 인사와 관련 인물들이 추모의 글을 부인 번에게 보내왔다. 뉴욕타임스의 제목과 기사 내용은 반하트의 삶을 되돌아보는 것이었다.[19]

한국 YMCA에서 봉사했던 B. P. 반하트 사망

일본이 점령했던 방콕에서 수용소에 갇혀있다 그립스홀름 호로 귀환

1912년부터 YMCA에서 일하다 1941년 태국으로 전보

지난 26년[20] 동안 북미 YMCA의 간사로서 한국 YMCA에서 협동총무를 지낸 바이런 P. 반하트 씨가 브루클린(뉴욕) 워싱턴 애비뉴 295에 있는 자택에서 심장마비로 지난 금요일 저녁(1942년 10월 9일) 별세했다. 향년 53세.

그의 친구들은 반하트 씨의 건강이 일제가 방콕을 점령한 후 '보호감호'를 명분으로 170일 간 수용소에 갇혀 있는 동안 나쁜 영향을 받았을 것으로 생각하고 있다. 그는 당시 (방콕 YMCA) 총무 대행을 맡고 있었다.

반하트는 지난 8월에 마침내 수용소에서 풀려나 수용자 교환선 그립스홀름 호를 타고 귀국했다. 그는 아이오와주 오스칼루사에서 태어나

19) 뉴욕타임스 1942년 10월 11일(일요일)자 부음기사.

20) 반하트는 1912년부터 1942년까지 30년간 YMCA에서 근무했다.

NEW YORK TIMES, SUNDAY, OCTOBER 11.

B. P. BARNHART DIES; SERVED 'Y' IN KOREA

Returned on Gripsholm After Being Interned in Bangkok When Japanese Took City

AIDE OF GROUP 26 YEARS

Transferred to Thailand in 1941—He Started With the Association in 1912

Byron P. Barnhart, former associate national Y. M. C. A. secretary for Korea, who had represented the association in Asia for twenty-six years, died Friday night of a heart attack at his home, 295 Washington Avenue, Brooklyn. His age was 53.

Friends believe that Mr. Barnhart's health was affected by his experiences during 170 days of "protective custody" in the hands of the Japanese after they entered Bangkok, where he was acting general secretary at the time. He finally obtained his release and returned to this country on the exchange ship, Gripsholm, in August.

Mr. Barnhart was born in Oskaloosa, Iowa, joined the Y. M. C. A. when 12 years old and remained associated with it, principally as an active official, thereafter until his death. He was boys' secretary for Burlington, Iowa., 1912-14, and for Peoria, Ill., from 1914 until his appointment in 1916 as director for boys and physical training at the Y. M. C. A. in Seoul, Korea. Mr. Barnhart remained in Korea until March, 1941, after 1929 as associate national secretary.

Transferred to Thailand in March, 1941, as acting general secretary in Bangkok, Mr. Barnhart, who had learned in Korea what life under a subjugating power is like, knew what to prepare for when the Japanese invaders approached early in December. He first arranged for a supply of food needed by the American diplomatic corps, and then trained another Y. M. C. A. secretary to perform such tasks should he, himself, be removed. On Dec. 22, Mr. Barnhart and 400 others, Americans, Dutch and British, were interned. The Y. M. C. A. secretary secured supplies for their camp.

Mr. Barnhart leaves a widow, Verne, daughter of the Rev. Francis B. Cutler of Beaver Falls, Pa., and Orion, Mich.; a son, Frank, in the Army, and two daughters, Patsy and Nancy Barnhart.

"한국에서 봉사한 반하트 별세" 뉴욕 타임스의 부음기사. 1942년 10월 11일(일요일)자. © 전기

12세 때 YMCA 활동에 참가하기 시작했으며 주로 실무 간사로서 별세할 때까지 YMCA 관련 일을 해왔다. 그는 1912년부터 1914년까지 아이오와주의 벌링턴에서 청소년 간사로 일했고 1914년부터 1916년 한국 서울 YMCA의 청소년 및 체육 실무 책임자로 임명될 때까지는 일리노이의 피오리아에서 근무했다. 반하트 씨는 1929년 이래 한국 YMCA 협동총무가 되었으며 1941년 3월까지 한국에서 근무했다.[21]

1941년 3월 방콕 YMCA의 총무 대행으로 전보된 반하트 씨는 점령군 세력 하의 삶이 어떤 것인지를 한국 주재 시 배웠기 때문에 일본군이 12월 초 방콕으로 들어올 때 무엇을 준비해야 할지 알았다. 그는 첫째로 미국 외교관

21) 1940년 11월 미국 정부의 철수 권고에 의해 귀국함. 서류상으로는 1941년 3월까지 근무했을 가능성이 있음.

과 미국인들이 필요로 할 식량 공급 계획을 마련했고 그 자신이 적성 국민 수용소에 수용돼 총무대행을 할 수 없을 때를 가정해 태국인 YMCA 간사들을 훈련시켰다. 12월 23일 반하트 씨를 포함해 미국인 네덜란드인 영국인 등 400여 명이 수용소에 갇히자 YMCA 간사들은 수용소에 생필품을 계속 구해 제공해 줬다.[22]

반하트 씨의 유족으로는 펜실베이니아주 비버폴즈와 미시간주 오리온에서 목사를 지낸 프랜시스 B 커틀러의 딸로 미망인이 된 부인 번과 현재 군 복무 중인 아들 프랭크, 딸 팻시와 낸시 반하트가 있다.

조전을 보내온 유명인사로는 1946년 노벨평화상을 받은 존 R. 모트와 후에 대한민국의 대통령이 된 이승만이 있다. 모트는 "오랫동안 부인(Verne)의 남편께서 해 오신 풍부하고 너무나 유능하셨으며 진정으로 그리스도 같았던 직책 수행에 대해 감사하는 마음을 어떤 과장된 말로도 드릴 수가 없습니다. 나는 고인의 건설적인 봉사와 그의 충성스러운 우정에 대해 말로 다 할 수 없을 만큼 높이 평가합니다. 고인은 또 최고의 고결한 성품으로 일을 수행하셨습니다. 그 결과는 영원할 것입니다."라고 추모했다. 이승만[23]은 "반하트 씨의 삶은 억압받는 사람들을 돕는데 헌신한 것이었습니다. 그의 별세는 모든 기독교계뿐만 아니라 우리나라에도 명백한 손실이 될 것입니다"라고 했다.

한편 부인 번에게 보내온 위로 편지 중 특별히 반하트와 함께 방콕

22) 반하트는 수용소 밖에서 20일 가까이 수용소에 생필품을 공급해 주던 중 자신도 수용됨.
23) 당시 이승만은 대한민국임시 정부의 주미 외교위원회 위원장으로 임명된다. 또 미국 정부의 임정승인을 계속 요청 중이었다.

에서 수용소 생활을 했던 미군 하사 데이비드 C. 로버트슨의 것이 눈에 띈다. 그는 군인이었기 때문에 일본군의 포로가 되었으며 그 때문에 심한 고초를 당해 미국 적십자사의 관리 아래 입원 중인 뉴저지 포트녹슨의 틸턴 종합병원 6병동에서 편지를 쓴다고 밝혔다.[24] 그는 만약 반하트의 노력이 없었다면 수용인들의 상당수는 굶어 죽는 비극을 당했을 것이라며 "천국이 있다면 그의 선행에 대해 보상받을 것으로 확신한다."고 썼다.

친애하는 반하트 부인에게 드립니다.

나는 부인의 남편 팻과 함께 봉쇄된 수용소에 갇혀 있었습니다. 반하트 씨는 남녀 성인은 물론 작은 어린이들까지 300명의 미국인, 영국인, 네덜란드인 모두에게 잘 알려져 있는 분이었습니다. 그는 우리가 수용돼 있는 7개월[25] 동안 끊임없이 그가 할 수 있는 모든 일을 다 했습니다. 그가 행했던 많은 일 중의 하나는 외부로부터 물건을 구입해 수용소 안으로 반입할 수 있도록 주선하는 것이었습니다. 그가 YMCA 조직과 일본어 통역자로서 했던 역할 덕분에 우리는 물품을 구매할 수 있었습니다. 반하트 씨가 (일본군과 교섭해) 만들어 놓은 매점을 통해 나는 음식물과 생필품을 구입할 수 있었습니다. 이런 별도 음식물이 없었다면 수용소의 아기와 어린이들, 나와 다른 수용자들에게 일어났을지도 모르는 일(죽음)은 생각하기조차도 몸서리가 쳐집니다. 우리 미국인들이 영국과

---

24) 입원 중이어서 반하트의 사망을 알 수 없었으나 수용자 입소의 보도를 보고 편지를 썼을 것으로 추정된다.

25) 최초 수용자는 7개월간 갇혀 있었다. 반하트는 수용소 밖에서 돕다가 수용돼 170일간 갇혀 있었다.

"Dear Mrs. Barnhart,

I was in the prison camp with your husband, Pat, as he was known by all us prisoners, men, women and little children, numbering about 300 Americans, British and Dutch. During the months of our imprisonment, he worked incessantly to do all he could for us. One of the many things he did, was to arrange for us to purchase things from the outside and get them into the camp. His connection with the YMCA. and his ability to act as an interpreter made our purchases possible. Through his store, I was able to purchase food and other necessities. Without the extra food, I shudder to think what would have happened to the babies and children and myself and others. His British and Dutch friends whom we Americans had to leave behind were able to continue the store after he left. He made arrangements for the store to continue. By now, I am sure if it were not for him, the Americans who came away would be in much worse condition. What I write is the truth, for I have been unable to walk since last March – due to malnutrition. I saw Mr. Barnhart carry on with his camp duties, day after day, month after month. It was an awful long time. I used to wonder how he could stand up under such a strain.

He was a better man than I.

태국의 보호 수용소 구금 당시 반하트의 도움을 받은 로버트슨 하사의 조의 서신.
ⓒ 미네소타대

네덜란드 수용인들을 남겨 놓고 먼저 떠나야 했을 때 반하트 씨는 상점 운영이 계속될 수 있도록 교섭해 놓았습니다. 그때 그가 교섭해 놓지 않았다면 지금 생각해보면 영국과 네덜란드인 수용자들은 모두 굶어 죽었을 것입니다. 또 그와 함께 떠난 미국인들도 그가 없었다면 훨씬 더 건강 상태가 악화됐을 것입니다. 나는 반하트 씨가 그가 수용소에서 해야 할 일을 매일같이 엄청나게 오랜 기간 동안 완수하는 것을 봤습니다. 나는 그가 그처럼 엄청난 중압감을 어떻게 견딜 수 있는지 놀라워하곤 했습니다. 그는 나보다 훌륭한 사람이었습니다.

나는 종교인은 아닙니다. 어렵고 힘들다고 생각하는 군인으로서 제 인생을 살아왔기 때문에 죽음에 대해 감상적으로 생각하지 않고 죽음이

다가오면 받아들인다는 생각밖에 해 본 적이 없었습니다. 그러나 반하트 씨의 별세 소식을 읽고 슬픔을 금할 수 없었습니다. 수용소에서 우리는 함께 어울렸고 우리가 겪은 경험을 이야기했습니다. 그는 한국에서 일했던 경험을 이야기해줬고 그가 했던 일은 아주 훌륭한 것이었습니다. 만약 천국이 있다면 나는 그의 선행에 대해 보상받을 것이라고 확신합니다. 장례식에 참석할 수 없어서 죄송합니다.

나의 조의를 받아 주시기 바랍니다.

당신의 진실한 벗

데이비드 C. 로버트슨

미 육군 하사

한편 반하트가 총무로서 일할 예정이었던 북미 YMCA 국제위원회는 신임 총무의 갑작스러운 사망에 대해 세계 YMCA 회원들에게 그의 부음을 전하며 반하트의 마지막 저녁 상황과 기타 사항 등을 전했다. 프랭크 V. 슬랙 국제위원회 담당자는 사망(1일 후 1942년 10월 15일) 작성한 경위설명서에서 사망에 이르게 된 원인과 장지 등을 밝혔다.

세계 YMCA 회원에게

여러분 모두가 신문에 보도된 것보다 팻 반하트의 사망에 대해 더 많은 개별적 사실들에 대해 궁금해할 것으로 생각합니다. 여러분 대부분이 알고 있는 것처럼 팻(반하트)은 방콕에서 보낸 18개월 중 3분의 1을 보호감호소에서 보내고 8월 25일 스웨덴 국적의 송환 여객선 그립스홀름호를 타고 도착했습니다. 대부분의 미국인들은 12월 7일 (일본군이 방콕을 점령하자) 바로 수용됐는데 팻은 12월 23일까지 제한적인 자유를 허용받았습니다. 그 기간 동안 팻은 방콕 YMCA를 미국과 영국 등 수용된 인원들에게 외부에서 음식을 공급해 주는 기관으로 준비를 했습니다. 방콕 YMCA는 이 일을 송환되는 날까지 했습니다.

그가 이곳(뉴욕)에 도착했을 때는 말라 보였지만 바다여행과 햇빛을 맞으면서 다시 그는 활력을 되찾을 수 있었습니다. 그러나 한국의 복잡한 상황의 와중에서 장기간 근무하고 방콕에서 똑같은 일들을 하며 심신이 지친 그는 강한 체질에도 불구하고 스트레스를 받았음이 분명합니다. 하지만 그를 잘 아는 우리들도 겉으로 보았을 때 그런 스트레스 같은 것은 찾아낼 수 없었습니다. 사실 미국 귀환 후 바로 그를 검진한 의사도 신체상 심각한 증상을 전혀 찾지 못했습니다. 팻 자신은 그의 가슴이 가끔 박동하지 않음을 알고 있었고 그 때문에 심장 전문가를 만나기도 했지만, 그 역시 자신이 일반적으로 정상 상태라고 진단했습니다.

레이크 모호크(뉴욕주)에서 열린 직원회의 이후 반하트 가족은 브루클린의 아파트를 임대했고 딸 낸시는 아델파이 학교에 입학했습니다. 딸 팻시는 아이오와의 대학으로 돌아갔고 프랭크는 군대 입대를 준비하고 있었습니다. 팻과 부인 번은 팻의 부모를 방문하며 약 2주간 아이오와를 방문했으며 10월에는 좀 더 휴식을 취하고 뉴욕 아파트에 정착하는 일에 몰두했었습니다.

팻은 10월 9일 금요일 낮에 사무실에 있었고 아주 괜찮아 보였습니다. 그날 저녁에는 가슴 주위가 불편하고 압박이 느껴진다고 말했는데 본인은 소화가 잘 안 돼 그런 것으로 여겼다고 합니다. 9시 반 경 그는 부인에게 현기증이 난다고 말한 후 곧바로 쓰러졌고 불과 수 분만에 죽

반하트의 묘석. 성 BARNHART가 크게 음각 돼 있고 아래에 이름 BYRON. P와 생졸연대 1889–1942가 보인다.

뉴욕시 북쪽 하츠데일에 있는 펀클리프(Ferncliff) 묘원의 입구. 사진은 저자의 의뢰로 뉴욕거주 신창용 목사가 2021년 9월 4일 촬영.

음이 찾아왔습니다.

한국을 비롯해 다른 극동 지역의 모든 곳에서 온 친구와 동료들이 모여 뉴욕(화이트 플레인즈 부근) 펀클리프(Ferncliff) 공동묘지의 예배에서 고인에게 경의를 표했습니다. 다른 기회에 말했던 것처럼 그는 본적이 있어서 그의 고향 아이오와에서 멀리 떨어진 중국으로 봉사를 갔으며 해외에서 26년 동안 하나님의 왕국을 위해 충성스러운 봉사의 길을 걸었습니다. 그는 진정한 기독교 지도자로서 지혜와 상식, 헌신의 조화를 이루며 일을 했습니다.

반하트의 장례 예배에서 언더우드 목사의 설교가 있었지만 당시 북미 YMCA 총무로서 반하트와 오랫동안 교유했던 유진 E. 바네트[26]가 고

26) Eugene E. Barnett(1888~1970)는 노스 캐롤라이나대 학생 YMCA 간사를 거쳐 1910년부터 1937년까지 중국에서 일했다. 1941년 북미 YMCA 총무가 됐으며 1953년 은퇴.

인의 업적을 중심으로 비교적 자세히 추모사를 했다. 바네트 총무는 고인은 한국에서 24년간 근무하며 '한국을 제2의 조국'이라고 생각했고 그 연장선상에서 근무한 태국에서는 수용소에 갇히며 '육체가 견뎌낼 수 있는 한계를 넘긴 봉사하는 삶'을 살았다고 추모했다.

(신약) 히브리서의 저자는 우리가 계속 '구름떼와 같이 수많은 증인들'[27]에 의해 계속 둘러 싸여 있다고 말하고 있습니다. 우리는 지금 아름다운 10월의 오후 이곳에서 반하트가 사랑했던 적은 수의 사람과 친구들이 만나고 있습니다. 하지만 우리는 우리와 함께 그를 사랑했고 그와의 모든 추억을 하나님께 감사할 미국과 해외에 있는 구름떼같이 많은 친구와 동료들을 생각합니다.

어떤 사람은 무엇보다 먼저 고인의 부모로 고향 농장에 살고 있는 두 분과 이곳에 함께 할 수 없었던 다른 직계가족을 그 증인으로 생각할 겁니다. 또 사람에 따라서는 확실히 고인이 사랑했던 한국의 친구들과 최근 위험과 슬픔 속에서도 두려워하지 않고 용감하게 함께 활동했던 태국의 친구들도 그 증인으로 생각할 것입니다. 또 어떤 사람들은 고인의 고향 오스칼루사(아이오와주)의 어린 시절이래 친구가 되어 이제는 미국과 전 세계로 흩어져 있는 YMCA의 동료들도 그 증인으로 생각할 것입니다. 어떤 사람은 동북아시아와 동남아시아에 있는 수많은 기독교 신앙의 동지와 선교사 동료들을 그 증인으로 생각할 것입니다. 우리 자신뿐만 아니라 모든 이런 일을 대표해 우리는 오늘 오후 우리의 사랑하는

---

27) 히브리서 12장 1~2절, 'so great cloud of witness'.

친구에게 감사의 찬사를 전하기 위해 모였습니다.

내가 고인을 회상하면서 생각나는 것은 고인이 한국과 다른 곳으로 떠나려 할 때 받았던 두 가지 인상입니다. 첫 번째는 그가 오랜 해외 생활에도 변함없이 철저히 미국인이었다는 점입니다. 두 번째는 그가 한국에 있을 때 얼마나 완전히 그곳에서 집에 있는 것처럼 (편하게) 지냈는지 모른다는 점입니다. 고인은 언제나 고향 아이오와의 맛과 향기를 결코 잃어버리지 않았습니다. 그는 항상 (현지로부터) 영향을 받지 않고 그 자신 그대로 있었던 것입니다. 하지만 그에게 한국이 '제2의 조국'이었다는 사실은 진실로 사실이었습니다. 만약 어떤 사람이 그 같은 두 가지 모순된 사실[28]에 대해 무슨 이상한 연금술 같은 마법을 썼느냐고 묻는다면, 그 대답은 하나밖에 없습니다. 반하트는 기독교인이었다는 사실입니다. 그에게 기독교인이란 세계의 기독교인이 되는 것을 뜻했습니다. 근본적으로 이 같은 그의 생각은 신앙적으로 얻어진 것이지 지적으로 생긴 것이 아니었습니다. 반하트가 세계의 기독교인이었다는 사실은 그가 각국 사람들을 대했던 태도를 통해 너무나 많은 증거를 볼 수가 있습니다. 그의 교우 관계가 사랑을 바탕으로 이뤄진 것임은 미국과 한국인뿐만 아니라 업무적으로 만나게 된 일본과 최근의 태국 관련자들과의 만남에서도 확인됩니다. 진실로 그의 삶은 '자신과 타인, 하나님이라는 나누어질 수 없는 깊은 연관의 신념' 속에서 형성된 것이었습니다. 그래서 그에게는 다른 나라 사람과 만날 때 통상적으로 하는 지리적, 인종적, 언어적 구분은 단지 사소한 문제였을 뿐입니다.

---

28) 철저한 아이오와 출신 미국인이면서 한국에서 제2의 모국처럼 편하게 살 수 있었던 일.

Byron P. Barnhart
Ferncliff Cemetery, White Plains, New York
October 12, 1942

Remarks by Eugene E. Barnett

The author of the Epistle to the Hebrews refers to the "so great cloud of witnesses" by which we are continually encompassed. As we meet, a small company of Pat Barnhart's loved ones and friends, in this beautiful spot this beautiful October afternoon, our thoughts turn inevitably to that "so great" company of friends in this and in other lands who with us have loved him and with us will go on thanking God on every remembrance of him.

One thinks first of all of his aged parents back in the old homestead and of other members of the immediate family who are unable to be here. Most certainly one thinks of the friends in Korea - how he loved them and they him! One thinks of the friends in Thailand with whom more recently he has walked gallant and unafraid through days of peril and distress. One thinks of his friends in the Young Men's Christian Association - with which his life has been so completely identified since his boyhood in Oskaloosa, Iowa, friends now scattered throughout America and across the world. One thinks of his friends and comrades of the great Christian fellowship, and more particularly of the missionary fellowship in northeast and southeast Asia. On behalf of all those, as well as our own, we have met to pay grateful tribute to our dear friend this afternoon.

As I recall Pat Barnhart as I have seen him going about his work in

미국 YMCA 총무 유진 바네트의 반하트 추모사. 우측 상단에 1942년 10월 9일 사망이란 메모가 있다. ⓒ 컴파트

엄청난 고통 속에 처해 있는 (한국과 태국) 사람들 사이에서 26년간을 봉사한다는 것은 고인의 운명과 같은 것이었습니다. 우리 대부분은 (한국과 태국 같은 곳에서) 굴욕과 좌절, 슬픔 속에 사는 사람들 사이에서 그렇게 긴 세월 봉사하다 보면 육체적, 신경적 긴장으로 인해 자신이 원래 갖고 있던 애정은 물론, 인간성 자체가 얼마나 쇠진되는지 정말 모릅니다. 하지만 고인의 경우, 직 간접적으로 겪은 고통은 단순히 신학적인 문구가 아니었고 매일 시간마다 겪는 경험이었습니다. 그가 한국인 친구를 위하여 함께 겪는 고통은 최근 해가 갈수록 더욱 심해졌습니다. 2년 전 여름 내가 서울에서 기차를 내렸을 때 나를 마중 나온 고인을 보고 나는 당시 그가 몇 달 동안 얼마나 스트레스와 긴장으로 시달렸을지 한 눈으로 알아보고 충격을 받았습니다. 그런 상황에서도 나는 고인이 자신의

휴식이나 안전, 웰빙에 대해서는 아무런 염려도 하지 않고 있음을 알았습니다. 오직 한 가지 그가 한 걱정은 그의 한국인 친구들에 대한 것이었습니다. 지금도 기억나는 것은 그가 '얼마나 이곳 한국에서 더 근무할 수 있는지' 에 대해 진지하게 묻는 것이었습니다. 고인이 그렇게 묻는 이유는 그가 계속적으로 근무하게 되면 한국인 동료나 친구들이 일본 관헌의 손아귀에 들어가 괴롭힘 당하는 것을 막고 그들을 충분히 도울 수 있었기 때문이었습니다.

태국에 있는 동안 고인은 다시 간접적으로 고통을 맛보아야 했습니다. 그는 비록 육체적으로 강건하고 장수하는 집안에서 태어났지만 겹쳐지는 고통스런 경험들은 그의 육체가 견뎌낼 수 있는 한계를 넘는 것이었습니다. 그런 상황에서 우리 몇몇은 '어떻게 하면 그를 미국으로 돌아오게 할까' 하고 생각했는데 그의 관심은 자신에게 있지 않았고 2년 전에는 한국에, 최근에는 태국에 묻혀 있었습니다.

오늘 오후 우리가 해야 할 마지막 일은 그의 죽음을 애도하고 불가피하게 (그를 보내야 한다는) 무거운 고통의 느낌을 함께 나누는 것입니다. 마지막 순간까지 그의 생각은 앞을 향해 전진하는 것이었고 이제 그 생각은 우리의 몫이 됐습니다. 그의 생각은 해외로 뻗어있고 그것은 주로 한국에 대한 것이었고 또한 태국에 대한 것이기도 했습니다. 더 나아가 지구의 끝까지 이기도 했습니다. 비록 지금 현재 머리 위의 하늘은 점점 더 어두워져 보이지만 그의 신념은 더욱 빛이 나고 그의 생각은 미래를 향해 나가고 있습니다. 그는 한국으로 돌아가기를 희망했는데 고인이 되기 몇 시간 전에 아내에게 다음과 같은 말을 남기기도 했습니다.

"우리가 한국으로 돌아갈 수 있을지 없을지 모르겠다. 하지만 나는 하나님께서 우리가 이제까지 일했던 어떤 것보다 더 중요한 일을 우리에게 하도록 예비하고 있을 것으로 믿고 있다."

우리의 슬픔은 우리가 사랑하는 만큼만 가능하기 때문에 슬픔을 잊고 싶지는 않습니다. 하지만 오늘 오후 우리의 마음속에 최고로 샘솟아 오르는 감정은 환희와 감사와 다시 새로워진 영감을 느끼는 감정입니다. 우리 자신뿐만 아니라 멀리 그리고 가까이 있는 고인의 수많은 동반자들과 함께 그를 생각할 때마다 그의 낙관적인 정신, 삶을 위한 간절한 희생, 끊이지 않는 훌륭한 유머, 승리의 신념에 대해 기도합시다. 또 사람들을 먹여 살렸던 고인의 불멸의 높은 정신력과 숨겨진 샘물이 어떻게든 우리에게 더 충만한 수단이 될 수 있도록 기도합시다.

빅토르 유고는 죽기 얼마 전 다음과 같은 말을 썼습니다.

"내가 땅 속에 묻힐 때 나는 많은 사람들에게 '나는 나의 일과를 끝냈다. 하지만 나의 삶을 마쳤다' 고 말할 수는 없다. 무덤은 막다른 골목이 아니기 때문이다. 무덤은 주요한 도로이다. 무덤은 새벽과 함께 열리기 위해 황혼에 닫힌다."

우리가 고인이 아주 충실하고 즐겁게 잘 수행해오던 일들을 이어받으려고 노력하면서 우리 모두 새롭고 더 중요한 일을 하게 된데 대해 크게 기뻐해야 합니다. 새롭고 더 중요한 일은 이제 벌써 하늘나라에 올라간 고인을 위해 하나님이 예비해 두셨던 것입니다.

다 같이 기도하겠습니다.

하나님 아버지,

우리는 주님 앞에서 고인이 우리 가운데서 영원히 계시는 하나님의 더 밝은 빛 속으로 옮겨졌음을 압니다. 우리는 하나님이 그로 하여금 의무에 충실하고 인종(忍從)할 수 있는 힘을 주셨으며 훈련시킴으로써 하늘나라에서 더 훌륭한 일을 맡기시도록 한데 대해 감사드립니다. 주님 안에서 고인과 우리가 계속 유대의 확신을 갖게 하시고 비록 육체적으로는 더 이상 대화와 교제가 불가능할지라도 그와의 사랑이 멀어지지 않도록 해주옵소서.

하나님 아버지,

우리로 하여금 보이지 않는 길 위를 걸어갔던 고인을 따라가고 주님이 정하신 어떤 상황에서도 고인과 우리가 홀로 영원한 삶을 사시는 하나님 안에서 성숙하고 계속 살도록 우리의 기도를 들어주옵소서. 우리가 고인과 주님에 대한 믿음과 사랑 속에서 이제 헤어져야 하는 주님의 종들을 위해 주님의 이름으로 은혜 내려 주시고 고인의 훌륭한 본보기 삶을 따르도록 해주시오며 그가 시작했던 일을 하도록 허락해 주옵소서. 또한 고인이 삶을 바쳐 해온 일이 헛되이 되지 않도록 해 주옵소서. 우리로 하여금 하나님의 나라가 이 땅에 오도록 하는데 헌신하도록 해주옵소서. 또 죄와 슬픔과 상실의 시대를 빠져나와 더 나은 세계를 세울 수 있도록 해주옵소서. 우리 주 예수 그리스도를 통하여 기도드립니다. 아멘.

5. 미망인 번의 25년 여생

반하트의 사후 더 이상 뉴욕 시에서 거주해야 할 필요가 없어진 부인 번은 남편의 무덤이 있는 하츠데일에서 멀지 않은 화이트 플레인즈 시에서 막내딸 낸시가 고등학교를 졸업하는 1950년까지 살았다. 여름에는 YMCA가 하는 여름 캠프를 훌륭히 운영했다. 그 후 번은 남동생 해리가 사는 캘리포니아로 이사했고, LA의 웨스트우드 장로교회에서 장로와 여신도회 회장을 지내며 봉사하다 1967년 6월 25일 LA 부근 레돈도 비치 기념병원에서 1년 전부터 시작된 노환 끝에 자녀들이 지켜보는 가운데 숨을 거뒀다. 장녀 조스트는 1994년 3월 5일에 한 편지를 썼는데 그것은 천당에 있는 그의 어머니에게 보내는 것이었다.[29] 그녀는 편지에서 홀로 산 어머니의 삶을 회고했는데 편지 내용을 통해 어머니 번의 여생을 알 수 있게 해 준다. 조스트는 "아버지

30대와 50대 당시의 번의 모습. © 전기

29) 진 반하트 조스트, 앞의 책, p.147.

말년의 반하트 부인 번. © 전기

보다 5년을 더 사시는 동안 어머니는 나와 낸시를 위해 따뜻한 가족 분위기를 계속 만드는데 노력하셨다. 우리 자매가 어머니 별명으로 불렀던 것처럼 어머니는 준비된 '마마'였다고 회고했다.

사랑하는 어머니.

29센트짜리 우표를 붙인 이 편지가 어머니에게 닿을 수 있기를 바랍니다. 하지만 나는 거의 30년 전 우리를 떠나간 어머니와 이런 식으로나마 대화를 나눌 수 있는 것으로 만족합니다.

어머니는 아버지가 돌아가신 후 너무나 큰 담대함과 용기를 가지고 훌륭한 삶을 사셨습니다. 오직 한번 어머니가 흐느끼며 눈물 흘리는 것을 보았는데 "팻시야, 아버지가 너무 그립구나"하면서였습니다.

아버지가 돌아가신 후 어머니가 직업을 얻기 위해 나와 함께 여기저기 다니시던 때를 기억합니다. 당시에는 여자가 할 수 있는 일이라고는 타이피스트나 간호사 밖에 없었지요. 그 후에 어머니는 YMCA의 여름 캠프를 훌륭하게 해내시었지요. 캠프에서 어머니는 빛나는 존재로서 애로사항을 들어주고 문제를 잘 해결해 주셨습니다.

나는 뉴욕 화이트 플레인즈의 옆집에 방콕 YMCA의 아버지 선임자였던 월터 짐머맨 씨가 살았던 것을 기억합니다. 그는 방콕이 불안하게 붕괴되는 상황에서 아버지에게 대신 일을 맡긴 장본인으로 그는 큰 죄책감을 느껴야 한다고 생각합니다. 그러나 어머니는 그를 어떤 비통한 느낌이나 원한도 없이 대했는데 나는 어머니의 그런 점을 존경합니다.

내가 뉴욕에서 모델로 활동하고 화려하게 살았던 것에 대해 어머니와 동생이 편안하지 않았을 것으로 생각합니다. 또 유태인 남자 친구와의 교제라든지 사교 생활에 몰두한 것도 편치 않았을 거고요.

우리가 해리 외삼촌이 살고 있는 캘리포니아로 이주해 나는 새로운 세계에 정착해야 했고 어머니는 새로운 열정으로 새로운 삶을 사셨습니다. 아버지를 잃은 그 슬픔을 잊지 못하면서 어머니는 자신의 삶을 하나님과 주위의 사람들에게 바치셨지요.

우리가 성장하는 동안 어머니의 존재는 우리의 삶에서 가장 중요한 것이었습니다. 어머니는 우리와 우리 사회에 따뜻하고 재미있고 즐거운 존재였습니다.

LA에서 어머니는 파사데나의 장로교회 주일학교를 담당하며 병든 이를 방문하고 어려운 이를 도왔습니다. 또 웨스트우드 장로교회로 옮긴 후에는 장로가 되어 교인들에게 큰 영향을 미쳤습니다. 그곳에 어머니를 추모해 만든 금빛 명패가 달려있는 벤치를 볼 때마다 그곳에서 행한 어머니의 활동이 얼마나 축복받은 것인지를 알게 됩니다.

어머니는 그냥 달콤하거나 용기 있는 게 아니고 엄격한 분이기도 했습니다. 어머니는 내가 다른 사람에 대해 불친절하게 말하지 않도록 하고 편안함보다는 진실을 따르며 이웃을 향해, 또 이웃을 위해 서있던 모습을 사랑합니다. 어머니가 말년에 오랫동안 병석에 있었던 것을 생각하면 슬프지만 그 기간 동안 어머니가 유지해 온 정신력을 사랑합니다. … 또 태어나서 돌아가실 때까지 어머니와 함께했던 일상생활을 사랑하고 그리워합니다.

어머니와 아버지 덕분에 나의 삶이 얼마나 빛나고 개선됐는지 모릅니다. 어머니의 영향은 어릴 때부터 성인이 된 후는 물론, 지금까지도 더욱 큰 힘으로 계속되고 있습니다. 남편 칼란을 비롯해 나의 자식들과 앨리스(오빠 프랭크의 아내)의 자식들, 동생 낸시와 가족 등, 내가 만나는 모든 사람들에게서 어머니의 모습을 봅니다. 어머니의 삶은 앞으로도 계속해 우리에게 영향을 미칠 것입니다.

당신 자신이 선물인 것에 감사드립니다.

나중에 만나요.

언제나 사랑하는
팻시 드림

조스트는 어머니를 회고하는 글을 편지 형태로 남기면서 어머니 번이 마지막으로 다녔던 웨스트우드 장로교회[30] 교인들에게 보낸 부고와 추모예배 소식을 부모님 전기의 후기로 실었다. 부인 번은 노년에도 기독교인으로서 최고의 전문성을 여러 교회에서 발휘하며 활동했는데 가장 오래 봉사한 교회는 웨스트우드 장로교회였다.

웨스트우드(장로교회)가 친구를 잃었다

번 반하트는 1951년 3월부터 웨스트우드 교회에 다니기 시작했다. 그곳에 15년간을 다니면서 우리와 예배를 드리고 바쁘고 보람된 시간을 보냈다. 번은 여신도회 회장을 지내고 여성으로서 처음 장로에 피택 되는

30) 이 교회는 10822 Wilshire Boulvard Los Angeles California에 있다. 부인 번에 대한 자료 유무를 문의했으나 없다는 답변만 보내왔다.

두 명중 한 사람이 되었다. 또 교인들을 방문하는 심방위원 중의 한 사람이었으며 성공적인 유치원 운영을 책임지기도 했었다.

이런 모든 일들과 함께 번은 주변의 모든 사람을 사랑하고 섬겼다. 그녀의 친구를 돕고 문제 해결을 위해 생각하고 기도하는 타고난 능력은 항상 돋보였다.

번은 두 딸 낸시와 팻시, 아들 프랭크를 남겼으며 자녀들의 동의를 얻어 번을 기념하는 추모기금을 웨스트우드 교회 안에 설립할 것입니다.

우리의 기도는 그녀의 훌륭한 가족과 함께 할 것이며 그녀가 우리의 친구였던데 대해 감사를 드립니다.

웨스트우드 장로교회는 부인 번을 위한 추모예배를 1967년 6월 28일 가졌다. 추모예배의 설교자 제임스 W. 에인젤 목사는 고인의 일생이 '그리스도가 영으로 가슴 판에 쓴 편지' 일만큼 충실하게 기독교인으로 살았음을 강조했다.

"우리는 오늘 하나님께 예배를 드리고 번 반하트의 삶과 그녀와의 추억을 기리기 위해 모였습니다. 반하트 여사의 삶이 무엇이었는지 그 이야기를 여기에서 펼칠 필요는 없을 것 같습니다. 사도 바울의 표현을 빌리자면 이미 '가슴 판'[31]에 쓰여 있기 때문입니다. 고인이 현재 어디에

31) '인간의 마음 판' 은 고린도후서 3장 3절에 나오는 것으로 "여러분(예수를 믿는 사람)은 분명히 그리스도께서 쓰신 편지입니다. 우리는 그것을 작성하는데 봉사하였습니다. 그것은 먹물로 쓴 것이 아니라 살아계신 하나님의 영으로 쓴 것이요, 돌 판에 쓴 것이 아니라 가슴 판에 쓴 것입니다" 중 '가슴 판' 을 가리킨다. 추모예배의 설교자 제임스 W. 에인젤 목사는 고인의 일생이 '그리스도가 영으로 쓴 편지' 일만큼 충실하게 기독교인으로 살았음을 강조하는 표현이다.

있고 또 앞으로 어디에 있을지에 따라 차이가 날 것입니다. 우리 교회는 특별히 고인에게 채무가 있습니다. 고인은 지난 오랜 시간 우리와 함께 살아왔고 불가분하게 우리 교인들과도 이곳에서 하나님에게 어떻게 봉사하는지 배우며 살아왔습니다."

번의 사후 장녀 조스트는 어머니의 부음을 한국 근무 시절 가족처럼 지냈던 미국인 지인들에게 알려 그중 몇 사람은 위로의 편지를 보내오기도 했다. 이 중 이화학당 교사로 일했던 해리엣 모리스(Harriet Morris)[32]는 "진[33]을 통해 어머니의 부음을 들었습니다. 우리는 그녀가 되살아 나기를 바랄 수는 없지만 (하늘나라로) 보내드리는 것은 어렵습니다. 팻시(장녀)는 어머니를 헌신적으로 잘 돌보아 왔기 때문에 더욱 그리워할 것 같습니다. 고인이 아픈 후로는 볼 수가 없었기 때문에 가끔 한국에 있었을 때를 생각하게 됩니다. 그때는 모든 것이 행복으로 가득했고 항상 그런 것을 느꼈었습니다. 고인은 훌륭했던 분으로 이제 자유의 몸이 되신 것을 본인을 위하여 기쁘게 생각합니

장녀 조스트는 2차 대전 참전 후 귀국한 할란 조스트와 1946년 결혼했다. 사진은 결혼식 기념. © 전기

32) 해리엣 모리스는 1921년 캔자스주의 위치타에서 이화학당 교사로 한국에 왔다. 한국에서 의상과 요리를 가르치는 가정학과를 이화여대에 도입하는 데 많은 역할을 했다.

33) 진(Jean)은 이화학당 5대 학당장(교장) 지네트 월터.

다. 내가 고인을 알게 되고 오랫동안 한국에 있으면서 사랑하게 된 것을 특별히 감사드립니다. 우리는 함께 있을 때 늘 재미있었고 나에게 항상 영감을 주었습니다. 어머니 없는 삶에 하나님의 축복으로 잘 적응하시기를 바랍니다."라는 편지로 위로를 전했다.

1967년 어머니 번의 사후 1년도 안돼 심장수술 중 사망한 프랭크. © 전기

한편 반하트의 유일한 아들이었던 프랭크 반하트는 어머니 번의 사후 1년도 안 돼 심장수술 후 사망했다. 반하트 부부의 전기를 쓴 장녀 조스트는 프랭크가 희곡작가로 연극계에서 활동했다고 전했다. 장녀 조스트는 뉴욕에서 모델로 활동해 성공했으나 대담하게 직업을 바꿔 노벨 문학상 수상작가인 펄 S 벅의 인도 재난 구호기금에서 활동한 후 캘리포니아로 이주했다. 이후 그녀는 캘리포니아에서 모델 양성 사업을 했다. 이에 앞서 그녀는 1946년 2차 대전 참전 후 귀국한 할란 조스트(Harlan Jost)와 결혼해 3남매를 낳았으며 한국 소녀 이근순(한국무용가)을 입양했다.

반하트의 장녀 팻시 조스트가 입양한 이근순의 태평무. © USC

맺는말

- 스포츠를 통한 한국의 문명화 추구

1916년 3월 내한해 1940년 11월 한국을 떠날 때까지 YMCA를 통해 한국을 위해 봉사한 B. P. 반하트의 삶은 일제강점기 고통 속에 신음하던 한민족과 궤(軌)를 같이하는 굴곡 많은 삶이었다. 희망을 잃은 채 살아가는 식민지 백성에게 체육을 통해 삶의 활력을 넣어 주려했고 교육과 농민운동을 통해 청소년과 농촌에도 삶의 활기를 넣어주려고 진력을 다한 봉사의 삶이었다.

53년의 생애 중 20대 후반부터 30대와 40대 삶의 전성기 24년을 한국에서 일한 반하트는 1940년 미국과 일본 관계가 악화되며 철수령에 따라 한국을 떠났다. 그러나 한국을 '제2의 조국'으로 생각한 그는 언제든 여건만 되면 다시 한국에 돌아가고 싶은 생각을 미국인 동료들에게 말할 만큼 한국의 모든 것을 좋아했다. 한국의 산과 바다, 그가 교육했던 젊은이를 비롯해 동료와 기독교인 등 한국의 자연과 사람을 사랑했던 반하트는 당시 국제정세로 말미암아 그의 삶 끝까지 한국과 함께하지는 못했다. 그럼에도 불구하고 그가 보이게, 보이지 않게 남긴 흔적은 100년이 지난 지금도 한국 YMCA와 체육계를 비롯한 현대 한국 사회 곳곳에 그 결과로 남아 있음을 실감할 수 있다.

1916년 서울 종로 2가 YMCA에 실내 체육관 준공과 함께 체육 선교사로 내한한 데서 알 수 있듯이 그가 남긴 가장 큰 공로는 한국인에게 스포츠가 무엇인지 알게 해 준 것이다. 장녀 조스트가 밝혔듯이 반하트는 한국에 올 때 그의 여행 가방 속에 배구공, 농구공, 야구공과 포수용 글러브(미트)를 가져왔다. 일반적인 선교사라면 성경과 찬송가만 휴대하면 충분했겠지만 반하트는 한반도에 기독교와 함께 스포츠를 전파한 것이다.

체육 사학자들이 밝혔듯이 반하트 내한 이전부터 축구를 비롯해 야구·농구·배구 등 주요 구기종목은 초보적인 수준에서 국내에 소개되어 있었다. 대부분 반하트의 선배 선교사들이 소개한 것으로 반하트의 내한 이전부터 보급돼 있었던 것들이다. 하지만 여행가방에 3종류의 공을 가져올 만큼 운동을 좋아했고 체육전문가였던 반하트에 의해 대부분의 스포츠는 체계가 잡히고 발전이 본격화되었음은 부인할 수 없는 사실이다. 반하트의 내한 직후(1916년 3월)에 쓴 YMCA 선배 선교사 조지 그레그(George A. Gregg)의 보고서[1]는 이 같은 사실을 명확히 해준다.

> "비록 YMCA는 10~12년 동안 체육관이 없이 지내왔지만 대부분 빈약한 시설에서 다양한 스포츠가 행해졌고 그 종목에는 야구, 농구, 배구, 축구, 육상, 주짓수, 교련 등이 있었다. 이제 우리는 처음으로 반하트라는 숙련된 체육지도자(physical director)를 받아들이게 되었다. 그는 그의 부인과 지난봄 서울에 도착했고 우리가 필요로 하던 힘을 보태줬다. 그

1) Gregg, 1916년 연례보고서. 이가람, 〈한국 배구의 도입과정에 대한 연구(2016년)〉 한국체육사학회지 제21권 제1호 p.72 재인용.

의 업무는 새로운 소년부 감독의 역할로 포함되었다."

그레그의 보고서에서도 알 수 있듯이 우리나라에서 농구나 배구는 1900년대 초 YMCA 운동 프로그램으로 채택되었으나 YMCA 실내 체육관 개관과 함께 체육전문가 반하트의 내한으로 한국의 농구나 배구, 나아가 체육 수준을 한 단계 끌어 올리는 결정적 계기가 되었다.[2] 놀이 수준에서 시합으로 다시 경기대회로 발전하는 과정에서 반하트는 미국 YMCA와 대학에서 익힌 스포츠 전 분야의 경력을 한국에 이식시키는 선구적인 역할을 했다. 당시 그의 활동을 기록한 동아일보 기사를 보면 '빤하트'라는 이름으로 심판(농구)이나 선수로 활동했던 기사가 1922년부터 1935년 사이에 50여 회나 조회되는 것으로도 알 수 있다.

반하트가 한국 체육계에 남긴 공로는 구기종목과 육상 등 스포츠의 체계화에서 그치지 않는다. 왜, 운동을 하고 어떤 마음가짐으로 운동해야 하는지를 YMCA 체육활동과 체육교실 학생들을 중심으로 계몽시켰는데 이 점이 더 높은 평가를 받아야 한다.

반하트는 신분이 체육선교사였는데 동시에 스포츠맨십의 전도사로도 활약했다. 부인 번이 회고록에서 썼듯이 당시 국왕조차 선교사들이 땀 흘려 테니스 하는 것을 보고 "왜 그런 식으로 힘을 써서 하는지 이유를 모르겠다."고 하던 시대였다. 반하트 자신도 1919년 연례보고서에서 "불과 몇 년 전만 해도 양반들은 아무도 체육대회에 참가하려 하지 않았

2) 우리나라 배구의 시작에 대해 YMCA 총무를 지낸 윤치호는 일기에서 1904년 혹은 1906년에 YMCA에 의해 행해졌다고 기술. 동아일보는 1934년 1월 2일 자 기사에서 1904년을 농구, 배구, 덤블링, 인도봉의 시작해로 기술. 이가람, 위의 논문, 재인용

다. 뿐만 아니라 아들이나 아버지가 하는 것도 망신으로 여겼다. 그러나 새로운 한국에서는 (양반들도) 체육의 필요성에 눈을 뜨고 있다. 한국은 강한 민족이 되고 싶어 하고 있다."면서 불과 3년 만에 달라진 체육에 대한 인식을 전했다.[3]

이 같은 노력의 결과로 내한한 지 7년이 지나 쓴 〈한국의 운동선수와 운동경기〉에서 반하트는 "현대 스포츠맨십의 두 가지 중요한 특징은 '끝까지 계속하는 것'과 '정정당당히 플레이하는 것'인데 현재(1923년) 한국에서는 두 가지 스포츠맨십의 특징을 어느 정도 찾아볼 수 있다."고 밝혔다. 그는 특히 "끝까지 게임을 하는 것은 이제 한국에서는 표준이 되었다."면서 "그 같은 표준은 게임을 관리하는 조직의 발전과 사회적, 도덕적, 정치적 책임감을 수반하는 의식 있는 사람들의 연령대가 급속히 낮아지면서 더 잘 받아들이고 있다."고 말했다.

이처럼 운동에 대한 개념조차 없던 사회에서 끝까지 욕하지 않고 정정당당히 경기를 하도록 하는 것은 쉽지 않은 과정이었다. 반하트는 운동경기 중 담배를 피우지 않도록 하고, 졌다고 중도에 게임을 포기하지 않도록 설득했다. 또 승자를 축하하고 패자를 위로하는 스포츠맨십을 발휘하도록 끊임없이 강조했다.

반하트의 공로는 서양에서 전래되어 온 구기종목에 국한된 것은 아니었다. 씨름과 같은 놀이를 YMCA의 스포츠로 발전시킨 것이다. 그는 먼저 한국인의 놀이를 관찰하며 운동으로 발전시킬 방안을 고민했다. 그

3) 반하트는 내한 초기의 풍조를 회상(1935년 연례보고서)하며 "손에 흙을 묻히지 않고 긴 손톱을 갖고 있는 것을 특권이라고 생각하는 YMCA 회원이 있을 정도였는데 운동을 하고 자신의 육체를 관리함으로써 '건강을 추구하는 것'이 이상적이라는 생각을 갖도록 만든데 대해 보람을 느낀다."고 했다.

공주 영명고 야구팀의 시합 장면. © 드루대

는 1928년에 쓴 〈운동경기와 농촌 사회〉에서 한국인의 놀이 생활이란 무엇인지, 그들의 놀이 생활을 형성하는데 영향을 주는 것은 무엇인지, 그들이 원하는 것은 무엇인지 등을 고려했다고 말했다. 그가 찾아낸 한국인 놀이의 키워드는 '즐거움'과 '재미'였다. 농업과 땔감 마련 같은 고된 일과 후에 또 몸을 지치게 하는 운동보다는 '한 보따리 가득 찬 재미'라는 말에 어울리는 놀이가 한국인이 원하는 운동인 것을 알고 씨름을 YMCA의 프로그램으로 도입했다. 한국의 레슬링이라고 할 수 있는 씨름은 선수가 짧으면 2초, 길어도 3분 정도면 상대방을 무너뜨리는데 그보다 더 길게 걸리는 경우는 거의 없어 몸을 필요 이상으로 지치게 하지도 않고 재미도 함께 얻을 수 있는 놀이였는데 마침내 반하트에 의해 스포츠로 발전할 수 있었다.

반하트는 한국의 놀이를 스포츠화 하면서 4가지 원칙을 제시했다.

첫 번째 원칙은 그들이 현재하고 있는 게임을 재미있게 구성해 새로운 게임이 되도록 하는 것이었다. 이를 위해 기본적으로 즐거운 마음을 갖도록 하며 그 놀이의 발상이 무엇인지를 모두가 이해하도록 했다.

두 번째 원칙은 놀이나 게임을 할 때 비용이 들지 않거나 비용이 들더라도 매우 적도록 하자는 것이었다. 한국에서 야구가 빨리 보급되지 않는 가장 큰 이유는 과도한 용품 비용 때문이었다.

세 번째 원칙은 게임을 하는데 충분한 공간을 찾는 것이었다. 마을의 크기와 상관없이 운동을 할 수 있는 공간이 있느냐 없느냐는 청소년들이 할 수 있는 게임을 제한하기 때문에 대규모 운동장 부지는 운동을 하는데 꼭 필요한 조건이었다.

네 번째 원칙은 시행되는 운동들이 사람들이 원하는 것과 부합돼야 한다는 것이었다.

반하트는 네 가지 원칙이 한국에 소개될 새로운 운동의 성공요인이 될 것이라면서 "부수적으로 운동을 통해 신체기관들이 교정될 뿐만 아니라 끈기라든가, 고매한 태도, 기사도 등 많은 가치관을 발전시켜 준다는 점을 인식시켜야 한다."고 강조했다. 이를 위해 반하트는 놀이나 게임을 하게 하되 스포츠맨십이 뭔지 아는 지도자가 운동을 기획하고 주관할 필요가 있다고 덧붙였다.

저자가 반하트의 존재를 안 것은 2019년 두 번째 전기 작품《지네트 월터 이야기》를 준비하면서였다. 그의 살신성인하는 삶에 감동하면서 전기를 구상했는데 자료 조사과정에서 저자보다 훨씬 앞서 반하트를 조명한 학자가 있음을 알고 그의 논문에서 많은 시사를 받았다. 네덜란드 라이덴 대학에서 한국학을 가르치고 있는 쿤 드 쿠스터 교수가 주인공이다. 그는 논문에서 반하트의 공로를 주요 구기 종목의 한국 정착과 체계화, 한국 놀이의 스포츠화, 스포츠맨십의 소개와 정착 등을 꼽았다.

쿠스터 교수는 반하트가 구체적인 체육활동을 통해 노베르토 엘리아스(Nobert Elias)가 말한 '문명화(civilisation)'[5]를 한국 사회에 시동 걸었고 재임 24년간 상당한 성과를 거뒀다고 평가했다. 쿠스터는 문명화 과정이 한국인의 일상생활뿐만 아니라 반하트가 주력했던 스포츠 분야에서도 어떻게 나타나고 있는지를 주목했다. 그는 더닝[6]과 엘리아스가 말한 것처럼 문명화 과정에서 자기 절제의 정도가 높아지면 스포츠에서도 단순히 물리적인 폭력의 사용을 자제할 뿐만 아니라 똑같은 규칙을 모든 도전자들이 받아들이게 되는데, 반하트는 당시 한국에서 이를 성취했다고 말했다.

쿠스터는 반하트가 〈두 번째 짧은 인상〉에 이어 이듬해 KMF에 기고한 '한국의 운동선수와 운동 경기'[7]에서 "시합 중의 질서 있는 행동은 스포츠 주최자에게 매우 중요하고 현대 스포츠의 특성 측면에서도 중요하다."고 강조하며 반하트가 이런 사실을 "1920년대 대부분의 기간에 운동선수뿐만 아니라 팬들에게 훈련하고 절제하는 기본적인 스포츠 에티켓으로 자리 잡도록 교육했다."고 밝혔다.

---

4) Koen De Ceuster, "건강교육과 건전 레저: 식민지 한국의 YMCA 스포츠 프로그램" European Journal of East Asian Studies, 2003. Vol. 2, No. 1, (2003), pp.53~58.

5) 노베르트 엘리아스의 견해에 대해서는 121쪽 각주 13번 참조

6) David Dunning, 미국의 사회심리학자

7) 반하트, 〈한국의 운동선수와 운동경기〉, KMF, 1923년 10월, pp.207~208.

쿠스터에 따르면 반하트는 "현대사회의 스포츠 수요와 스포츠 활동에서 일어나는 가치 사이에 공생관계가 존재하고 있는 것을 알았다."면서 스포츠야말로 현대라는 개념을 터득하는데 핵심적 수단이라고 생각했다는 것이다. 그 결과 현대 사회를 상징하는 조직, 질서, 자제, 통제와 같은 말들이 반하트의 키워드가 되었다고 소개했다.

한편 반하트는 체육 이외에 YMCA의 주력인 청소년을 위한 각종 교육에 힘써 한국 청소년을 위한 기본 교육은 물론, 가난한 청소년을 위한 직업훈련도 병행함으로써 청소년의 더 나은 진로 개척에 일익을 담당했다. 이에 더 나아가 한국 YMCA의 협동총무로 일하기 시작한 1920년대 말부터는 농촌과 농업발전에도 기여함으로써 당시 국민의 대다수인 농민들의 삶의 개선에 기여했다. 그는 농업에 대한 지식이나 경험은 없었지만 미국인 전문가를 초빙해 한국 실정에 맞는 축산업과 농업 생산물 증대를 위해 YMCA 조직과 회원들이 적극 참여할 수 있도록 이끌었다.

그가 한국에서 수행했던 사업들 중 체육과 교육 사업은 상당한 성과를 거두고 뿌리내려 일제 강점 하에서도 발전을 거듭하고 해방 후 한국 체육 발전의 기초가 될 수 있었다. 농업 분야도 근본적인 변화를 통해 발전할 수 있었으나 1940년의 미국인 철수령으로 완성을 못 본 것은 본인에게도 한국 농민에게도 아쉬운 부분이다. 그러나 1930년 대 뿌려진 농업 개량의 씨앗은 해방 후 발아되어 농업 발전의 원동력이 되었다.

반하트는 1940년 11월 한국을 떠난 후 다시는 '제2의 조국'이 된 한국 땅을 밟지는 못했다. 이듬해 방콕 YMCA의 총무직 수행과 이어진 일제의 방콕 점령과 수용소 생활로 건강을 잃고 1942년 석방됐지만 귀국한지 얼마 되지 않아 심장마비로 급서했기 때문이다. 이 같은 급서로 그는 한국에서는 잊힌 존재가 되었다. 농구협회와 배구협회의 100년사 어디에도 그의 사진 한 장 없는 게 그 증거다. YMCA 100년사에도 1940년 미국으로 귀국했다는 기록만 보일 뿐 그 이후의 삶에 대해서는 나와 있지 않다. 성인이 된 이후, 대부분의 삶을 일제의 질곡 속에서 신음하는 식민지 한국민을 위해 봉사한 반하트의 삶은 그가 주도한 체육 분야로만 국한되지 않는다. 교육과 청소년, 농민 운동을 통해 한국 사회의 발전에 근본적 기여를 했다는 측면이 망각되어서는 안 된다.

이제 스포츠 강국으로 인정받는 한국의 스포츠 현장에서 특히 프로스포츠의 현장에서는 응원의 함성과 탄성이 자주 들린다. 올림픽 같은 빅 이벤트를 보면서 온 국민들이 기쁨과 아픔을 함께하며 일체감을 느낀다. 하지만 100년 전만 해도 '손에 흙을 묻히지 않고 긴 손톱을 갖고 있는 것이 특권'이라고 생각하며 운동에 대한 개념조차 없던 게 당시 우리 사회의 현실이었다. 그 같은 운동의 불모지 한국에 스포츠라는 씨앗을 뿌린 사람이 '반하트(Barnhart)'였다는 사실 정도는 이제 누구나 기억해야 하지 않을까 강조하고 싶다. 아무 이해관계 없는 낯선 땅에 와 '제2의 조국'이 된 한국에 무조건적인 사랑의 정신으로 교육과 농민 사업에 봉사한 '반하두(潘河斗)'의 삶은 이제 선진국으로 발돋움한 21세기 한국인의 삶에 한 본(本)으로 새롭게 부각될 필요가 있다.

반하트
스포츠맨십의 전도사
한국 농구·배구의 스승

지은이_ 임연철

펴낸날_ 2021년 11월 11일(초판1쇄)
2022년 10월 5일(초판2쇄)

펴낸이_ 최병천
편집실무_ 강면실 윤진선 권오무 김동성

펴낸곳_ 밀알북스(신앙과지성사)
출판등록 제9-136(88. 1. 13)
주소 | 서울 서대문구 연희로 177 옥산빌딩 2층
전화 | 335-6579, 323-9867 · 323-9866(F)
E-mail | miral87@hanmail.net
홈페이지 | http://www.miral.co.kr

ISBN 978-89-6907-265-8 03230

값 23,000원

밀알북스는 신앙과지성사의 자매브랜드로 이 땅에서 "한 알의 밀알"이 되신 분들의 삶을 재조명하는 마당입니다.